GUIDE BELLES LETTRES

Collection

dirigée

par

Jean-Noël Robert

DES CIVILISATIONS

DU MÊME AUTEUR

Les Gaulois, rites et sanctuaires. Paris, Errance, 1986

Avec B. Lambot, *Guerre et armement chez les Gaulois.* Paris, Errance, 1987

Les religions gauloises. Paris, Errance, 1996, 2ᵉ édit. 2000

Avec P. Méniel, *La résidence aristocratique de Montmartin (Oise) du IIIᵉ au IIᵉ s. av. J.-C.* Paris, Maison des Sciences de l'Homme, 1997

Guerre et religion en Gaule, essai d'anthropologie celtique. Paris, Errance, 2004

---

www.lesbelleslettres.com

Pour consulter notre catalogue
et être informé de nos nouveautés
par courrier électronique

Crédits des illustrations

JEAN-LOUIS BRUNAUX

LES GAULOIS

LES BELLES LETTRES

DANS LA MÊME COLLECTION

Rome par Jean-Noël Robert

La Chine classique par Ivan P. Kamenarović

La Grèce classique par Anne-Marie Buttin

L'Islande médiévale par Régis Boyer

L'Inde classique par Michel Angot

L'Empire ottoman, XVᵉ-XVIIIᵉ siècle par Frédéric Hitzel

La Mésopotamie par Jean-Jacques Glassner

L'Espagne médiévale par Adeline Rucquoi

La France au Moyen Âge par Marie-Anne Polo de Beaulieu

Les Khmers par Bruno Dagens

La Russie médiévale par Jean-Pierre Arrignon

Venise au Moyen Âge par Jean-Claude Hocquet

Le Siam par Michel Jacq-Hergoualc'h

Les Mayas par Claude-François Baudez

Les Étrusques par Jean-Noël Robert

À PARAÎTRE

La Birmanie
L'Iran médiéval
Carthage
L'Amérique espagnole
Le Tibet
L'Égypte des pharaons
La Mongolie de Gengis Khan
Le Japon d'Édo

© 2005, Société d'édition Les Belles Lettres
95, bd Raspail, 75006 Paris.

ISBN : 2-251-41028-7

Probablement les Gaulois ont-ils une image figée à jamais dans notre imaginaire : ils resteront ceux qui ont fait trembler Rome au tout début de son histoire, puis ceux qui opposèrent la résistance la plus farouche au grand César. De redoutables guerriers donc, dont les Français, depuis le XVIᵉ siècle, s'évertuent à faire leurs lointains ancêtres. Dans l'histoire occidentale, les Gaulois occupent une place doublement paradoxale : bien qu'ayant prospéré pendant une période relativement brève (cinq siècles) et sur un territoire restreint si on le compare aux grandes civilisations orientales, leur nom fut connu de bien des peuples de l'Antiquité et demeure de nos jours encore associé à cette image, à laquelle cependant la plupart de nos contemporains seraient bien incapables d'ajouter quelques détails, moins exotiques, sur leur civilisation.

Depuis près de deux siècles d'une recherche archéologique intensive, les connaissances sur ces hommes de l'Antiquité se sont pourtant considérablement enrichies. Curieusement elles ne se sont pas transmises au grand public : ce dernier a soigneusement conservé ses images d'Épinal, même si elles ont été rajeunies (la plus célèbre est évidemment celle de la bande dessinée Astérix) ; de leur côté, archéologues et historiens, hor-

Il est, certes, possible de lire ce livre chapitre après chapitre, pour découvrir un panorama de la société gauloise ; mais il est aussi conçu pour que le lecteur puisse y trouver rapidement (et en extraire) des informations précises sur un sujet qui l'intéresse. Il est donc conseillé :

– de se reporter au sommaire : chaque chapitre est divisé en rubriques (avec des renvois internes) qui permettent de lire, dans un domaine choisi, une notice générale. En outre, les autres rubriques du chapitre complètent l'information.

Au début de chaque chapitre, une introduction situe le sujet dans une

mis à l'occasion de quelques grandes expositions (*I Celti* à Venise en 1991, par exemple), sont demeurés enfermés dans leur bibliothèque ou leur cabinet d'antiquités, comme protégés par leur jargon scientifique.

Le meilleur exemple de ce dialogue de sourds nous est précisément donné par l'expression « les Gaulois ». À la mode pendant tout le XIXᵉ et la première moitié du XXᵉ siècle, elle a aujourd'hui déserté les titres des manuels et des livres d'histoire. On ne parle plus que de « Celtes », cette grande entité ethnique qui a occupé la majeure partie du continent européen et dont les Gaulois ne sont qu'un fragment, assurément le plus célèbre. Comme si l'on avait honte de l'héritage encombrant que nous ont légué nos grands historiens nationalistes, Jules Michelet, Henri Martin, Camille Jullian…, qui, en des périodes troublées et marquées par l'anti-germanisme, ont fait des Gaulois non seulement les premiers Français mais aussi les premiers fondateurs d'une nation attachée à son territoire. Il n'est pas sûr que le lecteur contemporain, face à ces deux appellations (« les Gaulois » ou « les Celtes »), s'y retrouve. Il sera tenté d'aller chercher ailleurs les Gaulois qui peuplaient les livres d'histoire ou de lettres latines de son enfance. Peut-être fera-t-il parallèlement l'amalgame entre les Celtes antiques et les tenants d'un celtisme actuel (populations des îles Britanniques et de Bretagne parlant encore des langues celtiques et revendiquant pour cela une même origine ethnique).

Il a donc paru préférable – au risque de paraître rétrograde (mais l'engouement actuel pour les Celtes n'est-il pas lui-même une mode ?) – d'évoquer ici les Gaulois tels que les appellent les historiens de l'Antiquité, c'est-à-dire tous les habitants des *Galliae*, ces peuples qui ont occupé l'Europe continentale, des rives du Rhin jusqu'au Pyrénées et de l'Atlantique jusqu'au cœur des Alpes et jusqu'aux Apennins et aux Marches en Italie. Ceci pour une période qui va du vᵉ siècle av. J.-C. (moment où les grandes civilisations méditerranéennes les découvrent) au début de notre ère qui les voit s'acculturer avec les Romains au sein de leur empire. Cette approche limitée (pour tout dire « gauloise ») du monde celtique a l'avantage à notre avis de réconcilier la vision imaginaire mais non dépourvue d'une certaine réalité que nous avons des Gaulois (puisque c'était déjà celle de leurs voisins grecs et romains) et le savoir archéologique récent du monde celtique qui s'est justement enrichi plus qu'ailleurs sur les terres gauloises, la France, la Belgique, la Suisse et l'Italie du Nord, et qui montre incontestablement des spécificités gauloises pour bien des aspects de leur civilisation : religion, politique, structure sociale, art.

C'est peu dire qu'il nous faudra revenir sur bien des lieux communs, inlassablement forgés pendant près d'un siècle avant la première guerre mondiale et ensuite encore pendant quelques décennies. Les principaux viennent d'être rapidement évoqués : les Gaulois, ancêtres des Français ; la Gaule, première forme de la nation française. Il faudra analyser plus précisément les autres : la conception d'une seule Gaule dont le territoire serait à peu près l'équivalent de la France actuelle ; celle, non moins fortement ancrée dans nos esprits, d'un peuplement ethniquement homogène ; sans compter toutes celles concernant le caractère des Gaulois (querelleurs, indisciplinés, fanfarons mais sympathiques…) et leur mode de vie (guerriers nomades et paysans vivant dans des conditions quasi préhistoriques).

Il n'est bien sûr jamais agréable de jouer les iconoclastes et de mettre en cause toute une mythologie qui ne repose pas seulement sur une idéologie nationaliste et l'anti-germa-

perspective différente, illustrant l'évolution de la société et des mentalités gauloises ; – d'utiliser l'index à partir duquel, sur une notion générale, un terme technique, voire un personnage, il est possible de réunir, à travers l'ensemble du livre, plusieurs données complémentaires. Une bibliographie choisie permet, dans un premier temps, de se reporter à des ouvrages récemment parus pour y commencer une recherche. Tous offrent, sur le sujet qu'ils traitent, une bibliographie plus ou moins riche. Enfin, les tableaux de synthèse, les cartes et graphiques pourront aider à visualiser et mieux retenir les informations désirées. (Cf. table des cartes, plans et tableaux en fin de sommaire.)

nisme qui prévalait entre 1870 et 1914, mais aussi sur le rêve, cher aux Romantiques, d'un âge d'or où nos ancêtres, tels les bons sauvages de Jean-Jacques Rousseau, étaient au plus près d'une nature généreuse et bénéfique. À cette désillusion devrait cependant répondre et se substituer le plaisir de découvrir des hommes appartenant à la fois à un autre monde, celui de l'Antiquité par leurs conceptions religieuses et philosophiques, et à la fois si proches de nous dans quelques-uns de leurs modes de vie, dans leur technologie ou dans la perception et la maîtrise de leur environnement.

Nous venons de le voir, pour les Gaulois comme pour la plupart des peuples antiques, se pose le problème de l'appellation. Elle ne se limite pas à la distinction qui n'est que partielle, puisque les seconds sont une partie des premiers, entre Celtes et Gaulois, mais s'étend entre autres à deux vocables problématiques, Galates et Germains. Ce sont les Grecs les premiers, au Vᵉ siècle av. J.-C., qui ont appelé les habitants de l'Europe du nord-ouest les *Keltoï*, tandis que dès le IVᵉ siècle av. J.-C., semble-t-il, les Romains parlaient de *Galli* pour les peuples occupant les *Galliae*, c'est-à-dire le territoire que nous avons reconnu aux Gaulois. À partir du IIIᵉ siècle av. J.-C., les Grecs parlent indifféremment de *Galataï* à propos des Celtes qui envahissent la Macédoine et le nord de la Grèce et vont s'installer en Asie Mineure, et pour les habitants des Gaules. Les traducteurs font généralement la distinction entre « Galates » pour les premiers, et « Gaulois » pour les seconds. Mais pour les textes qui ont une portée générale et qui n'indiquent pas le contexte géographique, le choix entre les deux termes est impossible, d'autant que les *Galataï* qui envahissent la Grèce sont des Gaulois partis de la Gaule du centre et du nord. De ce fait, l'habitude a prévalu de n'utiliser le terme de Galates que pour les Celtes de la région d'Istanbul et d'Anatolie, des Gaulois certes, mais qui se sont très vite acculturés.

Pour les Germains, le problème est plus épineux. *Germanus* en latin signifie « qui est de même race », dans le cas présent « de même race que les Gaulois ». Autrement dit, les *Germani* seraient des Celtes, très proches des Gaulois mais habitant en dehors des Gaules. Là encore le consensus chez les historiens est de ne pas les admettre parmi les Gaulois, ce qui ne va pas sans poser problème, comme on le voit avec l'invasion des Cimbres et des Teutons, des peuples qui portent, ainsi que leurs chefs, des noms gaulois et sont reconnus par bien des peuples de Gaule comme leurs parents les plus proches.

On respectera, au moins dans le cadre géographique de ce guide, ce cloisonnement qui est bien artificiel et masque le passionnant problème de l'origine des peuples européens qui faisait déjà les délices des premiers historiens et géographes grecs. En revanche, Galates et Germains seront largement évoqués dans la partie historique. Pour ce qui est de l'étude de la société et de l'homme, ne seront prises en compte que les données provenant des territoires gaulois au sens le plus strict, tels qu'ils ont été délimités précédemment.

SOMMAIRE

LES GAULES

I. L'HISTOIRE 25

Une histoire marquée par l'opposition constante à Rome et l'attirance pour le monde grec.

II. TERRITOIRES GAULOIS 69

Une sédentarisation imparfaite, une tardive urbanisation.

III. L'ORGANISATION SOCIALE ET POLITIQUE 87

Une société tripartite, de type indo-européen, presque caricaturale, marquée cependant par la fluidité et la souplesse de son fonctionnement.

IV. LA VIE ÉCONOMIQUE

Une économie entièrement dominée par la guerre, ses bénéfices et ses besoins.

SOMMAIRE

L'HOMME GAULOIS

Des conceptions qui, même dans le début de leur rationalité, doivent tout à la religion.

Les Gaulois, avec les Étrusques, les hommes les plus religieux du monde antique.

Une littérature entièrement orale.

L'HOMME GAULOIS

SOMMAIRE

TABLEAUX, CARTES ET PLANS, ILLUSTRATIONS

Tableaux

Cartes et plans

Illustrations

ANNEXES

SOMMAIRE

ANNEXES

LES GAULES

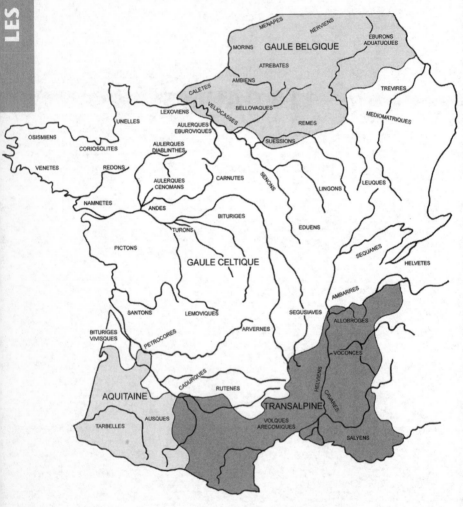

La Gaule
au temps de César

La Gaule cisalpine (en gras les principaux
peuples gaulois)

Peuples de la Gaule transalpine cités par César

Nom français	appellation latine	localisation
Allobroges	*Allobroges*	entre le haut Rhône et l'Isère
Ambarres	*Ambarri*	basse vallée de la Saône
Ambiens	*Ambiani*	vallée de la Somme
–	*Ambibarri*	Armoricains (loc. problématique)
Ambiliates	*Ambiliati*	graphie unique (confusion possible avec *Ambiani* qui figure sur d'autres manuscrits)
Ambivarètes	*Ambivareti*	non localisés, p.-ê. Nord-Est
Ambivarites	*Ambivariti*	prob. les mêmes, nord de la Meuse
Andes	*Andes*	région d'Angers
Arvernes	*Arverni*	Auvergne
Atrebates	*Atrebati*	région d'Arras
Atuatuques	*Aduatuci*	Belgique (région de Namur)
Aulerques Brannovices	*Aulerci Brannovices*	branche des Aulerques non localisée
Aulerques Cénomans	*Aulerci Cenomani*	région du Mans
Aulerques Éburovices	*Aulerci eburovices*	région d'Évreux
Ausques	*Ausci*	région d'Auch
Bellovaques	*Bellovaci*	région de Beauvais
Bigerrions	*Bigerriones*	région de Bigorre
Bituriges	*Bituriges*	Berry
Blanovii	*Blanovii*	confusion possible avec Brannovices
Boïens	*Boii*	étrangers installés chez les Éduens
Cadurques	*Cadurci*	Quercy
Calètes	*Caleti*	Haute-Normandie
Carnutes	*Carnutes*	Beauce
Caturiges	*Caturiges*	haute vallée de la Durance
Ceutrons	*Ceutrones*	haute vallée de l'Isère
Cocosates	*Cocosates*	Aquitains mal localisés
Coriosolites	*Coriosolites*	Côtes-d'Armor
Diablintes	*Diablintes*	Mayenne

Nom français	appellation latine	localisation
Éleutètes	*Eleuteti*	non localisés
Élusates	*Elusates*	Aquitains, région d'Eauze
Ésuviens	*Esuvii*	Calvados
Gabales	*Gabali*	Causses
Gates	*Gates*	Aquitains, non localisés
Graiocèles	*Graioceli*	région du Mont-Cenis
Grudii	*Grudii*	pagus ou client des Nerviens
Éduens	*Haedui*	Nivernais, Morvan
Helvètes	*Helveti*	plateau suisse
Helviens	*Helvii*	Cévennes
Latobices	*Latobici*	pagus ou client des Helvètes
Lémovices	*Lemovices*	Limousin
Leuques	*Leuci*	Haute-Marne
Lévaques	*Levaci*	*pagus* ou client des Nerviens
Lexoviens	*Lexovii*	Lieuvin, pays d'Auge
Lingons	*Lingones*	plateau de Langres
Mandubiens	*Mandubii*	Puisaye
Médiomatriques	*Mediomatrici*	Lorraine
Meldes	*Meldi*	Brie
Ménapes	*Menapii*	Belgique (Flandres)
Morins	*Morini*	Boulonnais, Flandres occidentales
Namnètes	*Namnètes*	pays nantais
Nantuates	*Nantuates*	région de Nantua
Nerviens	*Nervii*	Belgique (Hainaut, Brabant)
Nitiobroges	*Nitiobroges*	région d'Agen
Osismes	*Osismi*	Finistère
Parisii	*Parisii*	région de Paris
Pétrocores	*Petrocorii*	Périgord
Pictons	*Pictones*	Poitou
Pleumoxii	*Pleumoxii*	pagus ou client des Nerviens
Ptianii	*Ptianii*	Aquitains, non localisés
Rauraques	*Rauraci*	région de Bâle
Redons	*Redones*	région de Redon
Rèmes	*Remi*	Champagne
Rutènes	*Ruteni*	région de Rodez
Santons	*Santoni*	Saintonge
Sédunes	*Seduni*	Suisse (région de Sion)
Ségusiaves	*Segusiavi*	Forez

Nom français	appellation latine	localisation
Sénons	*Senones*	Beauce, Gâtinais
Séquanes	*Sequani*	Haute-Saône
Sotiates	*Sotiates*	Aquitains, région de Sos
Suessions	*Suessiones*	Soissonnais
Tarbelles	*Tarbelli*	région de Tarbes
Tarusates	*Tarusates*	Aquitains, pays d'Albret ?
Tigurins	*Tigurini*	alliés des Helvètes, non localisés
Trévires	*Treveri*	Luxembourg, Allemagne (Trêves)
Tulinges	*Tulingi*	alliés des Helvètes, non localisés
Turons	*Turoni*	Touraine
Unelles	*Unelli*	Cotentin
Véliocasses	*Veliocassi*	Vexin
Vellaves	*Velavii*	Velay
Vénètes	*Veneti*	Morbihan
Véragres	*Veragri*	Suisse (région de Martigny)
Viromanduens	*Veromandui*	Vermandois, Thiérache
Vocates	*Vocates*	Aquitains, pays de Buch
Voconces	*Vocontii*	Comtat, Préalpes de Provence
Volques	*Volcae*	Languedoc
Arécomiques	*Arecomici*	
Volques	*Volcae*	haute vallée de la Garonne
Tectosages	*Tectosages*	

Peuple non cité par César parce qu'il était déjà intégré à la *Provincia*

Saluviens	*Saluvii*	région d'Aix-en-Provence

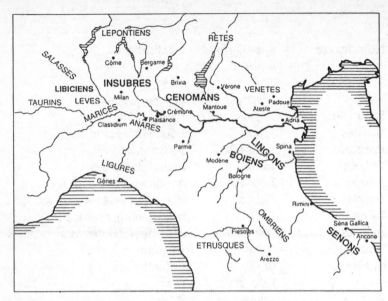

Peuples de Cisalpine cités par Polybe et Tite-Live

Nom français	appellation latine	localisation
Peuples gaulois issus de l'émigration venue de Transalpine		
Anares	*Anares*	région de Placentia
Boïens	*Boii*	sud-est de Bologna
Cénomans	*Cenomani*	rive gauche du Pô, autour de Crémona
Insubres	*Insubres*	région de Milano
Lingons	*Lingones*	p.-ê. au nord des Boïens
Sénons	*Senones*	côte adriatique entre Rimini et Ancona
Peuples celto-ligures		
Lébéciens	*Libicii*	entre Ivrea et Vercellae
Lèves	*Laevi*	région d'Alexandria
Salasses	*Salassi*	Val d'Aoste
Taurins	*Taurini*	région de Torino
Autres peuples mixtes		
Oromobii (Celtes, Ligures et Rètes)		Como, Bergamo
Catubrini (Celto-Vénètes)		Dolomites

I

L'HISTOIRE

Peuples sans écriture, les Gaulois sont, de fait, des **peuples sans histoire**, sans histoire propre, entendons-nous. Cette situation, ils ne l'ont que partiellement subie, dans les temps les plus anciens, quand ils n'avaient encore aucune tradition d'écriture et ne fréquentaient aucune civilisation qui la possédât. Mais dès le IIIe siècle av. J.-C., peut-être même avant, **ils ont fait le choix, volontaire, raisonné, de la culture orale**. Sous l'influence de Massalia, l'antique Marseille, ils utilisèrent l'alphabet grec, mais uniquement dans leur comptabilité. Ce refus de donner une forme fixe à tous les travaux de la mémoire se doubla d'un interdit religieux ou en fut peut-être, au contraire, le résultat. Les conséquences sont faciles à deviner : chez aucun peuple ne furent constituées d'archives administratives et judiciaires ; on n'installa pas, comme ce fut le cas à Rome, des annales officielles où se trouvaient mentionnés chaque jour tous les évènements importants, politiques, religieux, météorologiques ; il ne se développa nulle part des écoles d'historiens. Au contraire, le savoir oral, largement développé et valorisé par les druides, se prêta au développement d'autres formes de mémoire : une histoire mythique, telle que celle que nous a conservée Tite-Live pour les temps les plus anciens de Rome, des épopées où des personnages réels prenaient figure de héros, des généalogies.

L'histoire des Gaulois ne nous est pourtant pas totalement inconnue, loin s'en faut. Car, dès le IVe siècle av. J.-C., les deux grandes civilisations des rives septentrionales de la Méditerranée, la Grèce et Rome, s'intéressèrent à ces turbulents voisins qui n'hésitèrent pas à envahir leur territoire et qu'ils apprirent ensuite à utiliser pour leur propre compte. Ils ne furent probablement pas les seuls : les Phéniciens, dans le récit de leurs périples maritimes, mentionnaient déjà les habitants de la Gaule, peut-être leurs mœurs, mais il n'en reste que peu de traces écrites. Les Étrusques, qui furent parmi les premiers à commercer avec eux, durent aussi écrire sur les Gaulois.

L'HISTOIRE

On a donc affaire à des témoignages historiques d'une nature bien particulière, puisque ce sont ceux de leurs voisins, des peuples qui les redoutaient, les moquaient le plus souvent, quand ils ne les décrivaient pas comme des Barbares exotiques. Ces témoignages écrits sont par conséquent partiels et partiaux. Il s'agit le plus souvent d'une histoire militaire. Les auteurs en sont Polybe, Tite-Live, mais le plus connu est César dont *La guerre des Gaules* **constitue, de loin, la source la plus volumineuse sur les Gaulois**, décrits ici comme des ennemis et de futurs colonisés. Aussi ne faut-il pas s'attendre à y trouver des informations consistantes sur leur origine, les relations de parenté qui les unissaient, encore moins un tableau général et objectif de leur civilisation. Pour cela il faut avoir recours à l'analyse croisée de tous ces écrits et surtout à des sources moins directes, l'archéologie essentiellement. Cette dernière nous renseigne au mieux sur le mode de vie, le niveau des technologies, la nature des richesses naturelles ou produites, les formes de l'habitat, les mœurs religieuses, autant de données matérielles qui permettent de rééquilibrer le discours partisan des historiens et géographes grecs et romains, qui rendent possibles également la datation d'un certain nombre d'informations et leur localisation géographique.

Les Gaulois nous offrent donc un paradoxe de plus : ils apparaissent à la fois comme des peuples sans histoire (et appartiennent donc à ce qu'on appelle la protohistoire) et comme des nations bien connues historiquement par les autres. Dans l'Antiquité, c'est un particularisme rare qu'ils partagent avec les Thraces, comme eux un peuple-tampon entre les grandes civilisations méditerranéennes et les Barbares lointains et mal connus, Scythes, Germains, peuples du Nord.

Ce chapitre propose **une notice sur les grandes périodes de l'histoire des Gaulois**, puis **une chronologie essentielle** qui couvre les six siècles correspondant à leur indépendance politique. Les **notices biographiques** des principaux acteurs de cette histoire sont regroupées en fin de volume.

UNE HISTOIRE MARQUÉE PAR LES GUERRES ET LES INVASIONS

Les Gaulois sortent brusquement de la préhistoire où ils se sont lentement constitués, pour entrer dans l'histoire par la grande porte, au début du IVᵉ siècle av. J.-C., avec l'invasion de l'Italie et **la prise de Rome**. La Ville (l'*urbs*) n'est pas encore connue des Grecs qui ne la découvrent qu'à la faveur de cette retentissante invasion qui secoue le monde occidental. Jamais Rome ne subit au cours de son histoire pareille défaite ; on n'est même pas sûr que le Capitole, contrairement à ce que rapporte la tradition, ait résisté à l'attaque. La peur est si grande dans la population romaine qu'on instaure le *tumultus gallicus*, un état d'alerte guerrière propre au péril gaulois. Il est vrai que les Gaulois ne s'arrêtent pas à Rome mais poursuivent leur course folle jusqu'en Campanie et en Apulie, pendant quelques années, avant de se fixer durablement dans la plaine du Pô.

Cet évènement considérable suppose, de la part de ceux qui l'ont provoqué, une lente maturation, une période de formation certainement très longue mais sur laquelle la documentation est difficile à établir. Pour la comprendre il faut revenir aux trois ou quatre siècles qui ont précédé ces évènements, une époque où les Grecs ne connaissent encore que la masse confuse des Celtes. C'est celle où se forgent, tout autour de l'arc alpin, des principautés puissantes et avides du luxe méditerranéen : Vix, Heuneburg, Hochdorf sont les plus célèbres. À partir du Vᵉ siècle, elles donnent naissance à des peuples en pleine croissance démographique, prêts à toutes les aventures : on les appelle Gaulois.

Les Grecs avaient raison de s'intéresser vivement à ces derniers et à leurs déplacements. En 280 av. J.-C., la Macédoine, la Thrace, le nord de la Grèce sont envahis par des bandes celtiques, parmi lesquelles se trouvent les terribles Belges que César aura ensuite à combattre en Gaule. Là encore, la tradition veut que l'un des joyaux de la civilisation hellénique, le sanctuaire de Delphes, soit épargné, de la volonté même des dieux. **La littérature, toute une tradition artistique (les *galatomachies*) témoignent de la frayeur du monde civilisé face à ces nouveaux Barbares qui ont pris, dans son imaginaire, la place des Perses.** D'ailleurs les Gaulois n'hésitent pas passer en Asie et à s'installer en Anatolie. De là ils influenceront encore longtemps le cours des évènements politiques et militaires de l'Asie Mineure.

C'est au cours de cette période que se constitue le peuplement des Gaules, tel qu'on le découvre à la lecture de Polybe et de Tite-Live pour la Cisalpine, et de César et Strabon pour la Transalpine. **Ce peuplement n'est ni homogène ni stable.** Et, depuis l'Antiquité, on ne cesse de se poser des questions sur l'origine ethnique de ses composantes. C'est dans l'Italie du Nord que la géographie gauloise paraît la plus simple : des tribus provenant du centre de la France, auxquelles se sont probablement jointes des populations alpines, ont dû commencer à émigrer dans la plaine du Pô et dans les Marches dès la fin du Vᵉ siècle. Elles se sont mêlées à ceux qui étaient déjà installés, Ligures, Vénètes et Étrusques. Dans la Gaule transalpine, la situation est plus confuse. Un noyau de peuplement ancien, à la forte culture celtique, occupait le centre et l'est de la France depuis le Vᵉ siècle au moins ; c'est cette région que César appelle la **Gaule celtique** d'où partent les invasions les plus anciennes, vers l'Italie notamment. Dans le sud-est se trouvent des populations plus diverses : sur un fonds ligure se sont fixés des migrants provenant du centre de la Gaule mais aussi d'Espagne (Ibères puis Celtibères). Le sud-ouest est uniquement occupé par des **Aquitains**, ainsi que les nomme César, et qui se distinguaient assez nettement des autres Gaulois. Le nord et l'ouest de la Gaule, primitivement peuplés par des populations autochtones assez clairsemées, sont envahis à partir de la fin du IVᵉ siècle par des Celtes venant d'Allemagne et d'Europe centrale, les **Belges**. Cette géographie ethnique se stabilise au cours du IIᵉ siècle. Mais elle est à nouveau bouleversée à partir de 125 avec la terrible invasion des Cimbres et des Teutons, en fait des Germains et des Celtes qui menacent l'Italie et entraînent dans leur pérégrination plusieurs tribus gauloises. Ce n'est que le début d'une nouvelle série d'invasions germaines qui mettent en péril le fragile équilibre gaulois. Les Germains, qui ont souvent des liens de parenté très forts avec les Gaulois, les Belges notamment, cherchent à s'installer en Gaule et à bénéficier eux aussi du confort des produits méditerranéens. César sera appelé par les Gaulois pour faire barrage à ces incursions. La suite est bien connue, au moins dans ses évènements guerriers : une résistance farouche contre les armées romaines, pendant près d'une dizaine d'années. Mais les siècles qui suivent, et qui se déroulent à la lumière d'une histoire écrite qui devrait être forte, paraissent baignés d'ombre, si on y recherche ce que devient le monde gaulois. Les anciennes tribus de la Gaule se transforment rapidement en des cités provinciales exemplaires dans l'empire romain. Pour autant la civilisation gauloise n'a pas disparu totalement.

Même dans son déclin aux deux derniers siècles précédant notre ère, se révèle ce qu'on a appelé le « génie gaulois », une étonnante capacité à résister, à fédérer des peuples d'origines diverses, dans la souplesse de l'une des civilisations antiques les plus fluides. Les Gaulois, comme d'une façon générale les Celtes, étaient les moins doués pour l'administration de l'État, des territoires et des biens. Immatures politiquement, peu soucieux d'établir une véritable société aux institutions pérennes, ils se sont soudés les uns aux autres et ont influencé leurs voisins, à la faveur d'une culture parfaitement originale. Celle-ci tient uniquement à la conception du monde et de l'au-delà et à leur mode de perception. Elle se révèle dans la langue, les croyances et un art à nul autre pareil qui ne pouvaient disparaître ni dans le matérialisme romain ni dans l'esthétisme grec, encore moins sous l'effet de la coercition. C'est pourquoi, à l'histoire des Gaulois dont il est particulièrement difficile, pour les raisons qui viennent d'être exposées, de donner un début, il est tout aussi difficile de fixer un terme.

LES CELTES, ANCÊTRES DES GAULOIS

Les Gaulois sont des Celtes, en ce qu'ils appartiennent au grand ensemble de peuples que formaient les Celtes, de la mer Noire aux îles Britanniques, mais aussi parce qu'ils en sont issus : ces derniers étaient connus des autres peuples, au moins depuis le Ve siècle av. J.-C., les premiers n'apparaissent avec cette dénomination générale de « Gaulois » qu'au IIIe siècle. Les premiers historiens grecs, de l'époque d'Hérodote, ne connaissent, en effet, que les *Keltoï*, une masse confuse de Barbares que l'on situait au-delà du pays des Scythes, sur les rives de l'Océan, c'est-à-dire aux confins du monde habité. Plus anciennement encore (du temps d'Homère), ces peuples, dont l'existence était déjà connue, n'étaient désignés que par le nom mythique d'Hyperboréens (« ceux qui habitent par-delà les souffles du froid Borée »).

Avant qu'ils ne se fixent en masse sur les territoires les plus occidentaux du monde celtique (aux VIIe-VIe s. av. J.-C.), les Gaulois n'avaient probablement pas d'identité propre. **C'est l'osmose entre cette population et la terre qu'elle s'est choisie qui a donné naissance aux vocables de *Galliae* (les Gaules) et de *Galli* (Gaulois)** que les Grecs ont pris l'habitude de traduire par *Galataï*.

Il est plus difficile de savoir qui étaient les Celtes, leurs ancêtres, et quelles étaient leurs origines. Ils formaient un ensemble assez disparate de tribus qui avaient occupé tout l'espace disponible entre les Scythes installés à l'est de la mer Noire, les Alpes, les Ibères occupant une partie de l'Espagne et l'Océan. Il s'agissait de populations semi-nomades dont le mode de vie pouvait varier en fonction des richesses naturelles, de leur environnement, mais qui avaient en commun des croyances en de mêmes dieux, en un même au-delà, et une passion déjà exacerbée pour la guerre.

Généralement on fait correspondre l'émergence des Celtes au début de la période que les archéologues nomment « âge du fer » (aux environs de 800 av. J.-C.). C'est une conception trop restrictive de la chronologie, car, dès la fin de l'âge du bronze, un territoire allant du centre de la France à la Bohème montre une culture matérielle et spirituelle commune à travers ses productions céramiques et métalliques et dans ses modes funéraires. Il faut voir dans ces traces archéologiques l'empreinte des premiers Celtes. Car on doit croire que les évolutions au cours de la protohistoire se sont produites sur de très longues périodes, et que la civilisation celtique trouve ses origines au cours de la seconde moitié du IIe millénaire. C'est également ce que suggère l'étude des langues.

Les langues celtiques sont en effet dites « indo-européennes ». Les linguistes et les historiens des mythes, tel Georges Dumézil, ont montré que cette communauté de langue traduit une parenté ethnique et reflète une communauté, plus large, du mode de vie et de la pensée : les mêmes mots, les mêmes racines verbales supposent des concepts partagés. Qu'il ait existé un peuplement plus ancien, s'étendant à toute l'Europe et à l'Asie occidentale, qu'on peut qualifier d' « indo-européen », ne fait guère de doute, et certainement faut-il reconnaître en lui l'ancêtre direct des Celtes. Cependant, vouloir à tout prix situer avec précision l'origine géographique des Indo-Européens et leur donner une identité ethnique tient de la pure spéculation et n'a qu'un intérêt très limité, voire malsain par les intentions idéologiques qui l'animent, puisqu'on n'arrive pas à donner une quelconque réalité matérielle à cette période très ancienne (probablement le IIIe millénaire av. J.-C.).

LES PRINCES HALLSTATTIENS ET LA CIVILISATION DE LA TÈNE

Le moment où les peuples riverains de l'Océan entrent dans l'imaginaire des Grecs sous les noms d'Hyperboréens et de Cimmériens est précisément celui pour lequel l'archéologie livre une documentation importante et significative. Elle révèle en effet de somptueuses sépultures, souvent liées à des habitats fortifiés, témoignant les unes et les autres d'un haut niveau de vie. Les archéologues ont pris l'habitude de parler, pour ceux qui bénéficiaient de ces installations, de « princes celtiques » ou « princes hallstattiens ». Cette dernière expression fait référence à la culture de Hallstatt, du nom éponyme d'une nécropole d'Autriche qui a livré un matériel particulièrement représentatif de cette époque (VIIe-VIe siècle av. J.-C.).

De ces princes et de leur civilisation, nous ne savons que ce que nous apprend l'archéologie. Les monuments les plus remarquables sont des tertres funéraires (tumulus) d'une taille exceptionnelle, de 50 à 100 m de diamètre pour une hauteur atteignant jusqu'à 15 m. Le défunt était installé dans une chambre spacieuse, coffrée de bois, aux parois recouvertes de riches tissus, et dans laquelle gisait, aux côtés du mort, un mobilier luxueux, souvent un char d'apparat à quatre roues et couvert de feuilles de bronze, de la vaisselle et des bijoux importés d'Étrurie, de Grèce ou de Grande Grèce. Les meilleurs exemples sont la tombe de la princesse de Vix qui a livré le plus grand cratère de bronze connu dans le monde grec, et celle du prince de Hochdorf, en Allemagne, dans laquelle se trouvait, entre autres objets, une curieuse banquette en bronze aux pieds prolongés par des roulettes.

Ces objets et bijoux témoignent **des relations très fortes entre le monde de ces princes celtes et les civilisations méditerranéennes proches, Vénètes, Étrusques, Grecs et colonies de Grande Grèce**. La fouille des habitats fortifiés hallstattiens le confirme. À Heuneburg en Allemagne, à Châtillon-sur-Glâne en Suisse ou à Vix en France, la céramique récoltée est de qualité : vases attiques, production phocéenne attestent un commerce, certes limité dans la quantité de produits et dans les voies empruntées, mais néanmoins régulier. Il se doublait d'un échange des services. À Heuneburg, c'est un architecte grec qui a inspiré le mode de construction de la fortification. Sur le même lieu, la découverte d'un moule d'attache de cruche en bronze suggère qu'un artisan étrusque y a travaillé.

Ces découvertes renseignent quelque peu sur ces princes qui paraissent avoir régné sur des communautés de petite taille mais suffisamment puissantes pour s'offrir de tels monuments funéraires, de telles forteresses et un réseau de relations à longue distance. Le prince apparaît moins comme un authentique guerrier que comme un aristocrate avide de luxe et de décorum. Sa fortune est probablement héréditaire, et le commerce ainsi que le contrôle des voies commerciales contribuent à l'agrandir. Cependant son prestige ne tient pas seulement à ses conditions de vie mais aussi aux fonctions

L'HISTOIRE

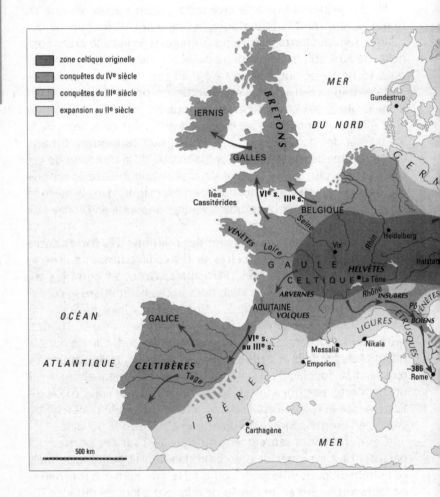

zone celtique originelle
conquêtes du IVe siècle
conquêtes du IIIe siècle
expansion au IIe siècle

MER
DU NORD

Gundestrup

BRETONS

IERNIS

GALLES

GERM

Îles
Cassitérides

VIe s.   IIIe s.

BELGIQUE

Seine

VÉNÈTES

Loire

Rhin   Heidelberg

G A U L E

Vix

C E L T I Q U E   HELVÈTES

La Tène   Halstatt

ARVERNES

Rhône   INSUBRES

AQUITAINE
VOLQUES

OCÉAN

GALICE

VÉNÈTES

LIGURES   ÉTRUSQUES   BOIENS

VIe s.
au IIIe s.

Massalia   Nikaia

ATLANTIQUE   CELTIBÈRES
Tage

Emporion

−386
Rome

I B È R E S

Carthagène

500 km

MER

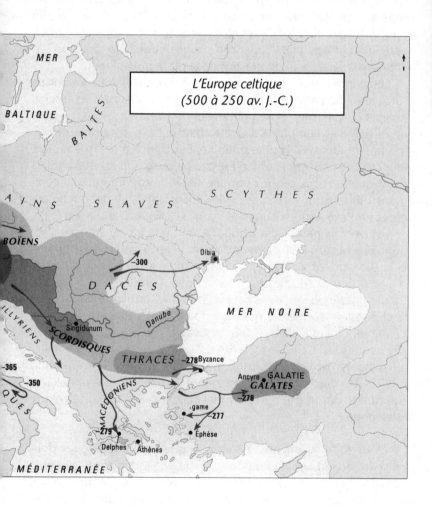

L'Europe celtique
(500 à 250 av. J.-C.)

spirituelles et religieuses qu'il joue dans sa communauté. Elles font de lui un quasi-héros, à mi-chemin entre les hommes et les dieux. Ainsi le banquet, où la consommation de vin s'assimile à celle d'un élixir de vie, apparaît non seulement comme un acte rituel mais aussi comme un moment crucial pour la communauté, parce qu'il est aussi une redistribution des biens du prince à ses proches. Dès cette époque se trouve en place le type de relation sociale le plus caractéristique chez les Celtes et les Gaulois, celui du clientélisme. Il permet au prince de déléguer son pouvoir et de l'étendre à un territoire plus vaste, tout en préservant sa place prééminente.

Les princes, dont l'existence a laissé des traces tout autour de l'arc alpin, étaient-ils à la tête de véritables principautés ? Ce serait excessif de l'affirmer. Si on peut parler de « centres princiers » pour des ensembles comprenant une forteresse, une nécropole et parfois une résidence princière distincte, l'existence d'un arrière-pays, une *chôra* en termes grecs, n'est pas prouvée. On constate seulement que tous ces centres ont une situation topographique commune : ils se trouvent sur des voies importantes, au débouché des Alpes sur l'axe Rhône-Saône-Seine, sur le Rhin, le Danube ou le Pô.

Les princes hallstattiens disparaissent à la fin du VIe s. av. J.-C. pour des raisons qui demeurent obscures : conflits territoriaux, bouleversement des réseaux commerciaux, évolution radicale d'une structure sociale trop hiérarchisée. Longtemps les archéologues ont voulu voir dans cette culture hallstattienne l'origine de la civilisation laténienne qui s'épanouit au Ve siècle et caractérise l'émergence des Gaulois. Mais c'est faire fi de la lente maturation de ces cultures. Celle de La Tène, si elle lui a succédé, n'a pu naître aussi rapidement de la culture de Hallstatt ; l'une mûrissait tandis que l'autre déjà déclinait. Cependant le phénomène princier et son rapide déclin ont dû servir de catalyseur à la brillante culture laténienne.

La période laténienne est le nom que les archéologues donnent au second âge du fer (V^e au Ier siècle av. J.-C.), d'après le célèbre site éponyme de La Tène, en Suisse. Elle est marquée par une culture matérielle commune et caractéristique qui s'exprime dans le mobilier céramique, dans l'armement et l'outillage, dans les œuvres d'art (bijoux et monnaies) mais aussi dans les installations de la vie quotidienne ou religieuse : habitat, fortifications, sépultures, lieux de culte. Le témoignage des historiens grecs puis romains permet de reconnaître, dans ces manifestations matérielles mises en évidence par l'archéologie, les traces laissées par la civilisation propre des Celtes. Ces derniers sont parfois appelés « Celtes historiques » pour les distinguer de leurs ancêtres du premier âge du fer ou des porteurs plus diversifiés, et parfois contemporains, des différentes langues celtiques.

La civilisation laténienne est celle des Gaulois ainsi que des autres Celtes qui, au moment de leur extension maximale (aux environs du IIIe s. av. J.-C.), occupent un territoire qui va des îles Britanniques à la mer Noire, et du Danemark jusqu'à la région des Marches en Italie. On distingue trois phases dans le second âge du fer, qui sont appelées différemment suivant les auteurs des chronologies utilisées (cf. tableau). Pour simplifier, on gardera la terminologie française du début du XXe siècle qui a l'avantage d'être explicite : La Tène ancienne (Ve et IVe siècles), La Tène moyenne (début du IIIe siècle jusqu'à 125 av. J.-C.), La Tène finale (de 125 à 30 av. J.-C.).

Au début du second âge du fer, les Gaulois ne peuvent être encore distingués des Celtes, mais un récit légendaire, tel que celui que rapporte Tite-Live sur la première invasion gauloise en Italie, au tout début du IVe siècle (cf. Chronologie fondamentale), suggère que, dès cette époque, des ethnies puissantes et structurées dominaient déjà la Gaule : elles étaient les ancêtres des tribus biturige, carnute, rème que César rencontrera plus tard. L'archéologie confirme cette hypothèse. Au Ve siècle av. J.-C. plusieurs régions (Champagne, Ardennes, Rhénanie, Centre de la France, Armorique) se distinguent par des découvertes archéologiques abondantes. Ce sont des sépultures en grand nombre livrant un mobilier de qualité : céramiques ornées, armes, bijoux, parfois char de combat. Ces dernières trahissent l'existence de petites communautés humaines de quelques centaines d'individus dirigées chaque fois par une petite aristocratie locale.

Chronologie de l'âge du fer

1er âge du fer	Culture de Hallstatt	ancienne	Ha C	– 800
		récente	Ha D	– 650
2e âge du fer	Culture de La Tène	ancienne	LT A	– 475
			LT B	– 375
		moyenne	LT C	– 275
		finale	LT D	– 150
				– 25

LES GRANDES INVASIONS

Les Gaulois entrent dans l'histoire par la grande porte dans les années 390, avec les premières grandes invasions qui les mènent jusqu'à Rome et jusque dans le sud de la péninsule. La légende, rapportée par Tite-Live (cf Chronologie générale), veut qu'Ambigat, roi des Bituriges qui régnaient alors sur le tiers de la Gaule (c'est-à-dire toute la partie centrale que César qualifie de « celtique »), à cause du développement excessif de sa population, ait envoyé ses deux neveux, Bellovèse et Sigovèse, avec toute la jeunesse du pays, conquérir de nouvelles terres. L'un partit vers l'est, vers la forêt hercynienne, l'autre vers l'Italie. Cette légende s'appuie sur une réalité historique, d'importants déplacements de peuples gaulois, certainement dès la fin du Ve siècle, perceptibles par les traces qu'ils laissent dans les régions colonisées, mais aussi dans les vides qu'ils créent dans les territoires d'origine (Champagne notamment). Ces invasions n'avaient probablement pas que des causes démographiques, même si alors les ressources agricoles étaient limitées par l'absence d'une technologie adaptée. Une autre tradition ancienne voulait que les Gaulois aient été attirés par le vin, les figues et l'huile d'olive. C'est un certain Hélicon (cf. biographies), forgeron helvète, employé par les Étrusques, qui, de retour chez lui, aurait convaincu ses compatriotes d'aller rejoindre ce pays de cocagne. Ces raisons bassement matérielles ont joué, mais aussi l'attitude des Étrusques qui très tôt utilisèrent les Gaulois comme mercenaires, une activité où ils se révélèrent très vite des professionnels talentueux.

Tite-Live cite comme associés aux Bituriges, dans leur pérégrination, les peuples arverne, éduen, ambarre, carnute, aulerque. Il faut donc croire que, **dès le début du second âge**

La plus ancienne représentation des Gaulois qui combattent ici des Italiques. Stamnos falisque du début du IVe s. av. J.-C.

du fer, ces peuples étaient suffisamment puissants pour faire émigrer toute leur nouvelle génération d'hommes, qu'ils s'étaient déjà répartis de grands territoires en Gaule, autrement dit que leur puissance n'avait pu se constituer que sur une longue période. Contrairement à ce que cette légende pourrait laisser croire, l'occupation de la Cisalpine (Italie du Nord) par les Gaulois se réalisa également au cours d'un temps assez long, peut-être une cinquantaine d'années, et par vagues successives de différents peuples. Les premiers occupèrent la région des sources du Pô, les suivants vinrent se ranger auprès des premiers, toujours plus au sud. Les Sénons, derniers arrivés, occupèrent les Marches, près de la colonie syracusaine d'Ancône. Ces derniers, arrêtés au sud par les puissants Ombriens et Picéniens, franchirent les monts Apennins pour trouver un nouveau territoire en pays étrusque. Ils assiégèrent Clusium, la Chiusi étrusque. Les Romains s'en mêlèrent et auraient tué, au cours d'une ambassade, un chef gaulois. Furieux, les Gaulois seraient alors partis combattre la ville de Rome, à laquelle ils infligèrent une terrible défaite. Occupée pendant sept mois, elle ne dut sa libération qu'au prix d'une forte rançon exigée par le chef Brennus (cf. biographies). La légende livienne veut que Camille ait interrompu la transaction et chassé les Gaulois. Mais il vaut mieux croire le grand historien Polybe qui indique que les Gaulois seraient repartis sur leurs terres du nord de l'Italie, tandis qu'une partie de leurs troupes divaguaient entre Campanie et Apulie, souvent à la solde de Syracuse.

Au cours de cette même période, les immigrants gaulois eurent à affronter les puissants Vénètes qui habitaient dans le nord-est (région de venise), puis de nouvelles vagues de Gaulois venant toujours du centre de la Gaule. Il s'ensuivit une série de guerres entre Gaulois que Polybe qualifie de « guerres tribales ». La seconde moitié du IVe siècle av. J.-C. est une période de paix relative, pendant laquelle les Gaulois cisalpins s'installent durablement sur leurs nouveaux territoires, pendant laquelle également Rome se fortifie et étend son hégémonie à toute l'Italie centrale.

À la fin de ce même siècle, c'est la région nord-occidentale des Gaules qui connaît de nouvelles invasions. Elles sont décrites tardivement par César, mais l'archéologie nous assure de leur réalité et de leur chronologie. Les migrants sont des Belges qui habitaient primitivement en Europe centrale (Bavière-Bohême), ils procèdent de la même manière que leurs congénères en Cisalpine, arrivent par peuples successifs déjà constitués et viennent se ranger au nord de la Seine, dans les régions les plus favorables. Les suivants s'installent, cette fois toujours plus au nord, pour finir par occuper tout l'espace entre Seine et Rhin. Cette immigration a duré plus d'un siècle et ne s'est achevée qu'au début du IIe siècle. César indique que les Belges chassèrent les Gaulois indigènes afin de cultiver leurs terres. C'est peu probable. Ils en firent plutôt leurs esclaves et leurs paysans, car c'est à partir de cette époque que tout le nord de la Gaule est intensément mis en culture.

Les Volques, Arécomiques et Tectosages appartenaient-ils à cette émigration belge ? La proximité des vocables « Volque » et « Belge » pourrait le suggérer. Il semble en tout cas qu'ils aient partagé la même passion pour les aventures guerrières et lointaines, et les Volques, selon des légendes antiques, auraient participé aux côtés des Belges à la grande expédition en Macédoine et en Grèce.

Les invasions des peuples belges constituent l'apport le plus important de population celtique en Gaule ; elles sont aussi les dernières qui soient marquantes. Car le va-et-vient des peuples celtiques en Gaule même et entre la Gaule et l'Europe centrale n'a jamais cessé jusqu'à la conquête romaine. Certaines régions ont connu des mouvements presque continus. C'est le cas de la Suisse dont la situation géographique, au carrefour de l'Italie, de la Gaule et de l'Europe centrale, la condamnait à accueillir au moins momentanément des tribus qui soit louaient leurs services de mercenaires, soit cherchaient de nouveaux territoires. La Provence, pour des raisons similaires, a connu également ces mouvements de population, mais de moindre ampleur : les montagnards ligures à l'est, Marseille au sud, et les Ibères au sud-ouest formaient une barrière difficilement franchissable.

La **mobilité des tribus, les relations à longue distance** entre celles-ci ou entre les individus par le mariage, l'hospitalité, la prise d'otages, **sont parmi les caractères les plus forts de la civilisation celtique.**

UN ÉQUILIBRE INSTABLE : LA MENACE ROMAINE

Il y a cependant chez les Gaulois un désir profond pour une sédentarisation assortie de conditions qui paraissent excessives à leurs voisins : ils veulent de bonnes terres entourées d'espaces suffisamment vastes pour y prospérer, voire accueillir de lointains parents. En Italie du Nord, la dizaine de grands peuples gaulois installés dans la plaine du Pô est entourée de toutes parts de voisins divers mais souvent puissants. Les Gaulois « celtisent » les Ligures, se heurtent sans grand succès aux Vénètes, composent avec les Étrusques et les Ombriens. Mais leurs plus grandes difficultés, ils les doivent aux Romains, parce que contre eux ils ont aidé militairement les Étrusques et les Italiques du Sud, et parce que, à partir du IIIᵉ siècle av. J.-C., **les Romains convoitent les terres de Cisalpine. Il faudra à Rome un peu plus d'un siècle, entre 295 et 190, pour réaliser cette conquête.** Ce temps assez long s'explique, entre autres raisons, par l'immixtion d'Hannibal dans les affaires de Cisalpine.

Les Sénons, responsables de la prise et du sac de Rome, étaient aussi les plus proches de celle-ci. À l'issue d'une période de paix de près d'un siècle, ils participèrent à la troisième guerre samnite. Après une écrasante victoire sur les Romains lors du siège d'Arretium (Arezzo), ils sont cependant défaits quelques mois plus tard. Les Romains les exterminent et fondent la colonie de *Sena Gallica*. Les voisins gaulois des Sénons, les Boïens, n'avaient pas aidé ces derniers, mais ils s'allient à deux reprises aux Étrusques pour contenir l'avancée romaine. Chaque fois ils sont battus. Ils signent alors un traité de paix avec Rome, qui est respecté pendant 45 ans. Cependant dans le même temps les Romains poursuivent leur politique d'extension territoriale vers le nord sur les deux côtes tyrrhénienne et adriatique. À la fin du IIIᵉ siècle, il paraît évident que les Boïens et leurs voisins sont directement menacés par Rome. Ils affrontent, avec les Insubres et les Gésates (tribus mercenaires venant de Gaule), les Romains auxquels se sont alliés les Cénomans et les Vénètes en 225 à Télamon. Les Romains les écrasent, et en trois ans pacifient toute la Cisalpine. Immédiatement ils fondent deux nouvelles colonies, Plaisance chez les Anares, et Crémone chez les Cénomans.

C'est l'arrivée d'Hannibal en Italie du Nord qui réveille les aspirations des Gaulois à retrouver leur indépendance. Mais le Carthaginois se révèle trop peu diplomate, alors que Rome dispose déjà en Cisalpine d'un solide réseau de surveillance. Les Gaulois jouent avec les deux belligérants à un double jeu qui n'est guère productif. Seuls les Boïens résistent farouchement, mais pour la stricte défense de leur territoire. En 200, ils réussissent à constituer une coalition de presque tous les peuples gaulois qui leur permet de détruire Plaisance, mais ils échouent à Crémone. Les batailles se succèdent pendant neuf ans. Cependant les Romains, qui en ont fini avec la menace carthaginoise, reprennent progressivement le dessus. En 191, les Boïens se soumettent. Une nouvelle colonie est ins-

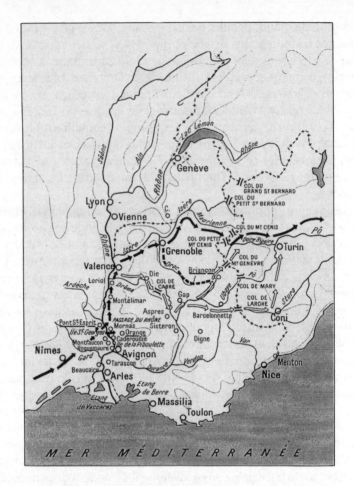

Itinéraire d'Hannibal en Gaule et dans les Alpes

tallée à Felsina, c'est Bononia (actuelle Bologne). La Cisalpine est dès lors définitivement pacifiée.

La situation est toute différente en Gaule occidentale, à la fois parce que les sources historiques sont rares et parce que les conflits, au moins en un premier temps, n'opposent que des Gaulois entre eux, des immigrants à des indigènes installés depuis longtemps. César nous dit qu'antérieurement à son arrivée en Gaule les guerres étaient continuelles. Elles se classent en deux types. Elles sont avant tout territoriales : les invasions belges bouleversent l'équilibre instable du premier peuplement celtique de la Gaule. Comme des dominos qui s'écroulent, beaucoup de peuples sont alors poussés vers le sud ou l'ouest. **Les Belges** eux-mêmes ne s'arrêtent pas sur les rives de la Seine mais **franchissent la Manche et installent une partie des leurs dans le sud de l'île de Bretagne.** Désormais, selon la belle formule de Camille Jullian, « la Manche devient une Méditerranée belge ». Mais les guerres peuvent être aussi de caractère tribal : des razzias à plus ou moins longue distance pour récolter du butin, nouer des relations forcées par la prise d'otages. Ces razzias, suivies de revanches, ont un caractère agonistique évident ; elles entretiennent les vertus guerrières des Belges qui sont les seuls des Gaulois à ne pas les perdre au cours des trois derniers siècles de l'indépendance. César nous apprend qu'avant son arrivée les Belges vont chaque année faire la guerre de l'autre côté du Rhin, chez les Germains. C'est une façon d'entretenir sinon une amitié, au moins une complicité qui sera précieuse face à César.

Au IIe siècle av. J.-C., les Romains ne manifestaient aucun intérêt pour la Gaule transalpine. Seuls les souciaient le libre accès à la mer et aux côtes ligures et la liaison entre Pise et Tarragone. Jusqu'au début de ce siècle, Marseille et les autres colonies grecques assuraient à la fois le rôle d'étapes sur cette route et de gendarmes de la région, quand les pirates de la mer tyrrhénienne et les Ligures venaient perturber le commerce grec et romain. En 154 av. J.-C., Antipolis (Antibes) et Nicaea (Nice) furent même occupées par ces brigands. Marseille demanda l'aide de Rome qui reprit rapidement les deux villes et confisqua aux Ligures leur territoire côtier pour le confier à Marseille. Trente ans plus tard, la colonie phocéenne renouvelle sa demande, cette fois pour l'aider contre les Celto-Ligures Saluviens (région d'Aix-en-Provence) qui sont ses voisins immédiats au nord.

Les raisons de ce conflit sont complexes et tiennent directement à l'histoire de la Gaule transalpine aux IIIe et IIe siècles av. J.-C. La Gaule était alors partagée en deux grands « empires » sur chacun desquels un peuple avait l'hégémonie. La Gaule centrale et méridionale (Celtique) était sous l'autorité du peuple arverne. La Gaule septentrionale et occidentale (Belgique) avait été gouvernée par les Rèmes qui avaient dû céder la place aux Suessions. À partir du milieu du IIe siècle, l'autorité arverne est battue en brèche par les Éduens. Les Saluviens, qui appartenaient à la confédération arverne, font tout à coup vaciller un équilibre fragile où Marseille et Rome trouvaient leur intérêt. Elles développaient par l'intermédiaire des Éduens un commerce vers la Gaule intérieure qui devenait de plus en plus soutenu. Le sénat romain avait même décerné aux Éduens le titre rare de « frères de sang des Romains ».

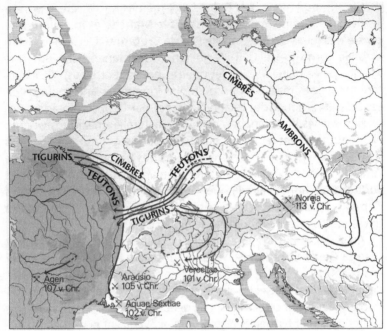

L'invasion des Cimbres et des Teutons

LA MENACE GERMAINE ET LES DÉBUTS DE LA CONQUÊTE ROMAINE

Les Romains intervinrent en 125 av. J.-C. contre une coalition de Ligures, Voconces et Saluviens qu'ils défirent assez rapidement. Leur effort militaire s'explique par les raisons commerciales qui viennent d'être dites, mais probablement aussi par la crainte des Germains qui, à la même époque, commençaient à s'agiter. Il fallait préserver la liaison terrestre entre l'Italie et l'Espagne. C'est pourquoi une garnison fut installée à Aquae Sextae (actuelle Aix-en-Provence) ; pour cette raison, les terres des Saluviens furent confisquées, cette fois au profit de Rome elle-même.

Cette conquête eut deux conséquences. Les Allobroges, leurs voisins au nord et leurs alliés, prirent la défense des Saluviens. Les Arvernes, inquiets du pouvoir renforcé des Éduens, envahirent leur territoire. Ces derniers réclamèrent l'aide de Rome. Cette demande tombait particulièrement bien, car à cette époque les dirigeants de Rome promettaient à leur peuple de nouvelles terres. Domitius Ahénobarbus écrasa le premier les Allobroges. Puis une seconde armée, dirigée par Fabius Maximus, vint lui prêter main-forte pour affronter les puissants Arvernes dirigés par le roi Bituit. Ils le vainquirent. Immédiatement **une province fut organisée entre Espagne et Italie, sur les territoires des Allobroges et des Saluviens.** En 118, une colonie fut fondée, *Narbo Martius* (Narbonne).

Ces évènements, comme on l'a dit, ne sont pas sans lien avec la terrible invasion germaine qui se prépare au nord dans les deux dernières décennies du IIᵉ siècle. **Les Cimbres, originaires du Jutland, tout d'abord descendent vers le sud, au nombre de 300 000.** Les Belges, puissants et solidement confédérés, les arrêtent et détournent leur course vers l'Europe centrale. **Puis ce sont les Teutons et les Ambrons, originaires du nord-est et tout aussi nombreux, qui descendent vers la province romaine.** Ces nouveaux mouvements de population réveillent chez certains peuples gaulois des velléités de révolte contre Rome. Les Volques Tectosages, qui avaient conclu un traité avec les Romains et accepté qu'ils installent chez eux une garnison, massacrent cette dernière. Par ailleurs, certains peuples, instables et parents des Germains, se décident à les suivre. Les Tigurins, une tribu des Helvètes, se joignent à la grande migration, entrent dans la province romaine pour gagner Toulouse ; ils se heurtent à l'armée romaine qu'ils battent sans difficulté. Ayant accepté d'elle des otages, la moitié de ses bagages et probablement une forte rançon, ils rentrent chez eux.

Après être restés quelque temps sur les bords du Rhin, les Cimbres, en 105, descendent le Rhône. Deux armées romaines tentent de les arrêter sans succès à Orange. Ils poursuivent leur avancée en Aquitaine et entrent en Espagne où les Celtibères les repoussent. En 103, ils reviennent en Gaule qu'ils pillent et font leur jonction avec les Teutons sur la frontière méridionale des Belges. Ils se décident à envahir l'Italie suivant un plan précis : les Cimbres passeraient à l'est par le plateau bavarois et le Brenner, tandis que les Teutons attaqueraient à l'ouest, par le Rhône et la Provence. Face à la terrible menace, Rome sait trouver l'homme providentiel, le consul **Marius**, qui s'installe dans la province avec une forte armée. Il **défait les Teutons à Aix en 102** dans une impressionnante boucherie, et l'année suivante vient rejoindre l'armée de Catulus à Verceil, dans l'actuel Piémont, pour repousser définitivement les Cimbres.

Ces invasions eurent des conséquences majeures pour la vie économique et sociale d'une grande partie de la Gaule. Seuls les Belges n'eurent pas trop à en souffrir, bien qu'ils durent concéder un territoire aux Cimbres et aux Teutons près de Namur, afin que la tribu des Aduatuques puisse y déposer ses bagages. Le reste de la Gaule fut entièrement ravagé, surtout la Gaule centrale. Ces évènements mirent en évidence l'impuissance des aristocrates dirigeants dont la fonction de défenseurs de la cité paraissait de plus en plus injustifiée. Beaucoup de royautés disparurent, et il fallut faire appel à la plèbe pour combattre l'envahisseur. La menace constante, pendant près de dix ans, pesa surtout sur les populations rurales dispersées. Les anciennes places fortes furent restaurées, on en construisit de nouvelles. C'est la période d'extension des *oppida*, les citadelles caractéristiques du monde celtique. Celles-ci agrandirent leur surface au sol pour accueillir non seulement les populations mais aussi les troupeaux, et pour permettre sur place des activités commerciales et artisanales. Une proto-urbanisation commença à se développer dans un pays qui ne connaissait aucune grande ville.

Dans la province romaine de Transalpine, les changements ne sont pas moins importants. Les peuples gaulois gardent leur identité et leur autonomie, ainsi que leurs coutumes politiques et religieuses. Mais ils doivent faire une part plus grande aux colons et aux marchands romains et payer à Rome un tribut. Mais les difficultés majeures sont dues aux gouverneurs chargés de l'administration romaine qui se comportent souvent comme des tyrans et profitent de leur charge pour s'enrichir personnellement. Le plus célèbre d'entre eux est Fonteius qui, attaqué en justice par les Gaulois, fut défendu par Cicéron. Désormais politique romaine et politique gauloise sont inséparables. Ainsi les Aquitains, proches des Ibères et des Celtibères, prennent le parti de Sertorius qui a soulevé l'Espagne contre Sylla, et menacent directement Narbonne et Marseille. Puis ce sont les peuples de la Province qui entrent en dissidence et doivent être matés par Pompée et Fonteius.

CÉSAR EN GAULE

Un quart de siècle après le passage des Cimbres et des Teutons, la physionomie politique de la Gaule a considérablement changé. La puissance arverne, privée de tout débouché économique vers la Méditerranée, a laissé la place à la confédération éduenne. Celle-ci, de nature économique et politique, s'appuie sur un axe Saône-Seine, qui relie directement la province romaine à la Manche et à l'Océan par l'intermédiaire des Bituriges et de leurs clients. Sur la carte (cf. carte des peuples de la Gaule), elle apparaît comme un coin enfoncé dans la Gaule et la séparant en deux, d'un côté les Belges et les Germains, de l'autre la Celtique et l'Aquitaine. Une véritable tête de pont pour les aspirations commerciales de Rome.

La pression germaine n'a pas disparu mais s'exerce différemment. Les Belges, en état de guerre permanent, contiennent les tribus d'outre-Rhin avec lesquelles elles ont aussi des liens d'amitié ou de parenté. Les Gaulois de l'est commercent avec les Germains et les utilisent même comme mercenaires. C'est le cas des Séquanes qui disputent leur hégémonie aux Éduens. Ils revendiquent l'accès à la Saône, et avec des Germains ont réussi à conquérir une partie du territoire éduen jouxtant cette rivière. Ils s'allient aux Arvernes. Désormais il y a en Gaule **deux confédérations concurrentes, celles des Éduens, et celles des Arvernes et des Séquanes.** La lutte pour l'hégémonie de la Gaule prend ainsi l'allure d'une lutte de factions qui, si l'on en croit César, touche non seulement tous les peuples mais aussi toutes les grandes familles. Il y a un parti éduen qui est aussi celui de Rome et des promesses qu'elle représente (commerce, accès aux biens de luxe, alliance sécurisante), de l'autre un parti traditionnel qui revendique l'indépendance des Gaulois mais s'oblige aussi à compter avec les Germains.

Les Séquanes sont pris à leur propre jeu en réclamant l'aide des puissants Germains Suèves et de leur roi, Arioviste. Celui-ci ne se contente pas de l'habituelle solde et du butin pris aux Éduens, mais exige un tiers du nouveau territoire séquane puis un second tiers pour ses parents Harudes. C'est certainement cette nouvelle situation qui incite trois nobles (Orgétorix chez les Helvètes, Casticos chez les Séquanes, et Dumnorix chez les Éduens) à fomenter un complot qui vise d'une part à restaurer la royauté chez chacun de ces peuples, d'autre part à refonder une nouvelle confédération capable de régner sur toute la Gaule et de faire barrage autant aux Romains qu'aux Germains. Dans ce projet, il est prévu que les Helvètes une nouvelle fois cherchent à s'installer dans la Gaule de l'ouest, à proximité des Volques Tectosages. Pour cela, ils préparent deux ans à l'avance leur émigration. C'est au moment où ils quittent leur pays en 58 et prennent la route de la province, la plus facile pour leur expédition, que **César intervient.**

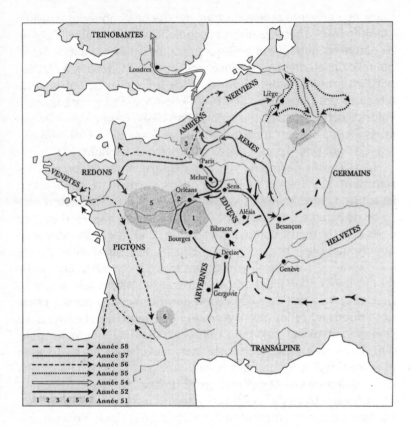

La Guerre des Gaules. Déplacement des armées romaines

César était proconsul en Gaule depuis 59. Il agit pour de multiples raisons : envie d'une gloire personnelle, besoin de l'argent que lui rapporteront ses conquêtes, mais aussi intérêt de Rome. Il n'était pas possible de laisser les Helvètes traverser la province, car leur exemple serait suivi par les Germains. Par ailleurs, les valeureux Helvètes servaient de barrière aux Germains : c'est pourquoi, une fois vaincus, César leur ordonnera de regagner leur territoire. Mais, au-delà des raisons relativement conjoncturelles et matérielles qui l'entraînent dans la guerre, il faut reconnaître à César un dessein plus vaste et qui donne un sens aux pérégrinations des armées romaines en Gaule qui peuvent paraître, à la lecture du *Bellum Gallicum*, désordonnées ou tout au moins soumises aux aléas des révoltes des tribus gauloises. **César a eu précocement une vision lucide du rôle que**

pouvait jouer la Gaule dans l'orbite romaine et face aux Barbares

du nord. **Elle serait source de richesses mais aussi l'indispensable frontière septentrionale.** Il semble même qu'il ait d'emblée fixé cette dernière sur le Rhin.

César avait auparavant neutralisé les Germains d'Arioviste avec lesquels les Romains avaient un traité d'amitié. Il avait les mains libres pour s'occuper des Helvètes dont il arrêta l'émigration et qu'il fit ramener chez eux. Les Boïens, qui avaient suivi les Helvètes et qui comme eux avaient anciennement émigré d'Allemagne, furent attribués aux Éduens pour renforcer leur population et remplacer les guerriers tués dans les précédentes luttes avec les Germains. Les peuples gaulois, étonnés de la victoire rapide des Romains contre les puissants Helvètes, comprennent qu'ils peuvent compter sur Rome pour écarter la menace que représente Arioviste. Le noble et sénateur éduen Diviciac est pour beaucoup dans la nouvelle attitude des Gaulois. Il connaît César depuis son séjour à Rome en 63 av. J.-C., et lui sert d'intermédiaire et d'ambassadeur auprès des chefs gaulois. C'est certainement lui qui suggère aux représentants des autres peuples, réunis en un « conseil de toute la Gaule », de demander l'aide de César contre Arioviste. César s'engage à négocier avec ce dernier. Mais la négociation tourne court : Arioviste estime qu'il agit à bon droit, le droit du vainqueur qui peut disposer, comme il l'entend, de ses conquêtes. L'affrontement est inévitable. Il a lieu sur les bords du Rhin en Alsace. Les Germains sont défaits et repoussés sur la rive droite du Rhin. César fait stationner ses troupes pendant l'hiver en Gaule même, chez les Séquanes, ce qui ne s'était jamais produit auparavant.

César avait certainement pour plan de couper les tribus belges cisrhénanes de leurs alliés d'outre-Rhin. Il faut remarquer à ce sujet que César est le premier à considérer tous les peuples de la rive droite du Rhin comme des Germains, alors que Poseidonios d'Apamée, meilleur connaisseur de la Gaule et principale source géographique et ethnographique de César, les considère comme des Belges ou des parents des Belges. **Les chefs des peuples belges** ne se trompent pas sur les intentions du proconsul ; ils **rassemblent des troupes et forment une puissante armée de 300 000 hommes.** Elle est dirigée par Galba, roi des Suessions, qui voit certainement là l'occasion de restaurer l'hégémonie de son peuple, mise à mal par l'alliance des Bellovaques et des Éduens et la défection des Rèmes, considérés jusqu'alors comme « leurs frères de race, ayant mêmes magistrats et mêmes lois ». Dès qu'il a connaissance de ces préparatifs de guerre, César avec ses troupes se rapproche de la frontière belge. Les Rèmes, craignant l'occupation de leur pays par les Romains, viennent à sa rencontre et lui offrent leurs services. Les confédérés belges décident alors d'envahir le territoire rème. Une fois encore l'Éduen Diviciac est d'une aide précieuse au proconsul : il a pour mission d'attaquer, avec les troupes qu'il dirige, le territoire de ses alliés et clients bellovaques. Il s'agit probablement d'une mise en scène pour faire sortir avec honneur ces derniers de la coalition belge. Dès qu'ils apprennent la venue des troupes ennemies sur leur territoire, ils abandonnent leurs alliés et rentrent chez eux. Or ils formaient le corps d'armée le plus puissant. La bataille qui était engagée sur les bords de l'Aisne tourne à l'avantage de César. Immédiatement après, celui-ci dirige ses troupes chez les Suessions qui ne livrent même pas bataille et se rendent. Les Bellovaques font la même chose, ainsi que les Ambiens. Les Belges du nord (Nerviens, Atrébates et Viromanduens), qui savent qu'ils peuvent compter sur leurs voisins septentrionaux, ne se soumettent pas. César doit les affronter lors de la terrible bataille de la Sambre qu'il gagne avec difficulté et en reconnaissant la bravoure exceptionnelle de ses ennemis. Les Nerviens ont perdu presque tous leurs guerriers et 597 de leurs 600 sénateurs. César leur laisse la jouissance de leurs terres. En revanche, après avoir vaincu les Aduatuques (tribu qui avait fait partie de l'invasion des Cimbres et des Teutons), il vend l'ensemble de leur population à l'encan.

Pendant qu'il terminait sa soumission des peuples belges, César avait envoyé Crassus avec une légion chez les peuples riverains de la Manche jusqu'au Finistère. Tous se soumettent sans difficulté. Cette manœuvre révèle d'une part que ces « peuples de l'Océan » étaient liés aux Belges, d'autre part que **César avait pour but d'encercler la Gaule celtique en la coupant de toute aide extérieure**, peuples transrhénans au nord et à l'est, peuples belges installés dans l'île de Bretagne au nord-ouest. À Rome on considéra que la Gaule était pacifiée. Ce jugement était quelque peu prématuré. Les Armoricains n'étaient pas désarmés. Ils se soulèvent contre l'occupant et réussissent à coaliser tous les peuples riverains de la Manche et à obtenir l'aide des Bretons. L'aide des Belges et des Germains au nord et des Aquitains au sud est également requise. Mais D. Brutus, spécialiste du commandement de la flotte, gagne une importante bataille navale contre les Vénètes. Leurs sénateurs sont mis à mort, et l'ensemble des prisonniers est vendu. Puis c'est le tour des peuples du Cotentin, des Ménapes et des Morins dont les terres sont ravagées par les Romains. Dans le même temps, P. Crassus soumet les Aquitains, malgré l'aide de troupes levées par ces derniers en Espagne. **À la fin de l'année 56, la Gaule est entièrement cir-**

conscrite. Et en 55 et 54, César peut se permettre de faire des expéditions hors de Gaule, chez les Germains pour sécuriser la rive droite du Rhin, et chez les Bretons pour leur montrer la puissance romaine et conclure avec eux des traités.

Deux portraits de Vercingétorix,
l'un réaliste (monnaie d'Hostilius Saserna, 48 av. J.-C.),
l'autre idéalisé (tête d'Apollon sur un statère arverne).

Le front belge était cependant loin d'être stabilisé. De grands peuples, tels que les Trévires et les Éburons, avaient seulement dû conclure des traités avec les Romains et n'étaient nullement désarmés. Les Nerviens avaient également retrouvé leur ancienne puissance guerrière. **La révolte commence chez les Éburons**. Ils causent de graves dommages à l'armée romaine. César doit sauver Quintus Cicéron assiégé dans Namur. Il doit passer l'hiver en Gaule, ce qu'il n'a jamais fait, et faire venir d'Italie trois nouvelles légions. L'année 53 voit s'éteindre les derniers foyers de révolte. La présence des légions, les traités conclus avec de nombreux peuples, l'anéantissement des nations les plus hostiles et la tenue régulière d'une assemblée des chefs de la Gaule devaient suffire à maintenir les Gaulois sous la coupe romaine. Mais c'était sans compter sur les évènements politiques proprement romains. À Rome l'anarchie règne, Pompée lève des troupes dans toute l'Italie. Après dix-huit mois d'absence, César doit repasser les Alpes.

En Gaule on n'ignore rien des difficultés de César dans son propre pays. **Les Carnutes fomentent une insurrection générale**. Comm l'Atrébate et Vercingétorix l'Arverne offrent leur concours. Ce dernier, désavoué par la noblesse arverne, est chassé de Gergovie mais rassemble une armée de gueux qui le proclament roi. Il gagne à sa cause de nombreux peuples de la Celtique qui lui envoient des troupes. On lui confie le commandement général. Lucterios le Cadurque est chargé de gagner à leur cause les voisins de la province romaine, Rutènes, Nitiobroges, Gabales. Il réussit sa mission et commence à envahir la province. César renforce les défenses de cette dernière et marche vers le pays des Arvernes. Avec une rapidité étonnante, à coups de marches forcées, il prend les villes de Vellaunodunum, Genabum, Noviodunum. Vercingétorix décide de pratiquer la politique de la terre brûlée, mais épargne Avaricum, « plus belle ville de la Gaule ». César la prend, mais échoue à Gergovie.

Les Éduens, sous l'impulsion de Convictolitavis et de Litaviccos, abandonnent la cause romaine et disputent à Vercingétorix la conduite de la guerre contre Rome. Mais **à Bibracte, dans une assemblée de toute la Gaule, Vercingétorix se voit confirmé comme chef suprême.** Les Éduens en prennent ombrage. Vercingétorix concentre ses efforts sur la province qui est attaquée, du côté des Helviens, de celui des Volques Arécomiques et en direction des Allobroges qui paraissent favorables à la coalition gauloise. César, pressentant la menace, fait venir des cavaliers recrutés dans les tribus germaines qu'il a soumises et part en direction de la province. Vercingétorix tente imprudemment de lui couper la route. Toute sa cavalerie est décimée, et il doit chercher refuge à **Alésia** où César l'assiège. La suite est bien connue. Vercingétorix se rend pour sauver les assiégés. En fait les Éduens et les Arvernes sont épargnés pour regagner la confiance de ces deux grands peuples de Gaule. Les autres prisonniers sont distribués à l'armée romaine, à raison d'un par soldat. À la fin de l'année 52, César doit encore faire deux campagnes, l'une chez les Bituriges, l'autre chez les Carnutes.

Mais, une nouvelle fois, les Belges s'agitent. Il s'agit cette fois des Belges du sud-ouest (Bellovaques, Ambiens, Aulerques, Calètes, Véliocasses et Atrébates) dont la plupart, depuis 57, étaient restés dans l'ombre, ne participant pas au conflit et reconstituant leur puissance guerrière. La sédition est menée par les Bellovaques qui se sentent doublement trahis par leurs anciens patrons, les Éduens, et par leurs anciens alliés, les Suessions, placés par César sous la tutelle des Rèmes. Ces Belges ont le sentiment qu'ils pourront garder leur indépendance s'ils retrouvent leur ancienne frontière méridionale (la Seine) et s'ils soumettent les alliés de Rome chez eux, les Suessions et les Rèmes. Un long affrontement se déroule dans le pays des Bellovaques où toutes les forces belges sont rassemblées. Les Romains réussissent à tuer Corréos, le chef des Bellovaques, ce qui démoralise ces derniers et les pousse à

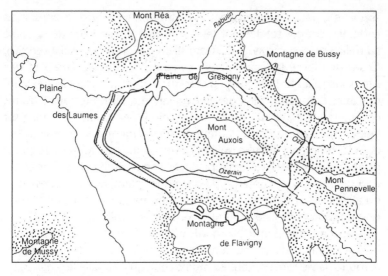

Siège d'Alésia. Les fouilles de Napoléon III, les photographies aériennes de R. Goguey et les fouilles plus récentes de M. Reddé et S. Von Schnurbein en révélant les vestiges des lignes romaines tout autour du Mont Auxois mettent un terme définitif à la querelle sur la localisation de cette bataille

se rendre. Les foyers de révolte ne sont pas tous éteints. César doit en finir avec les Carnutes puis avec Drappès le Sénon et Lucterios le Cadurque qui se réfugient à Uxellodunum. La place est prise et ses défenseurs ont la main tranchée. Comm l'Atrébate, depuis l'échec de la coalition belge, continuait la guérilla dans le nord. César envahit une nouvelle fois le pays des Éburons et celui des Trévires ; il traite avec Comm qui se réfugie en Bretagne.

L'année 50 voit la pacification définitive de la Gaule. César laisse quatre légions chez les Belges « qui étaient les plus braves » et autant chez les Éduens « qui avaient le plus d'influence ». Il ordonne la fondation de la colonie de Nyon, en Suisse, et quitte la Gaule.

L'ADMINISTRATION ROMAINE

César avait « pris d'assaut plus de 800 places fortes, combattu 3 millions d'ennemis, fait un million de cadavres et un million de prisonniers », nous dit Plutarque. Ces chiffres peuvent être discutés, mais certainement pas totalement rejetés. Ils disent bien l'état de la Gaule au milieu du Iᵉʳ siècle av. J.-C. Avant la fin de son proconsulat (en 50), **César proclame la Gaule province romaine, des Pyrénées et des Alpes jusqu'au Rhin et jusqu'à l'Océan**. Il traite alors les Gaulois vaincus avec beaucoup plus de bienveillance qu'il ne les avait traités comme ennemis. Il sait qu'il aura besoin d'une Gaule tranquille sur laquelle il puisse compter autant financièrement que militairement dans les moments difficiles qu'il va devoir connaître à Rome. Il respecte donc l'identité de chaque peuple, avec son territoire et son organisation politique. Il se contente de distinguer parmi eux des cités libres ou alliées, les Éduens et les Rèmes notamment. Des autres il n'exige qu'un tribut, certes élevé, et une contribution militaire.

César a l'idée d'une « romanisation » élitiste. Il a compris, par la fréquentation d'Éduens tels que Diviciac, que les Gaulois sont attirés par le mode de vie romain, tout au moins ceux qu'il appelle les *equites*, les nobles, et ceux de la plèbe qui cherchent à s'en extraire par le commerce ou la gloire militaire. Dès le début de sa guerre de conquête, il avait flatté les grandes familles, proclamant certains de leurs représentants « rois » ou premiers magistrats. Il leur rend leurs propriétés foncières, les charge de diriger des corps de troupes auxiliaires. Il leur promet également la citoyenneté romaine, leur accorde le droit de porter son nom, *Julius*, et fait même de quelques-uns des sénateurs romains, au prix des moqueries de ses adversaires politiques.

Cette politique était particulièrement habile parce qu'on prenait soin, de cette façon, de ne pas mettre à mal le système du patronat et, au contraire, de l'utiliser au mieux. La noblesse et le sénat des « cités » gauloises, comme les appelle César, y font régner l'ordre et tirent le plus grand bénéfice de la collaboration avec Rome. Ces nobles, qui devaient leur statut à leur rôle de guerrier, se voient renforcés dans ce statut. Ils fournissent et commandent des troupes qui œuvrent pour César. Leurs ancêtres faisaient la même chose avec les cités étrusques, Denys de Syracuse ou Hannibal. Mais mieux que leurs glorieux parents, ces guerriers sont reconnus dans tout le monde romain comme des spécialistes : les meilleurs cavaliers (César possède jusqu'à 10 000 cavaliers celtes), les meilleurs fantassins (à propos des Aquitains), les meilleurs archers (à propos des Rutènes). Du même coup, la Gaule se vide de tous ses guerriers qui passent au service de Rome, elle ne conserve que des paysans, des commerçants et des colons romains.

Cette administration minimale ne pouvait être que provisoire, avant tout parce qu'elle ne répondait pas aux besoins économiques de Rome ni de la Gaule, désormais entièrement tournée vers celle-ci. Il faut attendre Auguste et Agrippa pour qu'une organisation du territoire, solide et durable, soit mise en place. La province gauloise était trop vaste pour être dirigée par un seul proconsul, elle pouvait aussi donner trop de puissance à celui-ci face au pouvoir central. **Les Gaules furent donc divisées en quatre provinces, de surface équivalente : Narbonnaise, Aquitaine, Celtique et Belgique**. Ce découpage respecte assez fidèlement les anciennes divisions ethniques. **Le territoire des anciens peuples gaulois devient une cité** (cf Tableau p. 67-68), cependant avec des modifications de taille : les liens de soumission entre tribu-patron et tribus-clientes sont brisés ; des peuples trop vastes sont démembrés ; les tribus trop petites sont regroupées. Dans chaque cité est déterminé un chef-lieu, afin qu'il puisse devenir une capitale locale et surtout le lieu d'expression des valeurs romaines (politique, administrative, commerciale et religieuse). Ces métropoles deviennent à la fois la « vitrine » de chaque peuple (et le restent jusqu'à la fin de l'empire romain) et la matérialisation, au cœur de ce peuple, de l'esprit de Rome.

Il fallait également revoir les finances. Le tribut fixé par César paraissait trop faible. Il n'était surtout pas équitable. Il fallait procéder au recensement général des hommes et des biens. Cette opération déplaisante aux Gaulois ne fut réalisée qu'en 27 av. J.-C. et sous la direction d'Auguste lui-même, installé pour cela à Narbonne. L'impôt fut plus que doublé.

Mais Rome n'attendait pas seulement de la Gaule des impôts et des soldats. Les provinces gauloises devaient pouvoir commercer. Pour cela il fallait un réseau de routes qui rattache les villes entre elles et à Rome. Ce fut l'œuvre d'Agrippa. Il fallait également une police pour assurer la sécurité, et des détachements militaires pour veiller sur les régions sensibles. Une monnaie utilisable par tous était nécessaire. Elle n'était pas inconnue des Gaulois, mais restait peu utilisée et cantonnée à des territoires trop limités. On la rendit équivalente et conforme aux étalons latins.

La religion ne fut pas oubliée des administrateurs. Là encore, ils agirent avec sagesse et diplomatie. La religion celtique fut respectée : ses dieux, ses lieux de culte demeurèrent. Mais le clergé et le culte lui-même subirent des transformations, moins volontaires qu'indirectes. Les druides gaulois étaient des nobles, tels que Diviciac, qui possédaient un patrimoine foncier et menaient souvent parallèlement une carrière politique. Comme l'ensemble de la noblesse, ils se retrouvèrent parmi les cadres locaux de l'administration des cités. Auguste se

53

contenta d'interdire la fonction de druide et le culte druidique (les sacrifices) à tous les citoyens romains et à tous ceux qui prétendaient le devenir. Rapidement le clergé gaulois vit son recrutement se tarir. Avec lui c'est le culte et toute la mémoire religieuse des Gaulois qui s'appauvrit pour disparaître presque entièrement. Dans le même temps, en 12 av. J.-C., Drusus, beau-fils d'Auguste et gouverneur des Gaules, érige l'autel des Gaules, dédié à Rome et Auguste, et lieu de culte commun pour tous les représentants des cités de la Gaule, dans la colonie romaine de Lyon fondée par Munatius Plancus. Lyon devient le centre de la Gaule, une sorte de double de Rome. Chaque cité aura ensuite à cœur de se doter d'un centre religieux officiel où seront honorés les dieux romains et le *numen* de l'empereur. Religion gauloise et religion romaine cohabiteront quelque temps, la première perdant progressivement sa substance, la seconde se parant de couleurs provinciales jusque dans son architecture.

Ces mesures n'avaient pas pour but de faire des Gaulois d'authentiques Romains, mais de donner un cadre administratif romain à des individus qui demeuraient des Gaulois par leur origine, au même titre que les Insubres de Cisalpine, les Allobroges de Transalpine ou les Espagnols. La mentalité, nombre de coutumes, les façons de vivre restèrent gauloises et conservèrent leur individualité à un vaste ensemble de peuples dont ils n'avaient peut-être jamais autant ressenti alors les liens qui les unissaient. C'est pourquoi le terme de « romanisation » est peu adapté aux Gaulois, à l'ensemble des populations et aux territoires. C'est aussi parce qu'ils continuaient à se considérer comme pleinement Gaulois qu'ils se rebellèrent jusqu'à une époque assez tardive contre le pouvoir central. Cependant ces révoltes ne prirent jamais l'allure qu'elles avaient du temps de César. **Ce n'est jamais le soulèvement de tout un peuple,** mais toujours celui d'une fraction, souvent les plus pauvres qui constituent des sortes de jacqueries, ou une partie de l'ancienne noblesse d'une cité en désaccord avec les administrateurs, qu'ils soient gaulois ou romains. On verra également, et a contrario, des gouverneurs des provinces se servir des Gaulois et des armées stationnées sur leur territoire pour influer sur le cours des évènements politiques à Rome. C'est le cas, lors de la crise de 68 et 69 apr. J.-C., qui voit la mise à l'écart de Néron et la proclamation de Galba. Les grandes décisions ne sont plus seulement prises à Rome mais aussi en Gaule et sur ses frontières. De fait, **l'individualité des peuples gaulois persiste sous l'empire.** Les 300 peuples gaulois, qui ne formaient pas une nation gauloise, ne constituèrent pas plus une « patrie gauloise dans l'empire ». Les *civitates* gallo-romaines étaient aussi jalouses de leur identité que les peuples l'étaient de leur indépendance. Le génie de Rome fut d'offrir une expression administrative et matérielle aux tribus gauloises qui n'avaient pas su se doter, du temps de leur indépendance, d'un véritable pays aux frontières intangibles et au centre marqué d'une capitale. En respectant les croyances, les mœurs, le cadre de vie (hormis les villes), les Romains laissaient les plus grandes chances à toute une partie de la culture et de la civilisation gauloise de se perpétuer. On peut en observer des pans intacts, à l'aube du Moyen Âge, le système de la vassalité, la tripartition de la société (guerriers, prêtres et paysans) par exemple.

CHRONOLOGIE FONDAMENTALE

Avant les Celtes

IIIe millénaire : apparition des **Indo-européens, considérés comme les ancêtres des Celtes.**

Vers 2100 av. J.-C., début des âges des métaux en Europe occidentale.

À partir de 1800 av. J.-C., début de l'âge du bronze.

800-750 av. J.-C. : début du premier âge du fer en Europe occidentale.

Les habitants de l'Europe occidentale et septentrionale désignés par Homère comme des Cimmériens.

Les Celtes

600-550 : premières inscriptions en langue celtique dans le Piémont italien à Sesto Calende et Castelletto Ticino.

Vers 600 : fondation de Massalia (Marseille) par des colons phocéens.

Émigration de Bellovèse et de Sigovèse (cf les grandes invasions) d'après Tite-Live sous le règne de Tarquin l'Ancien à Rome. Datation beaucoup trop haute pour la plupart des historiens.

De 600 à 450 : princes celtiques ou hallstattiens

551 : datation dendrochronologique sur des bois de construction de la sépulture princière de Magdalenenberg en Allemagne.

Vers 500 : sépulture de la princesse de Vix.

Vers 500 : Hécatée de Milet évoquerait la « Keltiké » (la Celtique), au-delà du territoire des Ligures qui entourent Massalia.

460-450 : **début du deuxième âge du fer** en Europe occidentale.

Les invasions gauloises en Italie

Pendant tout le Ve siècle et peut-être depuis la fin du VIe siècle av. J.-C., présence gauloise en Italie du Nord (dans le Piémont notamment).

Début du IVe siècle, descente en masse et par vagues successives des Gaulois en Italie.

Vers 390 : les Phocéens de Massalia, en guerre avec les Ligures, les Gaulois et, sur mer, avec les Carthaginois, concluent des traités avec les Ibères et avec Rome. Siège sans succès de Marseille par des Gaulois et des Ligures. Fondation d'un trésor à Delphes par les Massaliotes.

Vers 390 : siège de Clusium (Chiusi) par les Sénons. Deux Romains, membres de la famille Fabius, venus en ambassade, prennent part au combat, aux côtés des Étrusques. Leur trahison aurait amené les Gaulois à abandonner le siège et à se porter en masse sur Rome.

Vers 386: **victoire gauloise à la bataille de l'Allia. Occupation de Rome pendant sept mois.** Massalia aide les Romains à constituer le montant de la rançon exigée par Brennus (cf biographies).

Vers 385 : après le pillage de Rome, une partie des Gaulois remonte vers la plaine du Pô, les autres descendent plus au sud et proposent leur aide à Denys de Syracuse.

De 387 à 360 ou 356 : guerres intestines entre les Gaulois occupant la plaine du Pô.

368 : Denys de Syracuse envoie des mercenaires gaulois secourir les Macédoniens aux prises avec les Thébains.

De 366 à 361 : descente des Gaulois vers le sud de l'Italie, pillage des campagnes dans le Latium et en Campanie.

361 : bataille de l'Anio. **Duel légendaire entre un Gaulois anonyme et Titus Manlius, surnommé depuis « Torquatus ».**

De 360 à 358 : les Gaulois ravagent le Latium. Victoire du dictateur C. Sulpicius qui récupère leur butin et le confie au trésor que la République a consacré aux guerres gauloises

350 : après une paix de huit ans, les Gaulois reparaissent dans les monts albains. Victoire sur eux de Popilius Laenas.

349 : les Gaulois se réfugient dans le sud du Latium, près de Pomptinum, deuxième **duel légendaire** (cf La mythologie, ch. 6)

entre un Gaulois anonyme et un jeune tribun romain, **Valérius**, surnommé depuis « **Corvus** » ou « **Corvinus** ». Paix signée et respectée jusqu'au début du IIIe siècle.

300-299 : des Gaulois transalpins s'associent aux Cisalpins pour piller l'Étrurie.

299 à 296 : ils regagnent la plaine padane, mais se disputent à propos du butin et certainement des territoires qu'il faut accorder aux premiers.

296 : coalition avec les Samnites contre Rome.

295 : bataille de **Sentinum**. Decius, pour sauver l'armée romaine, accomplit le rite de la *devotio*. Les Gaulois perdent 25 000 hommes.

Les invasions celtiques et gauloises en Grèce et en Asie Mineure

À partir de 368 : les Gaulois d'Italie, envoyés par Denys de Syracuse au secours des Macédoniens, proposent leurs services aux puissances de Grèce et de Macédoine. Il est probable que ces mercenaires gaulois étaient aux prises avec les Autariates (un peuple illyrien puissant qui menaçait la Macédoine) quand Alexandre combattait les Gètes sur les bords de la mer Noire.

335 : rencontre entre des Gaulois établis « sur le golfe de Ionie » (environs de Tarente) et Alexandre le Grand. (cf l'espace et l'univers, ch. 5).

324 : des ambassadeurs celtes traversent l'Asie pour aller faire leur cour à Alexandre, à Babylone.

323 : mort d'Alexandre. Les mercenaires gaulois proposent leurs services aux républiques du Péloponnèse puis aux diadoques.

310 : victoire des Gaulois sur les Illyriens après une guerre d'une cinquantaine d'années. **Une armée gauloise dirigée par Cambaules envahit la Thrace**, y fait beaucoup de butin et retourne dans son pays.

298 : une armée gauloise est écrasée par Cassandre sur le mont Haemus (nord de la Bulgarie).

281 : mort de Lysimaque et de Seleucos. Guerre dynastique et désorganisation du royaume de Macédoine qui ouvre aux Gaulois les portes de l'Orient.

280 : trois armées celtiques dans le nord de la péninsule grecque. L'une, sous la direction de Kéréthrios, attaque la partie orientale de la Thrace ; une seconde, dirigée par Brennus (cf biographie) et Akichorios, envahit la Dardanie et la Péonie ; la troisième, commandée par Bolgios (cf biographie), menace la Macédoine.

279 : Bolgios écrase les troupes du roi Ptolémée Kéraunos, ravage la Macédoine et retourne chez lui, chargé de butin, devant la résistance du stratège Sosthène.

Brennus marche vers le sanctuaire de Delphes, selon la tradition défendu par Apollon lui-même. Fondation de la fête des *Sôteria* pour commémorer la miraculeuse défaite celtique.

278 : l'armée de Brennus retourne vers ses territoires d'origine en passant par l'Illyrie. Fondation de l'état des Scordisques, sur la Save. Selon la tradition, les Volques Tectosages regagnent la région de Toulouse.

Léonnorios et Kéréthrios se réfugient en Thrace qu'ils ravagent.

Léonnorios et Lutarios, engagés par Nicomède de Bithynie passent en Asie. Victoire sur Zipoetès.

277 : 15 000 Gaulois ravageant la Thrace, menacent la Macédoine après s'être emparée de Lysimacheia (péninsule de Gallipoli), sont défaits par Antigone Gonatas.

274 : **participation des Gaulois à la première guerre syrienne aux côtés de Mithridate Ier du Pont. Victoire sur Ptolémée en Cappadoce**.

273 : Antiochus Ier de Syrie bat les Galates lors de la bataille dite « des éléphants », est surnommé Sôter (le sauveur). **Les Gaulois repoussés vers l'intérieur de l'Asie** Mineure : les Tolistoages en Éolide et Ionie, les Tectosages en Asie intérieure et les Trocmes sur les côtes de l'Hellespont.

La conquête romaine de la Cisalpine

285 : Sénons à nouveau en territoire étrusque. Siège d'Arretium (Arezzo), massacre de deux légions. Meurtre des ambassadeurs romains venus négocier la restitution des prisonniers.

283 : défaite des Sénons. Colonie romaine à Sena Gallica. Mais les Sénons ne sont pas exterminés ni leur territoire annexé.

284-283 : alliance des Boïens et des Étrusque contre l'avancée romaine. Défaite au **lac Vadimon** (probablement l'actuel lac Bassano). Traité de paix entre les Boïens et Rome, respecté pendant 45 ans.

268 : colonie d'Ariminium (Rimini). Les Sénons soumis et contraints à l'émigration hors de Cisalpine.

238-236 : trois campagnes romaines contre les Gaulois et les Ligures.

Deux rois boïens, Atis et Galatos, préparent une nouvelle campagne contre Rome

233-232 : coalition des peuples cisalpins contre l'*Ager gallicus* (ancien territoire sénon). Recours aux Gésates (mercenaires gaulois de Gaule intérieure).

225 : les Gésates rejoignent les Cisalpins. Victoire contre les Romains près de Florence. À **Télamon** défaite contre Atilius. Soumission des Boïens.

223 : les Romains vainquent les Insubres.

222 : ces derniers veulent traiter sans succès avec Rome, recrutent à nouveau des Gésates de la vallée du Rhône.

Bataille de **Clastidium** (Casteggio), Marcellus tue lui-même le chef insubre Viridomar, rapportant aisi les troisièmes et dernières *spolia opima* de l'histoire romaine.

Acerrae et Mediolanum, principale ville insubre, sont ensuite prises. Reddition des Insubres. La Cisalpine gauloise paraît soumise.

Les Gaulois et les guerres puniques

264-241 : **Carthage engage des mercenaires de Gaule intérieure en Corse, en Sardaigne et en Sicile.**

Défense héroïque de Lilybée. Rébellion des Gaulois à Agrigente, ils sont les premiers étrangers engagés dans les armées romaines en qualité de stipendiés.

241-237 : les mercenaires gaulois restés fidèles aux Carthaginois évacuent la Sicile, réclament leur solde à Carthage même, soulèvent les villes africaines sous le joug punique. Siège des rebelles par Hamilcar Barcas qui les extermine. Leur chef Autaritos (cf biographies) mis en croix.

220 : Hamilcar Barcas combat les Celtici en Espagne, soumet la plupart des Celtibères mais meurt au cours d'un combat. Son remplaçant, Hasdrubal, tué par un Celtibère. Hannibal, nommé chef, menace Rome

218 : fondation de deux colonies chez les Gaulois du nord-ouest de la Cisalpine, Plaisance chez les Anares et Crémone chez les Cénomans qui attise leur rébellion. Hannibal les encourage et **franchit les Pyrénées**. Arrêté momentanément par les Volques du Languedoc sur le Rhône. Une ambassade de Boïens lui promet de l'aide. **Franchit les Alpes avec ses éléphants**. Victoire contre Publius Scipion à **la Trébie**. Les Gaulois au centre de l'armée carthaginoise

217 : avancée d'Hannibal vers Rome. Victoire du **Lac Trasimène** grâce aux Gaulois qui enregistrent les pertes les plus importantes.

216 : Hannibal en Apulie, toujours accompagné de contingents gaulois. Les deux consuls Paul Émile et Terentius Varron l'affrontent

à **Cannes**. Avec 45 000 hommes il vainc les Romains qui en perdent autant. Il s'établit en Italie du Sud.

Postumius et ses deux légions anéantis dans la forêt Litana par les Boïens. Sa tête coupée et transformée en coupe cultuelle dans le sanctuaire le plus vénéré des Gaulois.

207 : Hasdrubal constitue un nouveau front en Cisalpine. Aidé par les Arvernes il franchit les Alpes, emmenant avec lui des Gaulois transalpins et d'importants contingents cisalpins. Défaite sur les bords du **Métaure**.

207 à 205 : Magon à Gênes, avec des troupes gauloises combat deux armées romaines mais ne parvient pas à rejoindre Hannibal.

203 : Magon et Hannibal rappelés à Carthage par le Sénat, leurs troupes gauloises les accompagnent.

202 : défaite d'Hannibal à Zama. Un tiers de ses troupes composé de Gaulois et de Ligures. Fin de la deuxième guerre punique.

Dernières résistances des Gaulois cisalpins

201 : Hamilcar soulève une partie des Gaulois contre Rome. Les Romains, conduits par Caius Oppius, écrasés à Mutilum chez les Boïens.

200 : une grande confédération de Boïens, Insubres, Cénomans et quelques peuples ligures détruit Plaisance. Mais Furius Purpureo l'arrête devant Crémone. Hamilcar et trois principaux chefs gaulois sont tués.

199 : le prêteur Baebius Tamphilus pénètre sur le territoire des Insubres. Son armée est défaite. Il perd 6 600 hommes.

197 : la coalition des Boïens, Insubres et Cénomans se reforme. Défaite sur les bords du Mincio, à cause de la trahison des Cénomans qui se soumettent définitivement à Rome.

196 : près de Côme victoire de Furius Purpureo et Claudius Marcellus sur les Insubres qui perdent 40 000 hommes. Guérilla de ces derniers. Les Romains ravagent Bononia (Bologne) et de nombreuses cités gauloises.

195 : victoire de Valérius Flaccus sur les Boïens près de la forêt Litana. Reconstruction de Plaisance et de Crémone.

194 : près de Mediolanum (Milan), victoire de Valérius Flaccus sur les Boïens venus soulever **les Insubres qui cessent toute résistance.**

Victoire de Sempronius contre Boïorix, roi des Boïens mais ni celui-là ni le consul P. Scipion Nasica ne jugulent la résistance boïenne.

193 : alliance des Boïens et des Ligures. Le sénat romain déclare le « tumulte ». Victoire de Cornelius Merula à Mutina (Modène), 14 000 Gaulois tués.

192-191 : pillage du pays boïen. Reddition d'une grande partie de la noblesse. Séries de victoires de Scipion Nasica. Les Boïens donnent des otages et la moitié de leurs terres pour la fondation de colonies.

190 : **départ des 112 tribus boïennes** vers les bords du Danube. La Cisalpine pacifiée, devient plus tard **Province gauloise cisalpine** ou citérieure. Plus tard, appelée **Gallia togata** (la Gaule qui porte la toge).

189 : fondation de la colonie romaine de Bononia (Bologne).

183 : fondation des colonies de Mutina et de Parma sur la via Aemilia.

181 : fondation de la colonie d'Aquileia en Vénétie.

179 : des Gaulois transalpins passés en Cisalpine repoussés par les Romains : dernière invasion gauloise qui touche l'Italie du Nord.

<u>Les deux derniers siècles de l'indépendance de la Gaule transalpine</u>

154 : blocus de Massalia, d'Antipolis (Antibes) et de Nicaea (Nice) par les Ligures (Oxybiens et Déciates). Aide de Rome. Victoire du consul Opimius sur les Ligures. Leurs territoires donnés à Marseille.

125 : les Salluviens (de la région d'Aix et d'Entremont) ravagent le territoire de Marseille. Victoire du consul Fulvius Flaccus sur les Voconces et les Saluviens.

124 : nouveau soulèvement. Victoire et triomphe de C. Sextius Calvinus. Prise de la capitale des Salluviens (probablement Entremont). Fondation d'*Aquae Sextiae* (Aix). Les prisonniers salluviens vendus à l'encan, le roi Teutomal se réfugie chez les Allobroges.

Traité d'amitié entre Rome et les Éduens, en conflit avec les Arvernes.

122 : Domitius Ahénobarbus demande aux Allobroges de lui livrer le roi Teutomal. Ils refusent et préparent la guerre. Ambassade de Bituit (cf biographies), leur allié arverne, auprès de Domitius pour demander un sort meilleur aux Salluviens et le rétablissement de leur roi. Refus de celui-ci.

121 : Domitius écrase les Allobroges sur les bords de la Sorgue, 20 000 morts et 3 000 prisonniers. Les Arvernes dans les Cévennes avec leurs troupes et celles de leurs alliés, au nombre de 200 000 hommes.

Victoire de Quintus Fabius Maximus sur les bords du Rhône. Les Gaulois perdent entre 120 et 150 000 hommes. Bituit s'échappe.

Création d'une province romaine entre les Pyrénées et les Alpes, déclarée « consulaire » : tous les ans l'un des consuls doit s'y rendre avec son armée.

Vers 120 : création par Domitius de la voie qui relie l'Espagne à l'Italie. La province agrandie avec le territoire des Helviens, des Volques Arécomiques et des Sordes. Traité avec les Volques Tectosages déclarés « fédérés ». **Une garnison romaine à Tolosa.**

118 : création d'une colonie romaine à Narbonne (*Narbo Martius***).**

113 : probablement du Jutland (« péninsule cimbrique »), énorme invasion de plus de 300 000 Cimbres. Début de **l'invasion dite « des Cimbres et des Teutons », qui pendant 12 ans ravage une grande partie de l'Europe.**

110 : deux tribus helvètes (Tigurins et Toygènes) rejoignent les Cimbres.

109 : les envahisseurs chez les Séquanes, défont l'armée du consul Marcus Junius Silanus et se tournent vers l'occident, vers l'intérieur de la Gaule.

Vers 110-107 : les Teutons descendent vers la Gaule septentrionale. Résistance des peuples belges farouche qui leur concèdent cependant une place forte chez les Éburons, future tribu des Aduatuques.

Les Helvètes dans la province romaine poussent les peuples gaulois à se soulever contre leurs administrateurs.

107 : Le chef des Tigurins, Divico (cf biographies), et les Volques Tectosages, aux environs d'Agen, défont l'armée romaine. Le consul Lucius Cassius Longinus tué. Traité probable avec les Tigurins qui ne cherchent plus dès lors à pénétrer dans la Province.

106 : siège par les Volques Tectosages de la garnison romaine de Toulouse. **Le consul Quintus Servilius Cépion** la délivre et **profite pour mettre la main sur le fameux** *aurum tolosanum* **(trésors d'or et d'argent cachés dans les lacs de Toulouse)(cf. Finances, ch. 3).**

105 : **Jonction des Cimbres, des Teutons, des Ambrons et des Helvètes** dans les environs de la Suisse. **Bataille d'Orange** : les Romains massacrés, les prisonniers et le butin sacrifiés aux dieux. Les Cimbres prennent la Province romaine et l'Espagne et les Teutons la Gaule.

104 : **Marius** en Gaule, avec l'aide des Massaliotes, effectue les préparatifs de guerre, fait creuser les *Fossae Marianae* (« fossés de Marius », actuelle ville de Fos).

Victoire de Sylla sur les Volques Tectosages, dirigés par le roi Copillos.

103 : jonction des Cimbres et des Teutons chez les Véliocasses. Nouveau projet d'invasion de l'Italie : les Teutons le long du Rhône et à travers la Province, les Cimbres par la Bavière et le Brenner.

102 : **siège sans succès du camp de Marius** dans la région d'Arles par les Teutons. **Bataille d'Aix.** Les Romains tuent plus 100 000 ennemis et font autant de prisonniers. Le reste de l'armée des Teutons rattrapée par les Séquanes et rendue à Marius. Les Séquanes obtiennent le titre d'« amis » de Rome.

101 : les Cimbres arrivent en Cisalpine. Catulus les retarde, le temps que Marius vienne à son aide. **Bataille de Verceil :** 120 000 barbares tués, 60 000 prisonniers.

90 : révolte des Salyens matée par C. Caecilius.

Vers 80 : Celtill (cf biographies) restaure l'empire arverne qui a autorité sur toute la Gaule.

78-77 : Sertorius soulève l'Espagne contre Sylla. Les Aquitains rejoignent le parti de Sertorius. Défaite et mort du légat L. Valerius Préconinus chez les Aquitains. Le proconsul L. Manlius, de retour d'Espagne, perd une bataille contre les Aquitains et doit leur abandonner ses bagages. Le consul M. Emilius Lepidus entraîne des Aquitains, des Volques et des Allobroges dans son insurrection contre le Sénat. **Pompée** les met en déroute en Étrurie, franchit les Alpes et la Province en direction de l'Espagne, massacre tous les partisans de Sertorius. Une partie des territoires des Volques Arécomiques et des Helviens donnée à Marseille.

76 : Manius Fonteius gouverne la Province. Révolte des Voconces, Helviens, Tectosages, Arécomiques et Allobroges qui attaquent Marseille. Fonteius la délivre. Les Gaulois se portent alors sur Narbonne que Fonteius reprend. Pompée, de retour d'Espagne, met fin aux dernières rébellions chez les Voconces.

75 : des colonies militaires installées à Tolosa (Toulouse), Ruscino, Biterrae (Béziers). Soumission des groupes de montagnards pyrénéens, Aquitains et Espagnols appelés « Convenae » (« *hommes ramassés de tous pays* ») par Pompée qui les installe dans une vallée sur les bords de la haute Garonne.

69 : les Allobroges intentent une action en justice contre le gouverneur Fonteius, accusé de prévarication, concussion et exactions diverses et défendu par Cicéron.

69-63 : les Éduens, par des droits de navigation sur la Saône et taxes excessives, tentent de ruiner les Séquanes qui s'allient aux Arvernes et demandent de l'aide aux Germains d'Arioviste. Massacre les troupes éduennes et de la quasi-totalité des sénateurs. Le seul survivant, Diviciac (cf biographie), se réfugie à Rome et implore l'aide du Sénat.

63 : les Allobroges participent à la conjuration de Catilina.

62-61 : ils se soulèvent une nouvelle fois contre Rome, sous la direction de leur chef Catugnatus. Victoire de Pomptinus. Catugnatus s'enfuit.

61 : les Helvètes commencent leurs préparatifs d'émigration. Rome s'alarme et se décide à défendre les Éduens qui auront pour mission de surveiller les Helvètes. Accord entre Rome et Arioviste qui reçoit le titre de « roi ami ».

59 : le chef helvète Orgétorix (cf biographie) prépare l'expédition de son peuple. Les Helvètes brûlent villes et villages pour s'interdire tout espoir de retour.

La guerre des Gaules

58 : César gouverneur de la Province arrête les émigrants près de Bibracte. Les peuples gaulois limitrophes demandent à César d'intervenir auprès d'Arioviste qui les menace. Entrevue de César et Arioviste puis affrontement dans la plaine d'Alsace. Défaite des Germains qui s'enfuient au-delà du Rhin. César fait hiverner ses troupes chez les Séquanes.

57 : coalition des peuples belges. Soumission des Rèmes. Défaite de la coalition. Soumission des Suessions, des Bellovaques et des Ambiens. Difficile victoire sur les Nerviens. Soumission par P. Crassus des Vénètes, Unelles, Osismes, Coriosolites, Esuvii, Aulerques et Redons. Quartiers d'hiver chez les Carnutes, les Andes et les Turons.

56 : Soulèvement des Vénètes qui entraînent les peuples de l'Océan et demandent leur aide aux Bretons. Victoire navale de Junius Brutus. Soumission des Aquitains. Campagne chez les Ménapes et les Morins. Quartiers d'hiver chez les Aulerques et les Lexoviens.

55 : des armées germaines traversent le Rhin. César les affronte au confluent de la Meuse et du Rhin, il **construit un pont sur le Rhin et s'avance en pays germain.** Expédition en Bretagne. Nouvelle opération chez les Morins et les Ménapes. Quartiers d'hiver chez les peuples belges.

54 : expédition chez les Trévires pour régler un conflit entre leurs chefs, Indutiomar et Cingétorix (cf biographies). César fait tuer le chef éduen Dumnorix (cf biographies). Nouvelle expédition en Bretagne. Soumission du chef breton, Cassivellaunos. Quartiers d'hiver chez les Belges. Assassinat de Tasgétios (cf biographies). **Révolte des Éburons : l'armée romaine massacrée,** les légats Q. Sabinus et L. Cotta tués. Le roi éburon Ambiorix (cf biographies) attaque le camp de Cicéron chez les Nerviens. César les vainc. Agitation générale en Gaule. **César passe l'hiver à Samarobriva.**

53 : l'armée romaine en Gaule passe à 10 légions. Expédition chez les Nerviens, les Sénons et les Ménapes. Victoire de Labienus sur les Trévires. César passe de nouveau le Rhin et fait une incursion chez les Germains, s'attaque une nouvelle fois aux Éburons qu'il extermine, met à mort Acco, instigateur de la conjuration des Sénons. Quartiers d'hiver chez les Trévires, les Lingons et les Sénons. César revient en Cisalpine.

52 : les Gaulois, connaissant l'anarchie politique qui règne à Rome, tentent un nouveau soulèvement. **Massacre des marchands romains à Génabum. La conduite de la coalition carnute et arverne est confiée à Vercingétorix** (cf biographies). César attire Vercingétorix vers le sud et reprend Génabum. Vercingétorix pratique la politique de la terre brûlée mais épargne Avaricum. César la prend, massacre ses habitants, échoue devant Gergovie. Il se dirige alors vers l'Italie où son gouvernement est menacé. Vercingétorix l'attaque prématurément. La cavalerie gauloise défaite. César poursuit l'armée gauloise qui se réfugie à Alésia. Siège. **Capitulation de Vercingétorix.** Soumission des Arvernes et des Éduens. César prend ses quartiers d'hiver à Bibracte.

51 : campagne chez les Bituriges et les Carnutes. Soulèvement des Bellovaques et des Belges, sous la direction de Corréos et de Comm l'Atrébate (cf biographies). Soumission des Bellovaques. César ravage le pays des Éburons. C. Fabius soumet les Carnutes et les Armoricains. C. Caninius assiège Uxellodunum où se sont réfugiés Drappès et Lucter (cf biographies). Supplice de Gutuater (cf biographies). Prise d'Uxellodunum. César fait couper les mains de tous ceux qui ont pris les armes. Comm se réfugie en Bretagne. César quitte définitivement la Gaule en laissant 3 légions à Narbonne, 3 autres à Mâcon, et en ordonnant la fondation de la colonie de Noviodunum (Nyon).

La Gaule intérieure est constituée en une province unique de Rome, la *Gallia comata* **(Gaule chevelue).**

La Gaule dans l'empire romain

49 : Siège de Marseille, qui a pris le parti de Pompée, par César. Fondation de trois nouvelles colonies militaires : une nouvelle à Narbonne, une à Arles et une à Béziers. Colonie maritime fondée à Fréjus (*Forum Julii*).

46 : révolte chez les Bellovaques matée par Décimus Brutus. **Triomphe de César à Rome.** La Gaule et Marseille y figurent comme des captives. Mort de Vercingétorix.

43 : fondation de deux nouvelles colonies à Lyon et à Augst.

42 : **la Gaule cisalpine intégrée administrativement à l'Italie.**

35 à 30 : soulèvement des peuples belges et aquitains. Nonnius Gallus vainc les Trévires, Messala Corvinus les Aquitains et C. Carrinas les Morins.

27 : recensement général de la Gaule par Auguste. **Division de la** *Gallia comata* **en trois provinces : l'Aquitaine, la Belgique et la Lyonnaise.** 60 ou 64 *civitates* sont créées, qui reprennent approximativement le territoire des anciennes tribus gauloises.

22 : la province Narbonnaise rendue au sénat qui doit seul la gérer .

12 : l'assemblée générale des cités à Lyon décrète Rome et Auguste divinités tutélaires de la Gaule, décide l'érection d'un autel et la création d'un sacerdoce aux nouveaux dieux.

7-6 : Auguste fait élever à La Turbie un trophée pour célébrer la soumission de toutes les tribus alpines.

14 apr. J.-C. : Auguste et Tibère accordent à tous les citoyens romains de la Narbonnaise le droit de se porter candidats aux magistratures de Rome.

21 : le Trévire Florus et l'Éduen Sacrovir prennent la tête de la révolte de leurs cités.

43 : voyage en Gaule de l'empereur Claude. Abolition de la religion druidique et proscription des prêtres. Expédition dans l'île de Bretagne. Soumission des tribus celtiques du sud de l'île, fondation d'une colonie à Colchester.

48 : Claude fait promulguer une loi qui permet aux habitants de la Gaule chevelue d'entrer au sénat romain.

65 : un incendie ravage totalement Lyon.

68 : Vindex, légat de la Gaule lyonnaise, s'insurge contre Néron et proclame Galba empereur. Deux mois plus tard, le sénat destitue Néron et proclame Galba empereur qui, pour remercier la Gaule, lui diminue ses impôts.

68-69 : répercussions sur la Gaule de l'anarchie régnant à Rome (Galba assassiné, remplacé par Othon qui se suicide, Vitellius proclamé empereur par ses troupes de l'armée du Rhin). Les troupes de Vitellius pillent la Gaule. Jacquerie en territoire éduen, dirigée par un Boïen, Maricc.

70 : en Gaule, des druides exploitent l'incendie du Capitole, signe de la fin de l'empire romain. Le Trévire Tutor et le Lingon Sabinus, alliés au Batave Civilis, proclament l'« empire des Gaules », sécession des Belges et des Germains. Sabinus se fait empereur et envahit le territoire

des Séquanes. Mais ces derniers vainquent le soi-disant empereur qui doit fuir et fait croire à sa mort. Rome envoie des légions en Germanie, commandées par Cérialis, sa victoire à Trêves. Fin de l'« empire des Gaules », dernière révolte qui se revendique comme gauloise.

Organisation de la Gaule transalpine en cités (*civitates*) à l'époque augustéenne

Civitates	Capitales (nom gallo-romain)	nom actuel
Abrincates	Ligedia	Avranches
Ambiens	Samarobriva	Amiens
Andécaves	Juliomagus	Angers
Arvernes	Augustonemetum	Clermont-Ferrand
Atrébates	Nemetacum	Arras
Ausques	Eliberris	Auch
Baiocasses	Augustodunum	Bayeux
Bellovaques	Caesaromagus	Beauvais
Bituriges	Avaricum	Bourges
Bituriges Vivisques	Burdigala	Bordeaux
Cadurques	Divona	Cahors
Calètes	Juliobona	Lillebonne
Carnutes	Autricum	Chartres
Cénomans	Vindinum	Le Mans
Convènes	Lugdunum Convenarum	Saint-Bertrand-de-Comminges
Coriosolites	Fanum Martis	Corseul
Diablinthes	Noviodunum	Jublains
Éburoviques	Mediolanum	Évreux
Éduens	Augustodunum	Autun
Élusates	Elusa	Eauze
Ésuviens	Sagii	Sées
Gabales	Anderitum	Javols
Helvètes	Aventicum	Avenches
Lémoviques	Augustoritum	Limoges
Leuques	Tullum	Toul
Lexoviens	Noviomagus	Lisieux
Lingons	Andemantunnum	Langres
Lugdunum (colonie hors Province)		Lyon

Civitates	Capitales (nom gallo-romain)	nom actuel
Médiomatriques	Divodurum	Metz
Meldes	Iatinum	Meaux
Ménapes	Castellum Menapiorum	Cassel
Morins	Tarvana	Thérouanne
Namnètes	Condevicunm	Nantes
Nerviens	Bagacum	Bavay
Nitiobriges	Aginnum	Agen
Osismes	Vorgium	Carhaix
Parisii	Lutecia	Paris
Pétrocores	Vesunna	Périgueux
Pictons	Limonum	Poitiers
Redons	Condate	Rennes
Rèmes	Durocortorum	Reims
Rutènes	Segodunum	Rodez
Santons	Mediolanum	Saintes
Ségusiaves	Forum Segusiavorum	Feurs
Sénons	Agedincum	Sens
Séquanes	Vesontio	Besançon
Suessions	Augusta Suessionum	Soissons
Tarbelles	Aquae Augustae	Dax
Tongres	Aduatuca	Tongres
Trévires	Augusta Treverorum	Trêves
Tricasses	Augustobona	Troyes
Turons	Caesarodunum	Tours
Unelles	Crociatonum	Carentan
Vasates	Cossium	Bazas
Veliocasses	Rotomagus	Rouen
Vellaves	Ruessio	Saint-Paulien
Vénètes	Darioritum	Vannes
Viducasses	Aregenua	Vieux
Viromanduens	Augusta	Saint-Quentin

II

TERRITOIRES GAULOIS

Contrairement à leurs contemporains des bords de la Méditerranée et du Proche-Orient, **les Gaulois n'avaient pas la conception d'un pays qui fût le leur propre, avec des limites précises et dont le centre aurait été marqué par une puissante métropole.** Les Gaulois demeurèrent, jusqu'à leur disparition de l'échiquier politique, des semi-nomades puis des semi-sédentaires. Comme les Scythes, ils rêvaient plutôt de territoires vastes et multiples, sur lesquels ils pouvaient exercer leurs vertus guerrières et se développer sans contrainte. Les migrations gauloises, depuis celles décidées par Ambigat aux environs du Vᵉ siècle av. J.-C. jusqu'à celle des Helvètes en 58, sont chaque fois justifiées par une sorte de sentiment de claustrophobie, dû à un territoire jugé trop étroit et devenu trop peuplé. Les Gaulois ont besoin d'espaces immenses parce qu'ils sont nombreux et pratiquent presque exclusivement un élevage et une agriculture extensifs.

On parlera donc ici de territoire, parce que la notion que le mot sous-entend est plus souple que celle qui s'attache au mot pays. Il convient mieux également à la terre que s'attribue chaque peuple et surtout, au sein de chaque peuple, chaque tribu qui, comme on le verra, forme l'entité humaine de base, indivisible et résistant à toutes les transformations politiques.

Le pays gaulois, autrement dit **la Gaule,** n'existe pas en tant que réalité historique. Il s'agit d'une invention tardive, due à **César lui-même** qui, après la conquête des territoires gaulois de France, de Suisse, de Belgique et de l'Allemagne cisrhénane, a voulu donner un caractère définitif à celle-ci et fixer des limites arbitraires à ce qui serait la future province romaine. La limite artificielle qu'il impose à ce nouveau pays est le Rhin qui séparera désormais les Gaulois à l'ouest des Germains à l'est. Ces Germains eux-mêmes paraissent une invention ethnographique et politique, s'appuyant probablement sur les liens de parenté ethnique que les Gaulois se supposaient avec leurs cousins (c'est le sens premier du mot *germanus*) du nord-est. En réalité, des tribus gauloises possédaient des territoires s'étendant de chaque côté du Rhin. Les Belges occupant le nord de la France étaient originaires du sud de l'Allemagne. Les Boïens, le peuple le plus puissant de la Cisalpine gauloise, avait émigré, après la conquête romaine des années 190, en Europe centrale. On voit donc bien que le Rhin, pas plus que le Danube, ne marquait pour les Gaulois de véritables frontières. En revanche, il est assez évident que les peuples gaulois les plus septentrionaux et orientaux paraissaient les plus sauvages, les plus rétifs à l'intrusion des commerçants romains et disposaient de terres semblant sans limites, au fond desquelles ils pouvaient se réfugier et ne redouter nullement les cohortes césariennes. César a donc découpé astucieusement une Gaule qui lui paraissait économiquement et politiquement colonisable.

Les territoires occupés par les Gaulois au cours des cinq siècles de leur indépendance s'étendent donc à des régions beaucoup plus vastes que celles que l'on attribue traditionnellement à cette Gaule césarienne. Ils **vont de l'Océan jusqu'à la Bavière, de la mer du Nord jusqu'aux Pyrénées et comprennent également toute l'Italie du Nord.** Ils ne sont pas tous gaulois au même degré : certains le furent depuis les temps les plus anciens (depuis le début du Ve siècle av. J.-C. au moins), d'autres ne le furent que tardivement ou pendant une courte période (c'est le cas de certaines régions alpines).

Ce chapitre s'attachera à décrire les territoires et les peuples qui les occupaient, qui forment la trame même du monde gaulois, ainsi que les différentes formes de l'habitat.

GÉOGRAPHIE HUMAINE

La géographie gauloise est donc avant tout une géographie humaine. Les territoires gaulois ne s'assimilent pas à une entité physique évidente, comme le sont les péninsules ibérique ou hellénique. Ils sont gaulois parce qu'ils sont ou ont été un temps occupés par les Gaulois. Pour autant le terme « Gaulois » pose problème. C'est un mot latin, *Gallus*, dont l'origine est obscure et controversée. Il apparaît la première fois, semble-t-il, au début du IVᵉ siècle av. J.-C. dans les fastes capitolins, à propos du triomphe de Camille, et désigne certainement les envahisseurs celtes qui menacent Rome. Cela signifie-t-il que les Romains appelaient dès cette époque *Gallia* ou *Galliae* (puisqu'il y en eut plusieurs) les régions situées au nord des Alpes ? Il est possible, en effet, que les Latins aient assimilé ces territoires et leurs habitants, car **les Gaulois eux-mêmes ne se désignaient pas comme des Gaulois mais généralement comme des Celtes ou, plus simplement, par le nom du peuple auquel ils appartenaient.**

Parce que le terme de *Galli* est employé presque exclusivement par les auteurs latins, tandis que les Grecs anciens (avant qu'ils ne voyagent en pays gaulois) parlent de *Keltoï*, puis les auteurs récents de *Galataï*, certains historiens proposent de reconnaître à ces trois ethnonymes une équivalence : les Gaulois des Latins ne seraient que les Celtes connus des Grecs. Dans ce cas, on se demande quelle est l'origine du mot *Gallus* qui ne paraît pas avoir la même racine que le mot *Keltos*. Une réponse se trouve certainement dans les toutes premières lignes du livre de César, *La guerre des Gaules*. Celles-ci, dans leur contradiction évidente, montrent également les difficultés qu'a rencontrées César à comprendre ces subtiles distinctions ethniques et à faire passer l'idée d'une grande Gaule unie. Voici ce qu'il écrit : « La Gaule tout entière est divisée en trois parties : l'une est habitée par les Belges, l'autre par les Aquitains, la troisième par ceux qui dans leur propre langue se nomment Celtes et que nous appelons Gaulois. Ils diffèrent tous entre eux par la langue, les coutumes et les lois. » On ne saurait être plus clair et tenir, en même temps, des propos plus contradictoires : si les trois peuples diffèrent totalement, il ne peut y avoir une Gaule qui les regrouperait. En revanche, cette Gaule dont les Romains faisaient venir ceux qui, au début du IVᵉ siècle, prirent Rome serait certainement ce vaste territoire entre l'Océan, la Seine, la Garonne et le Rhône dont les habitants se nommaient eux-mêmes « Celtes ». Il serait celui d'origine des Gaulois : en cette partie centrale de la France s'est développée dès le VIᵉ siècle la brillante culture hallstattienne. Il apparaît donc comme le plus ancien et le plus durable des pays gaulois. Ses habitants lui avaient-ils eux-mêmes donné le nom de *Gallia* ? Ou étaient-ils regroupés en une vaste confédération qui portait le nom de *Galli* ? La solution se trouve certainement dans l'une de ces deux hypothèses.

Ces premiers Gaulois avaient une personnalité si forte qu'ils ont donné leur nom aux territoires italiens qu'ils conquirent

dès le début du IVe **siècle av. J.-C.** Ainsi la première *Gallia* que les Romains connurent fut celle de la Cisalpine. C'était une habitude générale aux Celtes que la partie migrante d'un peuple conserve le nom du peuple souche et donne ce nom à sa terre de conquête. Ainsi voit-on des deux côtés de la Manche, en France et en Angleterre, des *Parisii* et des *Atrebati*. Il y avait des Tectosages dans la région de Toulouse et en Galatie, des Sénons en Bourgogne et dans la région d'Ancône. On pourrait multiplier les exemples. **Ainsi les Gaulois ont-ils essaimé sur une vaste partie de l'Europe occidentale.**

Mais cette influence ne s'est pas seulement exercée par le jeu des conquêtes. Les Gaulois, qui possédaient une forte culture matérielle mais aussi spirituelle, qui exhibaient des vertus guerrières peu communes, auxquelles s'attachait toute une hiérarchie militaire et politique, impressionnaient fortement les populations voisines, qu'elles fussent montagnardes ou plus ou moins nomades. Les peuples du Nord que les Romains ont appelés Germains, les anciens peuples montagnards des Alpes, regroupés sous l'appellation générale de Ligures, des peuples de la péninsule ibérique ont été « celtisés » à des degrés divers. Certains ont adopté l'armement et les coutumes vestimentaires des Gaulois, d'autres leurs institutions politiques (la royauté notamment), quelques-uns se sont mêmes fondus comme *pagus* à l'intérieur d'un peuple, ou comme peuple à l'intérieur d'une confédération gauloise. Les historiens et géographes antiques, très intéressés par les filiations ethniques de leurs voisins barbares, ont gardé souvenir de ces différentes formes d'acculturation. Ils parlent de Celtibères pour des peuples d'Espagne marqués par les deux cultures celtique et ibère, de Celtoligures pour les peuples du sud-est de la France, de *Semigermani* pour les peuples rhénans qu'on ne pouvait attribuer aux Gaulois ou aux Germains.

TERRITOIRES ET PEUPLES LES PLUS ANCIENS

La culture hallstattienne, qui s'est développée aux VIIe et VIe siècles av. J.-C. tout autour de l'arc alpin, a provoqué (sans que l'on sache très bien quels furent les mécanismes de cette transition) l'apparition de grands foyers de culture laténienne. Les populations se sont tout à coup accrues. Le pouvoir a changé de forme : aux princes ont succédé des chefs au statut guerrier et souvent dominés par un monarque aux pouvoirs politique et guerrier, un roitelet. La culture matérielle, perceptible dans l'armement, la parure et l'artisanat, s'est répandue dans des couches de population plus larges.

Ces peuples puissants ont fait parler d'eux. Les Grecs les connaissaient sous le nom de Celtes, les Latins sous le nom de Gaulois. Ils commerçaient avec eux grâce à des intermédiaires et ignoraient tout des régions qu'ils habitaient. Les Grecs les situaient à l'occident des Scythes, les Romains au nord-ouest des Alpes. L'archéologie donne raison aux uns et aux autres et permet de mieux circonscrire les territoires occupés par les Celtes et les Gaulois au début de la période de La Tène (cf carte, l'Europe celtique), c'est-à-dire au Vᵉ siècle. **Ils forment un vaste croissant à l'ouest et au nord des Alpes**, d'une largeur de 300 km à l'est pour atteindre 700 km à l'ouest. D'ouest en est, les limites septentrionales sont l'Océan, la Seine, l'Aisne, le massif de l'Eiffel, le Taunus, la Thuringe, le plateau de Bohême et la plaine Panonnique ; les limites méridionales sont la Garonne, les Cévennes, le Rhône et les Alpes.

Nos connaissances sur les peuples gaulois habitant ces régions sont très succinctes parce que les premières expéditions phéniciennes, carthaginoises et grecques en Europe de l'Ouest et du Nord se firent par bateau et le long des côtes. La seule information conséquente, bien que controversée, est due à Tite-Live : il explique l'origine de l'invasion gauloise en Italie. D'après lui, elle serait partie du centre de la Gaule et aurait été décidée par Ambigat (cf biographies), issu du peuple des Bituriges et roi de la « Celtique ». Avec la jeunesse biturige seraient également parties celles des Arvernes, des Éduens, des Ambarres, des Carnutes et des Aulerques. Parce que Tite-Live fait une erreur chronologique en plaçant sous Tarquin l'Ancien (c'est-à-dire vers – 600) cette invasion qui n'a pu se produire qu'au tout début du IVᵉ siècle, certains historiens mettent en doute l'ensemble du passage et plus particulièrement la présence de ces peuples gaulois qui leur paraît trop précoce. Or l'archéologie donne, au fil du temps, de plus en plus crédit aux informations de l'historien romain. Les Éduens sont certainement un peuple installé dans le Morvan et politiquement constitué depuis plusieurs siècles quand César arrive en Gaule. Les découvertes récentes faites à Bourges, chez les Bituriges, montrent que ce site est occupé depuis le VIᵉ siècle et qu'il commerçait déjà avec de nombreuses cités du monde méditerranéen. Les Arvernes paraissent également un peuple ancien. On ne doit donc pas douter de la qualité des informations de Tite-Live qui, comme à son habitude, a dû les puiser dans les archives officielles de Rome les plus anciennes.

Pour la partie orientale du territoire celtique, toute la moitié méridionale de l'Allemagne, nous ne disposons d'aucune information directe. Certains historiens présument que les Boïens qui s'installèrent en Cisalpine venaient de Bavière ou de Bohême où ils seraient ensuite retournés après la conquête de la Cisalpine par Rome. Parmi les peuples dont l'origine ancienne est assurée se trouvent les Volques dont on connaît au moins deux branches, ceux dits Arécomiques et les Tectosages qui se sont fixés en deux régions très éloignées du monde celtique, la région de Toulouse à l'ouest et la Galatie à l'est. Mais nous ne savons rien de leur région d'origine.

TERRITOIRES D'ÉMIGRATION

La forte croissance démographique des peuples celtes, leur économie fondée pour une part non négligeable sur la guerre, leur agriculture extensive sont autant de facteurs qui obligeaient sans cesse à reculer les limites des territoires. Cette recherche de nouvelles terres n'a jamais donné lieu à d'authentiques colonies, comme les pratiquèrent les Grecs et les Phéniciens. La raison en est simple : les Gaulois ne disposaient pas de métropoles qui puissent servir de point d'ancrage à un réseau de colonies toujours attachées à leur mère patrie. **Soit les peuples gaulois migrateurs ont procédé à une simple expansion territoriale centrifuge, soit ils ont définitivement quitté leur territoire d'origine**. Dans la plupart des cas, ces émigrations ont été partielles et probablement du type *ver sacrum* (« printemps sacré »), expression latine désignant l'émigration ritualisée de toute une nouvelle génération, consacrée à Mars, et qui devait, généralement par la force, conquérir un nouveau pays. La légende d'Ambigat est caractéristique de cette pratique répandue dans tout le monde indo-européen. Des contacts étaient conservés entre les morceaux de peuples ainsi divisés, mais ils s'exerçaient plus sur le mode des relations de parenté ou de celles des confédérations guerrières que sur le plan économique et commercial.

Les territoires d'émigration se situent, pour leur plus grand nombre, dans la périphérie du territoire d'origine des Celtes, souvent sur une profondeur assez considérable (5 à 600 km des anciennes limites). Cependant le mouvement n'a pas été parfaitement rayonnant : seuls le sud, l'ouest et dans une moindre mesure l'est ont exercé une attraction. C'est l'Italie qui a attiré le plus tôt et avec le plus de force les Gaulois qui voulurent conquérir ce pays de cocagne d'où provenaient des produits aussi prestigieux que le vin, l'huile et de magnifiques objets manufacturés. S'ils réussirent à descendre jusqu'à l'extrémité de la péninsule, ils ne purent s'installer durablement que dans la moitié septentrionale, les versants méridionaux des Alpes, la plaine du Pô, le versant oriental des Apennins et les Marches. Ils donnèrent une image incontestablement gauloise à cette région, la première que les Latins appelèrent *Gallia*. Pourtant ils composèrent avec les peuples présents sur place, Ligures, Vénètes, Étrusques, partageant même largement la culture de ces deux derniers.

À la même époque, au début du IVe siècle, si l'on en croit la légende rapportée par Tite-Live et la documentation archéologique, se serait produite une émigration vers l'est, en Bohême et dans la plaine de Hongrie. L'absence de données historiques ne permet malheureusement pas d'en connaître précisément les modalités : d'où étaient originaires les émigrants ? Y eut-il une ou plusieurs vagues ? Mieux connue est **l'arrivée des peuples belges dans le nord et l'ouest de la France et dans les îles Britannique**s entre la fin du IVe et la fin du IIIe siècle av. J.-C. Les Belges étaient des Celtes originaires du sud de l'Allemagne et peut-être de Bohême, semble-t-il. Ils ont franchi le Rhin par vagues successives et se sont dirigés vers la vallée de la Seine, s'arrêtant aux frontières des peuples gaulois du centre de la France. Ils ont pris place les uns derrière les autres, mais une partie de ces peuples a très rapidement franchi la Manche pour s'installer dans le sud de l'Angleterre.

À la même époque, au début du IIIe siècle, le monde méditerranéen est en ébullition, et les Celtes, aux dires de l'historien Polybe, « sont saisis d'une folie guerrière ». Des Celtes, originaires du sud de l'Allemagne et des territoires orientaux, et des Belges envahissent la Macédoine et la Thrace et descendent en Grèce jusqu'à Delphes. Ils ont entrepris cette expédition pour le pillage et le butin, mais au cours de leurs pérégrinations plusieurs peuples décident de chercher fortune ailleurs. Certains fondent en Thrace le royaume de Tylis qui menacera Byzance pendant un demi-siècle ; d'autres se répandent dans les régions danubiennes, en Slovénie et en Moravie. Enfin certains, en 278 av. J.-C., n'hésitent pas à passer en Asie Mineure où plus tard ils s'installent définitivement sur les hauts plateaux de l'Anatolie, une région qui sera appelée Galatie.

La seule **migration** d'un peuple dans sa totalité qui, bien qu'elle ait échoué, nous soit bien connue par la documentation historique, est celle **des Helvètes**. Elle suit, semble-t-il, des modalités exceptionnelles. Pour obliger tous les habitants à quitter un pays où, bien qu'à l'étroit, ils étaient confortablement installés, leurs dirigeants les obligent à brûler tous leurs *oppida*, leurs villages et leurs fermes. Ils devaient prendre possession de territoires situés chez les Santons, au nord de la Gironde. Mais César en a décidé autrement. D'une manière générale, au cours du Ier siècle av. J.-C., les peuples occupant les versants des Alpes devinrent très instables. Après la conquête romaine de la Cisalpine, les Boïens quittèrent l'Italie, une partie de ce peuple s'associa au projet des Helvètes. Quand ces derniers durent regagner leur pays, César demanda aux Éduens d'accueillir les Boïens. Mais déjà, au cours de l'invasion des Cimbres et des Teutons, un peuple de la confédération helvète, les Tigurins, avait abandonné sa terre pour suivre les terribles envahisseurs. Ce même peuple, à nouveau entraîné dans l'émigration helvète quand César oblige les émigrants à retourner dans leur pays, s'évanouit totalement dans la nature. Probablement se réfugie-t-il quelque part dans les Alpes ou dans les territoires situés plus à l'est.

TERRITOIRES AU PEUPLEMENT MIXTE

Les Gaulois conquirent des pays dont les habitants leur opposèrent parfois une farouche résistance, mais ils ne parvinrent jamais à dominer des peuples bénéficiant d'une civilisation supérieure à la leur ou usant d'un mode de vie contraignant (les montagnards par exemple). Soit ils durent se soumettre (ce fut le cas avec Rome pour la Cisalpine, pour la future *Provincia*, puis pour la Gaule intérieure), soit ils composèrent et finirent par s'acculturer. **En marge des territoires purement gaulois se trouvent des régions entières dont on qualifie le peuplement de « mixte »**, à défaut de pouvoir mieux le caractériser. On ne sait pas toujours s'il s'agit d'un peuplement mêlé, s'il s'agit d'une population étrangère qui s'est approprié une partie de la culture gauloise ou si les deux explications s'ajoutent pour donner au phénomène une plus grande réalité. Ces régions sont souvent aisément repérables par le fait que leurs habitants sont qualifiés chez les auteurs antiques par un double ethnonyme. Ainsi on parle de **Celtibères**, de **Celto-**

Ligures ou, comme les appelaient les Romains, de *Semigermani*. Mais le phénomène, constaté aussi à travers les témoins archéologiques, paraît plus étendu et n'a pas toujours donné naissance à un tel ethnonyme, enregistré par les historiens et les géographes antiques.

Le sud-ouest du monde gaulois en offre certainement le meilleur exemple. Il semble que des groupes de Gaulois aient pénétré assez tôt dans la péninsule ibérique : leurs noms à consonance celtique y sont aisément repérables. Mais ils n'ont pu former un peuple homogène qui ait pu dominer les Ibères ou seulement leur faire face. Les deux civilisations se sont intimement mêlées. Les seuls témoignages du fonds gaulois sont des noms de lieux et un armement de type celtique. Au nord-ouest des Celtibères, les **Aquitains** ne sont pas non plus d'authentiques Gaulois, comme le précise très expressément César au début de *La guerre des Gaules*. Il s'agit probablement d'un peuple autochtone d'origine non celtique qui n'aurait été celtisé que tardivement.

Dans le sud-est de la Gaule, précisément sur le littoral provençal et en Ligurie, se trouvent les peuples appelés, par les plus anciens géographes grecs, Celto-Ligures. Leur origine est ligure. C'est ainsi qu'on appelle le peuplement très ancien du versant méridional des Alpes. Ces montagnards répartis en de nombreux petits peuples se sont celtisés eux-mêmes, plus qu'ils n'ont absorbé des populations gauloises. Le peuple celto-ligure le plus connu est celui des Salyens. Il était aussi le plus puissant et occupait tout l'arrière-pays de Marseille.

Au nord de la Gaule, les limites du territoire gaulois étaient moins nettes, parce qu'aucune barrière naturelle ne les imposait. Les peuples indigènes qu'on désigna à partir de César par le terme de « Germains », occupant les rivages de la mer du Nord, ne jouissaient pas non plus d'une civilisation suffisamment forte pour contrarier les appétits belliqueux des Gaulois. Mais ces derniers n'étaient pas intéressés par la conquête de nouvelles terres dans cette direction. Les Germains, en revanche, ne rêvaient que de s'installer en Gaule et de descendre même ensuite en Italie ; ils n'avaient cependant pas les capacités guerrières adaptées à leur projet. Les Gaulois, plus particulièrement les Belges, avaient cependant choisi ces territoires pour y faire du pillage et s'exercer à la guerre. Ces rencontres quasi annuelles, nous dit César, bien que violentes, créaient des liens culturels forts qui peu à peu se renforcèrent d'alliances matrimoniales. Ces relations étaient d'autant plus fortes entre Belges et Germains que les premiers étaient originaires (avant le IIIe siècle) des régions transrhénanes où se trouvaient les Germains à l'époque de César. Au Ier siècle av. J.-C., il devenait difficile de savoir qui, parmi les peuples des bords du Rhin, étaient d'authentiques Gaulois. C'est pourquoi certains auteurs anciens ont utilisé l'expression *Semigermani*.

LE TERRITOIRE D'UN PEUPLE

Ces différents exemples illustrent parfaitement une réalité fondamentale de la civilisation gauloise et celtique en général : **le territoire est avant tout l'espace vital d'un groupe ethnique. Sa taille ne dépend donc que des capacités démographiques et des aspirations du groupe humain et non des infrastructures que celui-ci y a installées au cours de son histoire.** C'est pourquoi le territoire, au fil du temps, peut s'agrandir ou, au contraire, se réduire ; il peut aussi être déplacé, voire dissous en une entité plus vaste. **Il est à tel point le reflet du peuple qu'il reproduit également ses composantes.** Le peuple regroupe généralement plusieurs grandes tribus ; chacune de celles-ci dispose de sa propre part à l'intérieur du territoire commun. César appelle cette dernière *pagus*, qu'on traduit généralement par « canton ». Par extension, pour des raisons que l'on examinera plus bas, le mot désigne également la tribu qui occupe cet espace.

Chez les Gaulois comme chez les Germains, **l'entité ethnique fondamentale est en effet la tribu**, un ensemble de familles issues d'une origine commune, souvent très ancienne. Ce sont de quelques milliers à plusieurs dizaines de milliers d'individus. Ils occupent un espace en rapport avec leur nombre, d'une superficie moyenne de 100 000 hectares, mais les variations peuvent être importantes. Les limites en sont naturelles, essentiellement des cours d'eau, des massifs rocheux ou des forêts, et paraissent avoir peu bougé au cours du temps. C'est que le *pagus* avait une grande autonomie et a montré une plus grande solidité, face à toutes les vicissitudes guerrières ou migratoires, que le territoire du peuple où il s'insérait. **C'est le *pagus* qui a donné son nom au « pays »** français qui désigne tant de petites régions, à la forte individualité, et qui depuis l'époque gauloise colorent la France de noms anciens et curieux, Médoc, la Soule, Queyras, Condroz, le Buch... Ces noms trouvent leur origine dans celui de la tribu qui s'était installée dans cette région (ainsi les Condruses qui ont donné Condroz, les Silvanectes, Senlis). L'intégrité territoriale du *pagus* a plus d'importance que son appartenance au territoire plus général du peuple : certaines tribus avec leur pays se sont détachées du peuple auquel elles appartenaient pour se rattacher au peuple voisin ou prendre leur autonomie. L'administration romaine, à l'époque d'Auguste, a mis à profit cet individualisme de la tribu pour découper les *civitates* (territoires des peuples) trop importantes : les Silvanectes, qui appartenaient au puissant peuple des Suessions, obtinrent ainsi leur autonomie.

La division intérieure de chaque *civitas* en 4 à 10 cantons, qui, grâce à un régime politique efficace, ne nuisait pas à la cohésion du peuple, n'était évidemment pas propre à favoriser un aménagement global du pays, encore moins à développer le centralisme nécessaire à celui-ci. Seuls les peuples anciens, d'une taille moyenne (de 200 à 600 000 personnes) ont donné lieu à des entités ethniques et territoriales solides et stables dans le temps. On les trouve dans la partie centrale de la France, de la Somme à la Garonne et de l'Océan jusqu'au Rhône et à la Saône. Sur les marges septentrionale, orientale et méridionale, les tribus ont gardé une farouche indépendance qui a empêché l'émergence de cités (*civitates*) puissantes.

AMÉNAGEMENTS COLLECTIFS EN NOMBRE LIMITÉ

Les Gaulois, hormis dans le cadre de la tribu, nouaient toutes leurs relations, qu'elles fussent politiques, économiques, religieuses ou guerrières, sur le mode de la fédération. La *civitas* décrite par César n'est qu'une confédération ancienne, solide de quelques tribus. Mais les *civitates* formaient aussi entre elles des confédérations qui pouvaient être puissantes et durer des décennies, mais demeuraient souvent fluctuantes et soumises à tous les aléas. Ce système général des relations publiques se prêtait mal au centralisme, à un échelon supérieur à la tribu. Aussi n'a-t-il pas généré la création d'une authentique capitale, centre administratif et économique. D'autant que **les Gaulois n'avaient aucune aspiration à la vie urbaine. Leur idéal, comme celui des Germains, était de vivre à la campagne dans de vastes villas,** au milieu de leurs gens, de leurs terres et de leurs troupeaux. Pour autant la notion de centre territorial ne leur était pas inconnue. L'un des noms de lieux le plus répandu du monde celtique est *mediolanum*, qui signifie littéralement « la plaine du milieu », autrement dit le lieu central de rassemblement, de quelque nature que fût ce dernier. Les lieux portant ce nom ont souvent donné naissance à un habitat ou à une place forte (Milan en Cisalpine, par exemple), mais ils occupent rarement le centre de la *civitas*, ils le furent plus probablement de l'un des *pagi* qui le constituaient.

La cohésion du peuple regroupant ses tribus s'exprimait seulement au niveau politique, militaire et religieux, et chaque fois sur le mode confédéral. Elle requérait donc des lieux propres où les représentants des tribus et des grandes familles pouvaient se réunir, tenir conseil, prendre des décisions, sceller des engagements et, bien évidemment, honorer des dieux communs à tous. L'archéologie, jusqu'à présent, s'est peu penchée sur ces aménagements collectifs, souvent de grandes dimensions et qui n'ont laissé que peu de vestiges identifiables. On commence cependant à mieux connaître les sanctuaires, et quelques enceintes destinées à de grandes assemblées ont récemment été mises en évidence. Il faut croire que primitivement (c'est-à-dire jusqu'à la fin du IIIe siècle av. J.-C.) ces lieux étaient polyvalents. Les individus qui pouvaient directement honorer les dieux (par des sacrifices coûteux) étaient les mêmes que ceux qui désignaient les rois et les stratèges et qui décidaient de la guerre. Un même lieu pouvait convenir à ces différentes activités qui étaient intimement liées, puisque les dieux étaient associés à toute décision politique ou militaire. Les aménagements destinés à l'exercice du pouvoir comprenaient donc tous un sanctuaire conséquent, autour duquel étaient édifiées des installations plus vastes permettant les grandes assemblées et les banquets qui leur étaient immanquablement attachés. L'élite seule s'y rendait, même si elle pouvait être nombreuse (membres des familles nobles et riches, tous les guerriers en titre). Le peuple (les clients, les pauvres, les esclaves) en étaient exclus. C'est pourquoi ces installations communautaires ne s'accompagnaient pas primitivement de lieux de marché et d'artisanat à leur périphérie, ils ne le firent que plus tard, quand la plèbe prit progressivement part aux affaires publiques.

Au contraire, à partir du IIe siècle av. J.-C., les habitats groupés se sont dotés progressivement d'espaces et de bâtiments à usage collectif et destinés à des assemblées peut-être populaires, ainsi qu'à un culte ouvert au peuple. Ce mouvement s'est accentué à la même époque, à la faveur des incursions en Gaule des peuples cisrhénans et transrhénans que César appellera « Germains ». Le péril – surtout celui de l'invasion dite des Cimbres et des Teutons – a nécessité un recrutement militaire plus large, une fabrication d'armes plus importante et des mesures de sauvegarde des paysans, de leurs troupeaux, ainsi que des vivres. Ces conditions de vie précaires, répétées sur de longues périodes, ont favorisé l'émergence d'importantes places fortes, appelées *oppida*. Celles-ci ont regroupé tous les types d'installations collectives nécessaires, même celles qui auparavant étaient réservées à l'élite.

Mais **à aucun moment avant la conquête romaine les Gaulois n'ont entrepris de doter le pays qu'ils occupaient d'infrastructures communes à plusieurs peuples ou à une confédération, des aménagements qu'on pourrait qualifier de régionaux.** Les grandes voies de communication étaient celles, ancestrales, du commerce avec les cités méditerranéennes. La géographie physique avait imposé leur tracé. Chaque peuple usait à sa guise des portions de ces chemins qui traversaient leur pays : on les contrôlait surtout pour des raisons stratégiques et financières (l'utilisation des routes et rivières était assortie de taxes), mais on ne cherchait pas à en faire un réseau de communication étendu à toute une région. Le seul équipement qu'ont pu partager plusieurs peuples est de nature religieuse. César, lorsqu'il évoque l'assemblée annuelle des druides (cf, Les classes sociales, ch. 3) dans le pays des Carnutes, suggère que celle-ci se déroulait dans un sanctuaire commun à tous les peuples de la Gaule centrale, celle dite *Celtae* par César. Ce sanctuaire lui-même ou un lieu annexe était également utilisé pour la pratique d'une justice commune, celle qui avait à régler les différends entre les peuples eux-mêmes. On ne connaît aucune autre réalisation que plusieurs peuples aient mise en place d'un commun accord.

Reconstitution de la ferme de la Boissane à Plouer sur Rance (Côtes-d'Armor)

UN HABITAT DISPERSÉ

Le mode de vie très rural des Gaulois explique le retard considérable qu'a connu chez eux l'urbanisation ; il conditionne aussi la nature de cet habitat, généralement dispersé, parfois à l'excès, chez les Belges notamment. D'autres facteurs renforcent encore ces deux caractères de l'habitat gaulois. C'est d'une part le régime de la propriété foncière et le type des relations sociales, presque entièrement dominé par la pratique du clientélisme. Seuls les nobles ou des guerriers, en récompense de services rendus, bénéficiaient, dans les temps anciens, de véritables propriétés foncières qui ne durent être primitivement, comme ce fut le cas à Rome, que des droits usufruitiers à vie, puis transmissibles. Ces domaines souvent immenses, morcelés et se répartissant parfois chez plusieurs tribus, voire plusieurs peuples, nécessitaient pour leur possesseur le recours à des clients, situés plus ou moins haut dans la hiérarchie et régnant sur un plus ou moins grand nombre de paysans et d'esclaves. C'est

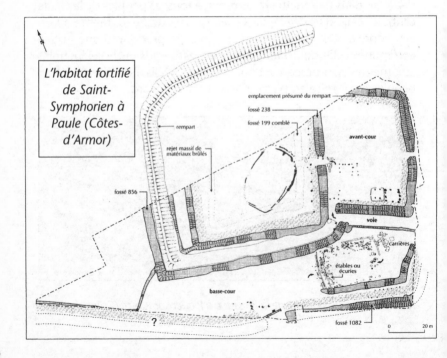

L'habitat fortifié de Saint-Symphorien à Paule (Côtes-d'Armor)

emplacement présumé du rempart

fossé 238

fossé 199 comblé

avant-cour

rempart

rejet massif de matériaux brûlés

fossé 856

voie

carrières

étables ou écuries

basse-cour

?

fossé 1082

0   20 m

d'autre part l'exercice régulier de la guerre qui livrait toujours de nouvelles terres qu'il fallait occuper et défendre.

Ces deux causes aboutirent à une utilisation aussi extensive qu'intensive du territoire. Dès le IIIe siècle av. J.-C., le nord de la France était plus déboisé qu'il ne l'est aujourd'hui. L'habitat accompagnait ce mouvement. Les nobles habitaient au milieu de leur domaine dans des fermes confortables et de grandes dimensions que les archéologues qualifient de « résidences aristocratiques » (Paule en Côtes d'Armor et Montmartin dans l'Oise en sont des bons exemples). Le reste des terres d'un même propriétaire devait être distribué en un ou plusieurs autres domaines, sièges de fermes plus modestes, autour desquelles se regroupaient les masures des paysans. C'est la situation la plus courante en Gaule, depuis le Ve siècle très certainement. C'est encore celle que rencontre César dans les campagnes.

Les villages sont rares, quasi inexistants à l'époque ancienne. Les plus anciens apparaissent au début du IIe siècle. Ce sont de petites agglomérations qui n'excèdent jamais une superficie d'une dizaine d'hectares et regroupent quelques dizaines d'habitations. Ces dernières s'alignent le plus souvent sur une ou plusieurs rues et forment une trame assez lâche où alternent les cours entourées de palissades et les habitations. Dans la plupart des cas, une voie plus ou moins importante ou une rivière paraît avoir généré l'agglomération. Ces dernières années, plusieurs villages ont été fouillés plus ou moins partiellement. Les plus connus sont Acy-Romance (Ardennes), Roanne et Feurs (Loire), Levroux (Indre). Sur tous ces sites, l'habitat paraît de nature mixte, à la fois rural et artisanal. Hormis un plan d'ensemble, conditionné par le réseau routier ou fluvial auprès duquel elles se sont installées, ces agglomérations ne montrent quasiment aucun aménagement collectif (système de défense, place publique aménagée, voirie, égout, etc.). L'impression se dégage que ces espaces étaient des zones franches sur lesquelles des hommes libres pouvaient s'installer. Elles apparaissent en effet dans une période où les conflits guerriers sont plus nombreux et nécessitent l'engagement de troupes plus importantes. Le recrutement militaire plus large s'est forcément accompagné de nouveaux droits (propriété de l'habitat, participation aux assemblées populaires qui se constituent également à cette époque).

LES PLACES FORTES OU *OPPIDA*

Dans la seconde moitié du IIe siècle av. J.-C. apparaît une nouvelle forme d'habitat qui se généralise à toute l'Europe celtique au cours du siècle suivant. C'est **l'oppidum, nom latin donné à de vastes places fortes** présentant des caractéristiques qui les distinguent autant des petites fortifications de l'âge du bronze et du premier âge du fer que des cités fortifiées du monde méditerranéen. Ce sont d'immenses retranchements d'une superficie de 100 à 1 500 ha (pour le plus grand à Heidengraben en Allemagne), situés en des lieux naturellement protégés mais pas nécessairement (on connaît des *oppida* de plaine, de méandre de rivière).

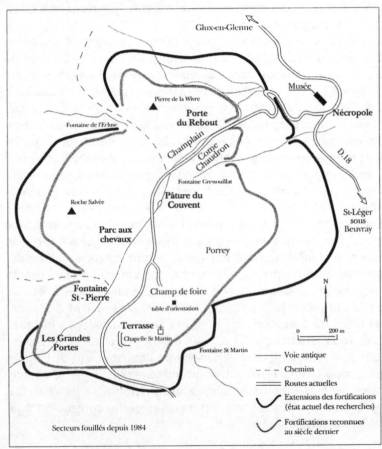

Plan de l'oppidum de Bibracte (le Mont-Beuvray)

Si le rempart qui les entoure nous semble leur élément le plus remarquable, car c'est souvent le seul vestige encore visible, il se révèle souvent peu défensif et d'une solidité toute relative. Le type le plus connu est celui, décrit par César, et auquel il donne le nom de *murus gallicus*. Il s'agit d'un empierrement dont l'armature était composée d'une grille de poutres maintenues par de grandes fiches en fer. Du côté extérieur, un parement de pierres, où s'accrochaient les poutres de façon assez esthétique, formait une paroi verticale de 5 à 8 m de hauteur. Ces remparts, forcément très longs, étaient difficiles à défendre. Ils furent souvent l'objet de plusieurs destructions et reconstructions.

Les *oppida* n'occupent pas toujours une position stratégique dans la défense d'un territoire ou dans la surveillance d'une voie commerciale. C'est probablement la raison qui explique que peu de ces places fortes se soient transformées, au moment de la romanisation, en des villes pérennes. L'urbanisation y était d'ailleurs peu développée, c'est pourquoi on parle à leur propos de « proto-urbanisation ». On note la présence d'un système de défense collectif (rempart et portes fortifiées), de places qui ont pu servir à des activités assez diversifiées (lieu de rassemblement militaire, d'assemblées, de festivités et de marché), de lieux de culte ouverts à une large population, d'une partition fonctionnelle de l'espace (zones d'habitat, d'artisanat, de stockage, de parcage des animaux). Mais les aménagements collectifs demeurent

Reconstitution de la porte du Rebout sur l'oppidum de Bibracte

malgré tout assez rudimentaires : pas de plan préétabli, pas de constructions monumentales, pas d'alimentation collective en eau ni d'égout. En revanche, l'oppidum garde encore un aspect rural indéniable. On le perçoit à travers les vastes espaces qui ne furent jamais construits et qui devaient servir à parquer un bétail important. Probablement y cultivait- on aussi des plantes de première nécessité. Ces grands espaces se prêtaient également à l'accueil des populations paysannes en cas de menace guerrière. Leur répartition topographique assez régulière et les longs remparts qui les enceignent font supposer que l'une des principales fonctions des *oppida* était celle d'un refuge pour la population d'un territoire tout entier (plusieurs dizaines de milliers d'individus) qui seuls pouvaient ponctuellement en assurer la protection.

L'oppidum le mieux connu est celui de **Bibracte, capitale des Éduens, actuel Mont-Beuvray**. L'espace intérieur, d'une superficie d'environ 135 ha, y est réparti en zones fonctionnelles. Les lieux de culte occupent les points les plus élevés. Les résidences aristocratiques et le lieu de marché se trouvent dans la partie centrale et haute de la montagne. Les quartiers artisanaux sont repoussés à la périphérie, dans des vallons et derrière les remparts, dans des secteurs où l'usage du feu ne menace pas directement les habitations.

De fait, les *oppida* semblent apparaître en réaction aux premières invasions germaines, se généraliser lors de l'invasion des Cimbres et des Teutons et connaître une utilisation maximale au moment de la guerre des Gaules et au cours des trois décennies qui l'ont suivie. Cependant l'origine du modèle demeure encore une énigme pour les archéologues. Deux thèses au moins s'affrontent : celle qui veut voir les plus anciens *oppida* en Italie du Nord, et celle qui les place en Bohême.

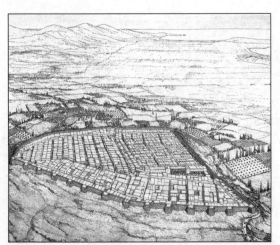

Reconstitution de l'oppidum d'Entremont(Aix-en-Provence)

III

L'ORGANISATION
SOCIALE ET POLITIQUE

L'architecture sociale, les différents modes de gouvernement, les formes du pouvoir chez les Gaulois ne peuvent être appréhendés aujourd'hui qu'avec la seule aide des auteurs anciens, grecs et latins. L'écriture n'étant pas pratiquée par les Gaulois eux-mêmes, nous ne disposons d'aucune analyse indigène, d'aucun texte législatif, pas même d'une iconographie qui pourrait être, à cet égard, suggestive, comme c'est le cas de bien des bas-reliefs mésopotamiens ou, plus proches des Gaulois, des situles historiées de la civilisation vénète. Heureusement, sur ces questions qui les préoccupaient beaucoup, les historiens et géographes de l'Antiquité sont plus diserts que sur d'autres sujets (vie quotidienne notamment). Depuis Hérodote, une analyse sociologique et politique succincte était un exercice obligé pour toute présentation au lecteur gréco-romain d'un peuple indigène. On s'étonne donc de ne trouver chez les historiens récents des Gaulois aucune étude synthétique de ce qui formait la base de leur civilisation. D'Arbois de Jubainville, Camille Jullian, Henri Hubert, pourtant passionnés par la sociologie des Celtes, ont renoncé à en composer un tableau d'ensemble. Il est vrai que la tâche n'est pas facile.

La première difficulté se trouve dans l'œuvre même des auteurs antiques qui étaient mal armés pour analyser des types de relations sociales et des règles de vie en société assez éloignés de ceux qu'ils connaissaient dans leur propre pays. Ces rapports entre les hommes étaient complexes et, parce que non écrits, sujets même dans leur propre pays à des interprétations divergentes qui ne pouvaient être tranchées que par l'arbitrage des druides. Les voyageurs grecs, qui connaissaient mal ou pas du tout la langue gauloise, passaient à côté de bien des subtilités, ils simplifièrent à outrance la description du système

87

de la clientèle qui s'exerçait à tous les niveaux de l'échelle sociale. Mais il y ajoutèrent aussi de la confusion. Leur outil conceptuel s'inspirait largement des classifications des sociétés et des modes de gouvernement élaborées par Platon puis par Aristote. La société celtique n'y trouvait pas naturellement sa place, puisque la cité, au sens aristotélicien du terme (c'est-à-dire « la communauté politique ») n'y apparut que tardivement. Le concept de « constitution » était tout aussi inopérant à propos des Gaulois. C'est pourquoi l'utilisation des termes de royauté, d'aristocratie, de noblesse, sous la plume de ces auteurs, paraît floue et souvent même assez vide de sens.

Pour comprendre la nature de la société gauloise, il eût fallu posséder une solide formation d'ethnologue. Deux mille ans avant que cette discipline ne se constitue, c'était évidemment impossible. Mais **un savant de génie, Poseidonios d'Apamée** (cf Tableau p. 293), **a su observer les Gaulois avec une curiosité plus grande et une ouverture d'esprit qui lui ont permis de noter des mœurs, des comportements que les autres voyageurs ont passé sous silence.** Son travail, partiellement recopié par César, Diodore de Sicile et Strabon, est celui d'un ethnographe. Dès l'Antiquité, il fut la base de toute analyse de la société gauloise. De nos jours encore, on doit s'attacher à retrouver ses informations sous leur forme originelle, ce qui n'est pas aisé puisque la quasi-totalité de son œuvre a disparu. Il ne subsiste d'elle que des fragments recopiés ou résumés.

Les données antiques, aussi partielles soient-elles, montrent en tout cas **des situations politiques très diverses sur l'ensemble des territoires occupés par les Gaulois.** La raison en incombe à la très grande autonomie des peuples qui fonctionnaient chacun comme un État véritable. On a quelques cas d'associations politiques entre des peuples voisins (on a parlé pour eux de *sympoliteïa*, union politique et institutionnelle de deux peuples qui gardent cependant leur autonomie ethnique, par exemple entre les Rèmes et les Suessions au début du Iᵉʳ siècle av. J.-C.), mais elles sont rares et n'ont jamais tenu très longtemps. Cette autonomie se renforçait encore d'un conservatisme scrupuleux à l'égard du régime politique en place, qui furent l'une et l'autre un frein à l'influence qu'auraient pu exercer les civilisations voisines ou même les peuples gaulois voisins disposant d'institutions plus élaborées.

Néanmoins, **à partir du IIIᵉ siècle av. J.-C., et dans tout le monde gaulois, la société se transforme avec une rapidité étonnante,** peut-être justement parce qu'elle est restée trop longtemps figée. Ces changements sociaux ont évidemment des répercussions au niveau politique. Mais là encore chaque peuple accomplit sa révolution à son propre rythme, sans être beaucoup influencé par les expériences de ses voisins ou même de ses alliés ou confédérés. Il en résulte, au cours des IIe et Ier siècles, des situations extrêmement différenciées. Ce sont celles que découvre Jules César en arrivant en Gaule et que lui-même rendra plus complexes encore, en intervenant directement dans le jeu politique de nombreux peuples. Il mettra sur le trône certains de ses partisans dans des cités qui avaient renoncé à la royauté depuis un siècle ou deux, ou n'hésitera pas à arbitrer les conflits entre rivaux, souvent frères, pour la magistrature suprême, mais en alignant toujours sa décision sur celle du sénat local et sur le respect des institutions.

La grande difficulté que l'on a à comprendre la société gauloise est due, pour une grande part, à l'inadéquation des mots et des concepts utilisés par les auteurs antiques qui se servaient de leur propre système classificatoire pour décrire les régimes politiques (royauté, aristocratie, démocratie, etc.) ou la structure sociale (classes, noblesse, plèbe...), des termes qui sont encore utilisés de nos jours et que l'on croit bien comprendre. Or ils sonnent faux parce que les Gaulois n'ont acquis que tardivement une authentique pratique politique. Longtemps toute la vie sociale été exclusivement dominée par les rapports d'homme à homme. On en connaît surtout une forme emblématique, le clientélisme essentiellement guerrier. Mais la dépendance s'exerçait à tous les niveaux et traversait littéralement la société gauloise, à la guerre puis en politique, dans le travail et l'économie, dans la jouissance des terres, dans les relations de parenté.

Si les Gaulois n'ont rien inventé en matière de politique, ils ont largement pratiqué une forme de vassalité qui, comme l'avait remarqué Marc Bloch, annonçait ou préparait la féodalité.

DE LA TRIBU À L'ÉTAT-PEUPLADE (*CIVITAS*)

Depuis les temps les plus anciens, les Celtes se rassemblaient en tribus de quelques dizaines à une ou plusieurs centaines de milliers d'individus. Ce type d'organisation, primitif, a beaucoup évolué au cours de la brève histoire des Celtes mais n'a pas disparu, même dans la Gaule précédant immédiatement la conquête romaine. La tribu, importante par le nombre de ses représentants, surtout de ses guerriers, convenait parfaitement à ces peuples migrants ou semi-migrants qui voulaient non seulement pouvoir se déplacer mais aussi s'installer là où ils le voulaient ou simplement mener des razzias en toutes directions. Le gouvernement de ces peuples, aux environs des VIe et Ve siècles av. J.-C., devait fort ressembler à celui des Germains que Tacite décrit au début de notre ère : le pouvoir exécutif (pour les petites affaires) était aux mains de rois ou de chefs dont les pouvoirs étaient limités par les prêtres et surtout par une assemblée guerrière qui siégeait régulièrement.

Il y avait donc, depuis le premier âge du fer, un État qui s'exerçait au niveau de la tribu et possédait déjà les principaux caractères qui seront exposés plus bas. Ce sont certainement les grandes invasions des Ve et IVe siècles qui, en contraignant des tribus voisines à s'associer pour constituer des puissances militaires suffisamment fortes, contribuèrent à la formation de ce que **César appelle les *civitates* gauloises, des peuples occupant un territoire relativement fixe**. Sur ces territoires les tribus gardèrent une part d'autonomie, en en obtenant chacune une fraction, le *pagus*, sur lequel elles conservaient une autorité politique limitée, leurs propres chefs, voire leur propre roi, leur propre assemblée. L'organisation confédérale, mise sur pied pour les entreprises de guerre et de conquête, ne devait en effet pas être abandonnée, une fois le peuple installé. Sa nécessité restait toujours d'actualité pour parer à d'éventuelles menaces extérieures ou assouvir de nouvelles aspirations territoriales. Les relations de clientèle, les alliances matrimoniales entre familles appartenant aux différentes tribus, et surtout l'action des druides (chargés entre autres de la diplomatie) solidifièrent efficacement la structure de l'État-peuplade.

Ce dernier avait ses propres structures et ses propres agents, des pouvoirs autrefois impartis aux seules tribus. Le commandement militaire est la première fonction qui soit devenue commune aux tribus composant la *civitas* : nécessaire lors des migrations, elle était aussi permanente, le stratège officiant en temps de paix comme en temps de guerre. Elle engendra son équivalent, de nature civile cette fois, le magistrat suprême dont le pouvoir et les fonctions contrebalançaient ceux, menaçants, du chef militaire. Les assemblées, le conseil public et le sénat durent se hausser également au niveau de la *civitas*, parce que l'une de leurs missions était de contrôler ces deux dignitaires.

Parallèlement, les tribus continuaient d'avoir une existence propre qui se matérialisait par leur représentation dans les corps d'armée où les guerriers se regroupaient par tribu, par la maîtrise de la portion de territoire obtenu, le *pagus*. Ces prérogatives, auxquelles s'en ajoutaient peut-être d'autres (contrôle d'une partie de la fiscalité et de la justice), nécessitaient des assemblées plus restreintes, ainsi que des magistratures adaptées. Les sources historiques ne font jamais état de conflit majeur entre les deux niveaux d'administration. En revanche, on voit une tribu des Helvètes, les Tigurins, se détacher de la *civitas* pour suivre l'invasion des Cimbres et des Teutons. On voit également les Éduens accueillir une tribu des Boïens. César lui-même procèdera plus tard à de tels remaniements : démembrement de peuples, rattachement d'une tribu à une nouvelle cité. Ces mouvements se produisent sans occasionner de heurt digne d'être noté dans les annales. Ils révèlent à la fois l'excellent fonctionnement du système et son étonnante souplesse.

• LES CLASSES SOCIALES

LA STRATIFICATION SOCIALE

Le seul document conséquent sur le sujet se trouve dans l'œuvre de César qui recopie des passages de Poseidonios, cependant en les résumant et sans en comprendre toujours les subtilités. Ainsi confond-il deux systèmes de classement des individus dans la société gauloise, les classes sociales proprement dites qui distribuent les individus dans leurs rapports avec l'État, et les relations d'individu à individu (clientèle ou forme ancienne de vassalité) qui se fondent sur les dons, les échanges de services et différentes pratiques sociales ou politiques. Il importe, en un premier temps, d'examiner les classes sociales proprement dites, telles qu'elles apparaissent dans cette copie césarienne, peu servile, de l'original de Poseidonios.

En Gaule, comme à Rome ou dans la Grèce, **les individus se divisent en deux catégories, les hommes libres et les esclaves**. Ces derniers, tant qu'ils ne sont pas affranchis, n'ont aucune action dans la vie sociale proprement dite, à plus forte raison dans les affaires politiques.

Les hommes libres sont donc avant tout des citoyens (le terme est un peu excessif à propos des Gaulois, mais on entendra par lui

« tout individu qui joue un rôle politique même mineur ») et se répartissent en trois classes (*genus*). César, en fait, écrit qu' « il n'y a que deux classes qui comptent », ce qui suppose qu'il y en a une troisième (la plèbe) dont le rôle politique est nettement confirmé par lui-même dans son récit des évènements de la guerre des Gaules. **Ces classes sont celles des druides, des « chevaliers » (*equites*), et des plébéiens.** Chaque classe occupe une situation bien définie par rapport à l'État, qui se traduit par des obligations ou des dispenses d'obligations envers ce dernier. Deux types d'obligations sont mentionnées, ce sont les principales et elles sont d'ordre générique. Ce sont le service militaire et l'impôt. Les druides sont exemptés du devoir militaire et de toute autre obligation civique, ainsi que de l'impôt (tout au moins celui direct qui revient à l'État). Les « chevaliers », au contraire, paient l'impôt et ont la particularité d'être soumis au service militaire. Les membres de la plèbe sont seulement tenus de payer un impôt.

Sous cette forme que décrivit Poseidonios et qui était probablement celle des IVe-IIe siècles, **ces trois classes donnent l'illustration presque idéale de la « tripartition fonctionnelle » des anciennes sociétés indo-européennes**, décrite par Georges Dumézil, qui voyait les tâches politiques et sacrées, celles d'ordre militaire, et enfin celles économiques attribuées chacune à un groupe d'hommes qui se les transmettait de façon héréditaire. La société gauloise conservait en effet, sous une forme figée, de nombreux archaïsmes qui n'empêchaient cependant pas que des institutions mieux adaptées se greffent sur elles. Ce fut le cas de l'impôt, du recensement, peut-être d'une forme de cens (dans son acception romaine). Elles donnèrent à ces groupes d'hommes, plus ou moins homogènes, l'allure de classes sociales, apparemment stables mais cependant en pleine évolution, au milieu du Ier siècle av. J.-C., quand César rapporte les propos de son inspirateur.

LES DRUIDES

César nous apprend quelles étaient leurs prérogatives et leur formation, cependant dans des termes très généraux qui font supposer que les informations poseidoniennes ne sont plus vraiment d'actualité au moment où il écrit. Il est d'ailleurs tout à fait remarquable que, dans le reste de son ouvrage, César ne désigne aucun personnage comme un druide. Or nous savons qu'il en a au moins rencontré un, très célèbre, l'Éduen **Diviciac** (cf biographies) dont la fonction de druide n'apparaît que chez un autre auteur, dans un autre type d'ouvrage, le *De divinatione* de Cicéron. Nous savons grâce à ces deux auteurs – également grands hommes politiques romains – que Diviciac est sénateur chez les Éduens. Puis nous le voyons, dans le récit de la guerre des Gaules, occuper la plus haute magistrature dans son pays et accompagner César dans ses déplacements et lui servir d'ambassadeur auprès des autres peuples gaulois. Cicéron, de son côté, nous apprend qu'il est spécialisé dans la divination, « qu'il est versé dans les sciences de la nature » et « qu'il prédit l'avenir tantôt par le moyen des augures, tantôt par l'interprétation des signes ».

Diviciac, seul représentant connu des druides, permet de relativiser les propos trop généraux de César et de combler quelques informations manquantes. Ainsi, à leurs fonctions bien connues de **savants**, de **philosophes**, d'**éducateurs**, d'**hommes de justice**, il faut ajouter celles d'hommes politiques et plus spécialement de **législateurs**. Il est hautement probable que c'est parmi eux que sont recrutés préférentiellement et peut-être exclusivement ceux à qui l'on confie les plus hautes magistratures. On aimerait savoir si Dumnorix (cf. biographies), le frère et rival politique de Diviciac, était également druide. Malheureusement, pas plus qu'il ne qualifie de cette façon Diviciac, César ne précise la formation intellectuelle de Dumnorix et les charges cultuelles qu'il a pu accomplir. On doit cependant croire que longtemps la qualité de druide fut héréditaire, même si elle exigeait de surcroît une long apprentissage qui durait 20 années.

LES EQUITES OU GUERRIERS

De la même manière, César, hors de son tableau ethnographique du livre VI, ne précise jamais d'un personnage qu'il est un *eques*, c'est-à-dire qu'il appartient à cette classe des *equites*. Deux raisons au moins peuvent être avancées. La plupart des interlocuteurs gaulois de César, alliés ou ennemis, avaient des fonctions militaires et appartenaient par conséquent à cette classe. Il était donc plus instructif d'indiquer qu'ils étaient nobles ou issus d'une grande famille. L'autre explication est d'ordre chronologique : la description de Poseidonios des *equites*, comme celle des druides, ne devait plus être tout à fait d'actualité au milieu du Ier siècle av. J.-C.

Il est sûr en tout cas que les *equites* formaient depuis les temps les plus anciens un groupe **d'hommes qui avaient seuls le privilège de faire la guerre.** Primitivement cet état était conditionné par la possibilité financière d'acquérir un équipement très onéreux, des armes offensives et défensives qui nécessitaient pour les fantassins du VIe au IVe siècles av. J.-C. le concours de deux servants d'armes. Mais la condition de guerrier devait également être héréditaire. Enfin, à partir du IIIe siècle, l'usage du cheval se généralisa et accrut encore les frais d'un équipement qui était à la charge du guerrier.

Dumnorix, l'un des plus célèbres equites. Monnaie éduenne

La condition de guerrier, en plus des bénéfices personnels qu'elle permettait (part du butin), assurait à l'individu une situation sociale avantageuse qui ne demandait qu'à s'accroître (il pouvait s'offrir une clientèle plus ou moins étendue), ainsi qu'une place non négligeable dans la vie politique. Il assistait en effet à tous les conseils de guerre, pouvait devenir chef d'un corps d'armée, voire être élu stratège. Les désavantages de sa situation étaient ceux que connaissaient tous les guerriers du monde antique : il était mobilisable à tout moment, il ne pouvait échapper à son devoir militaire et devait affronter l'ennemi jusqu'à la victoire ou jusqu'à la mort.

LA PLÈBE

C'est le nom (puisé dans le vocabulaire de la vie politique romaine) que donne César à la troisième classe qui, toujours selon lui, serait une classe sans aucun pouvoir. Le terme de *plebs* est une adaptation du romain, certainement pour traduire le mot grec *plêthos* que devait employer Poseidonios et qu'on rendrait mieux par le mot « peuple ». Ce sont des hommes libres n'appartenant à aucune grande et ancienne famille. Pour autant et contrairement aux propos médisants de César, ces hommes ne sont pas sans ressources puisqu'ils doivent payer des impôts et qu'ils ont forcément quelques droits politiques.

Leur seul avoir est leur force de travail et des connaissances techniques plus ou moins spécialisées. C'est parmi eux que se recrutent la masse importante des paysans et celle, s'accroissant au cours du temps, des artisans. Parmi les hommes libres figurent également les esclaves affranchis dont aucun auteur ne précise qu'ils ont un statut particulier, comme c'est le cas à Rome.

Les gens du peuple ont une vie sociale limitée. Ils ne participent pas à la plupart des grandes festivités collectives liées aux importantes cérémonies religieuses ou aux étapes de la guerre. Ils n'ont certainement accès à cette vie sociale qu'indirectement, par l'intermédiaire de leurs patrons qui les invitent à leur table et partagent une partie de leur richesse. C'est de leurs rangs que sont issus massivement le plus grand nombre des clients. Leur contribution au bon fonctionnement de l'État, sous forme d'impôt, leur octroie cependant un pouvoir politique, limité mais néanmoins réel, au moins au cours des deux derniers siècles de l'indépendance. La plèbe participe à des assemblées populaires aux prérogatives certainement étroites mais qui s'élargissent de plus en plus, notamment à partir des premières grandes invasions germaines.

LES ESCLAVES

La littérature antique ne livre aucune description d'ensemble des esclaves gaulois, ce qui ne doit pas étonner car pour les Grecs et les Romains, comme pour les Gaulois eux-mêmes, **les esclaves** ne sont d'aucun poids dans la vie sociale et politique. Cela ne signifie pas qu'ils n'ont aucune importance dans la société : ils sont traités comme des individus et **jouent un rôle économique déterminant**. Probablement sont-ils assez nombreux, car l'esclavage est lié structurellement à la guerre, et la condition d'esclave est héréditaire. Une part non négligeable du butin de guerre se compose de prisonniers dont le plus grand nombre est promis à la condition servile. Il s'agit surtout de femmes et d'enfants. Les guerriers vaincus sont généralement mis à mort ou gardés en otages, en l'attente d'une rançon. Mais, lors des conquêtes de territoire, une partie des paysans mâles peut être épargnée pour cultiver les terres au nom de leurs nouveaux patrons.

Comme dans toutes les sociétés antiques, l'esclave est la chose de son maître, sa propriété, un élément de sa richesse. On ignore totalement s'il existe, comme à Rome, des esclaves publics dépendant directement de l'État. Les fonctions des esclaves privés consistent à s'occuper de toutes les tâches nécessaires à l'entretien des biens de leur maître, travaux domestiques dans la maison, travaux des champs. Cependant, à la différence des esclaves romains, ils n'accomplissent pas ces travaux seuls. Les hommes libres et surtout leurs épouses travaillent également aux champs, peuvent être les domestiques de patrons plus riches qu'eux. Mais surtout les esclaves gaulois ne forment pas, ainsi que le pratiquent de nombreux peuples, de garde prétorienne autour de leur maître et ne sont pas de façon régulière entraînés dans les expéditions guerrières. Ce n'est que lors de la conquête de César que l'on voit pour la première fois des esclaves sur le champ de bataille. L'absence de cette fonction guerrière s'explique moins par la méfiance qu'ils peuvent inspirer que par l'efficacité remarquable des relations de compagnonnage militaire entre patrons et clients d'origine plébéienne que l'on évoquera plus loin.

Mêmes rares, les données littéraires fournissent quelques informations sur la condition de ces esclaves, la façon dont ils sont traités et leur espoir d'affranchissement. Poseidonios, dans la description célèbre d'un banquet de guerriers, indique que ceux-ci sont servis par un jeune esclave qui a pour mission, entre autres, de faire passer une coupe de bouche en bouche. La présence de ce dernier parmi des chefs présentés comme des héros homériques, banquetant avec un décorum élaboré, laisse supposer que cette fonction est gratifiante. Le même Poseidonios, dans un texte recopié par Diodore, indique **qu'une amphore de vin est échangée contre un esclave**. On ne sait s'il faut en conclure que les esclaves n'ont que peu de valeur ou si, au contraire, le vin italien atteint des prix astronomiques en Gaule. Une troisième information de Poseidonios, reproduite cette fois par César, est plus éclairante. Décrivant les funérailles des riches personnages, il précise que certains esclaves ont été chéris par leur maître au point qu'ils sont brûlés, avec des clients qui lui ont été également chers, sur le bûcher de celui-ci. Si ce privilège nous paraît peu enviable, il témoigne sans conteste des liens très forts qui peuvent se nouer entre maîtres et esclaves. Cette affection peut se traduire par l'affranchissement qui ne paraît pas être une pratique rare. Un passage du *Bellum Gallicum* en donne une illustration. Lors du siège du camp de Cicéron, un Nervien du nom de Vertico, qui s'était engagé auprès du général romain, donne mission à l'un de ses esclaves de franchir les lignes gauloises et de demander de l'aide à César. Il lui promet la liberté et une forte récompense. L'anecdote, dont la réalité ne peut être mise en doute puisque César est prévenu et le camp de Cicéron libéré, témoigne également des relations de confiance qui peuvent s'établir entre maître et esclaves, confiance qui a conduit Vertico à entraîner les siens dans l'aventure guerrière, ce qui paraît être une exception.

UNE NOBLESSE INCERTAINE

Poseidonios n'emploie jamais le mot de « noble ». César paraît également très embarrassé pour qualifier les chefs gaulois auxquels il a affaire. Il dit d'eux qu'ils sont « très nobles », « de la plus grande noblesse », « issus de la meilleure famille », etc., mais jamais qu'ils sont « nobles » tout simplement. Pourtant, à propos de quelques acteurs gaulois de la guerre des Gaules, il précise que l'un est issu d'une basse extraction, que tel autre appartient à une « famille honorable ». De ces qualificatifs il faut conclure que **les Gaulois n'avaient pas une conception propre de la noblesse**, telle que celle qu'on connaissait à Rome, mais que les familles se répartissaient sur une échelle de l'honneur dont César a traduit les degrés les plus élevés en une forme plus ou moins proche de noblesse. Or à Rome la noblesse reposait sur deux critères, l'appartenance à l'une des plus anciennes familles dites « patriciennes », ou à une famille dont l'un des membres avait accompli une magistrature. En Gaule, ces deux qualités ne paraissent pas avoir connu une importance aussi déterminante. Si les familles illustres, à l'origine très ancienne, avaient une situation enviable dans la vie sociale et politique, elles ne disposaient pas pour autant d'une autorité de droit et de fait, car le système privilégiait toujours l'entrepreneur guerrier, celui qui faisait reculer les limites du territoire et rapportait du butin. Celui-là pouvait être de n'importe quelle extraction, du moment que celle-ci lui ait donné les moyens de s'armer et de s'entourer de compagnons. On comprend donc que l'obtention d'une magistrature ne paraissait pas non plus à la plupart des Gaulois la preuve d'une valeur exceptionnelle.

Pour autant, les précisions sur les origines familiales dont César fait état prouvent d'une part qu'il existait d'importantes distinctions entre les familles, d'autre part que les membres de celles-ci avaient à cœur de préciser leur appartenance à telle lignée et de rappeler la situation hiérarchique de celle-ci dans la tribu. Dans la première moitié du Iᵉʳ siècle av. J.-C., la situation est probablement nouvelle. Auparavant les individus se réclamaient avant tout de leurs propres exploits et ne faisaient que rappeler ceux de leurs ancêtres, dans la mesure où ces derniers pouvaient apparaître comme les prémices des leurs. La revendication d'une appartenance à une communauté familiale traduit une évolution de la société où l'économie prend le pas sur les modes archaïques d'appropriation, où la richesse devient plus importante que la vertu guerrière. Dans sa description du banquet des guerriers, Poseidonios explique les fondements guerriers de l'aristocratie gauloise des IV-IIᵉ siècles. Les évènements de la guerre des Gaules nous présentent, au contraire, des hommes qu'on hésite à qualifier de nobles ou de bourgeois commerçants.

LA CLIENTÈLE

Comme Rome, **la Gaule pratique à grande échelle le système de la clientèle.** Plus encore peut-être, parce que cette institution sociale s'exerce dans tous les domaines de la vie (sociale, politique, diplomatique, privée et probablement religieuse) et qu'elle concerne tous les individus (voire des peuples entiers), à l'exception des esclaves dont l'état de sujétion est total et ne s'accompagne d'aucun bénéfice en retour. On ne dispose pas chez nos informateurs antiques habituels d'un exposé synthétique de cette pratique sociale qui est fort ancienne et multiforme. César l'évoque à plusieurs reprises et souvent emploie les termes latins utilisés à Rome pour désigner les deux membres qu'unit cette relation sociale, le *cliens* et son *patronus*. Dans le domaine politique tout d'abord, l'importance de la clientèle se révèle implicitement dans le pouvoir de certains personnages qui, contre les magistrats et contre le sénat, imposent leur autorité en s'appuyant sur la plèbe. Le rôle indirect de la plèbe, mentionné chez les Éduens, les Helvètes, les Arvernes, les Bellovaques notamment, n'est rendu possible que par l'intermédiaire du régime de la clientèle : **en échange de services ou de biens, ces hommes libres mais pauvres offrent leur seule richesse, leur pouvoir civique, celui d'assister aux assemblées populaires et de participer au**

vote. Ainsi Liscos peut-il dire à César : « Il y a un certain nombre de personnages qui ont une influence prépondérante sur le peuple et qui, simples particuliers, sont plus puissants que les magistrats eux-mêmes. »

Un évènement précédant de peu la conquête de César illustre l'importance numérique de certaines clientèles et le pouvoir considérable qu'elles pouvaient octroyer à leur patron. Chez les Helvètes, dans les années – 60, un homme dominait par sa naissance et sa fortune ; il s'agissait d'Orgétorix (cf biographies). Il complota avec le Séquane Catiscos et l'Éduen Dumnorix pour que chacun devienne roi dans son pays et que les trois peuples obtiennent l'hégémonie de la Gaule tout entière. Les magistrats helvètes apprirent les projets d'Orgétorix et le convoquèrent devant un tribunal. Ce dernier s'y présenta avec toute sa parenté et ses clients, soit dix mille personnes. Le tribunal ne put rendre de jugement et Orgétorix repartit libre. César précise que ses clients étaient venus de partout, c'est-à-dire qu'ils se répartissaient sur l'ensemble du territoire. Le récit de César offre d'autres exemples du rôle de la clientèle en temps de guerre. Vercingétorix, lorsqu'il entre en rébellion contre César, convoque tous ses clients et les gagne facilement à sa cause. Ils prennent immédiatement les armes, ce qui forme une véritable armée. Peu de temps après, c'est l'Éduen Litaviccos qui, après avoir trahi la confiance de César et des Éduens, se réfugie avec ses clients dans Gergovie. « Selon la coutume des Gaulois, rapporte César, il est impie, même si la situation est sans issue, d'abandonner ses patrons. »

Si **la pratique de la clientèle s'étend à tous les individus libres**, à l'intérieur de chaque classe et même à l'intérieur des familles, il est indéniable que c'est dans la plèbe qu'elle s'est le plus étendue et qu'elle produisait les effets économiques les plus notables. Les représentants de cette dernière n'offraient pas seulement leur suffrage à leur patron, mais surtout leur force de travail ou des rétributions matérielles (part des récoltes, du bétail ou équivalent en argent). C'est ce qui fait écrire à César : « [Les hommes de] la plèbe sont presque considérés comme des esclaves. » L'expression est évidemment trop forte, car il y a des degrés dans la dépendance envers son patron, et ceux qui sont le plus assujettis demeurent des hommes libres, avec le pouvoir d'assister aux assemblées populaires, et peut-être de faire racheter par un nouveau patron les dettes dues à celui dont on veut se séparer. Le client n'est donc nullement l'esclave d'un maître.

En revanche, **une telle relation entre individus présente beaucoup de ressemblances avec la vassalité médiévale.** Cette dernière tire d'ailleurs son nom du mot gaulois *vassus*, passé dans le latin médiéval et qui signifiait « serviteur ». L'institution sociale médiévale eut d'autant plus de facilité à s'installer en Gaule qu'elle ne faisait que formaliser un type de rapport humain profondément ancré dans la mentalité indigène, comme le note Marc Bloch. **Également proche du monde médiéval est une forme très particulière de la clientèle gauloise, le compagnonnage guerrier** qui se répandit aussi et plus tardivement dans les anciennes sociétés germaniques. L'historien grec Polybe l'évoque le premier pour une époque qui correspond au milieu du IIIᵉ siècle av. J.-C. : « Ils [les Gaulois] mettent le plus grand soin à former des compagnies parce que chez eux l'homme le plus craint et le plus puissant est celui qui passe pour avoir le plus de serviteurs et de compagnons. » Poseidonios nous apprend que les serviteurs en question sont des hommes libres recrutés parmi les pauvres, ce sont eux qui ont pour mission de porter le bouclier du guerrier (*thuréophore*) ou ses lances (*doryphore*). Quant aux compagnons, c'est à nouveau César qui nous décrit leur mode de vie particulier. Ils se nomment « soldures » ou « silodures ». « Leur condition est la suivante : ils jouissent communément de tous les biens de la vie avec celui auquel ils se sont voués d'amitié ; si celui-ci meurt de mort violente, ou bien ils supportent ensemble le même sort, ou bien ils se donnent eux-mêmes la mort ; de mémoire d'homme on ne connaît personne qui ait refusé de mourir une fois que fut mort celui auquel il s'était voué d'amitié. » Le texte de César est très explicite, puisqu'il emploie deux fois le terme, **il s'agit d'une relation d'amitié, dans laquelle les hommes se considèrent comme des égaux.** Le seul contrat entre eux est la reconnaissance parmi eux d'un chef auquel on doit un dévouement total et dont la contrepartie est une protection également sans faille. Si l'on en croit Poseidonios, l'une des principales activités de ces compagnons, hormis celle de faire la guerre, était de se réunir dans des banquets fastueux.

Au cours du IIᵉ siècle av. J.-C., cette clientèle guerrière prend progressivement une forme politique. L'exemple même du patron politique est le « démagogue » Luern (cf. biographies) qui cherche à obtenir les suffrages de la plèbe en lançant à tout va des bourses d'or, et en organisant des banquets où sont conviés cette fois tous les hommes libres, qu'ils aient ou non témoigné de leur dévouement à leur hôte.

• LES INSTITUTIONS POLITIQUES ET L'EXERCICE DU POUVOIR

LES GAULOIS ET LA POLITIQUE

L'image populaire de la vie sociale et politique des Gaulois est celle de l'anarchie et de la confusion d'où émergent des arrivistes de tout bord, un Vercingétorix, un Comm l'Atrébate, un Dumnorix. Une analyse plus poussée de l'ensemble de la documentation historique, de Polybe à César, fait apparaître une réalité toute différente. D'une manière générale, **les Gaulois se montrent opposés à toute forme d'autorité unique, qu'elle soit celle d'un roi, d'un tyran ou d'un chef de guerre.** Les exemples sont nombreux d'aspirants à la royauté qui sont mis en procès et exécutés. Par ailleurs, **la plupart des peuples gaulois manifestent un véritable goût pour les affaires publiques.** C'est cette passion de la politique qui explique assurément leur art oratoire, célèbre dans l'Antiquité et que Caton l'Ancien mentionnait déjà. Il est possible que cette activité politique, ainsi que l'exercice de la parole qui lui est lié, aient été, sinon inspirés, du moins fortement influencés par Massalia et sa constitution, considérée par Aristote comme l'une des meilleures du monde antique. Une tradition tenace voulait en effet que Massalia ait servi aux Gaulois de modèle et d'école, et on a noté, depuis longtemps, certaines similitudes entre les sénats de quelques peuples (des Nerviens entre autres) et celui des Phocéens, comprenant le nombre égal et important de 600 membres. Les plus anciennes informations d'ordre politique qui remontent à l'époque d'Hannibal (lors de sa traversée du sud de la Gaule et des Alpes) attestent l'existence chez la plupart des peuples rencontrés par le Carthaginois d'assemblées constituées, déjà agitées par de vifs débats, politiques au sens noble du mot, et pas seulement par des querelles de personnes.

Le tableau que nous donne César de la vie politique ne décrit donc pas une situation nouvelle qui serait une réaction à la montée en puissance des ambitions romaines ; elle s'inscrit dans une longue tradition qui seule peut expliquer les étonnantes particularités qu'il note avec un plaisir évident. « **Il y a des factions chez les Gaulois, non seulement dans chaque cité, dans chaque** *pagus*, **dans chaque division de** *pagus*, **mais presque même dans chaque maison**... ce même système existe dans l'ensemble de toute la

Gaule : car toutes les cités sont divisées en deux partis. » Les évènements liés à la conquête romaine illustrent parfaitement l'importance du politique, la lutte entre les partis qui s'expriment à travers des représentants charismatiques, Diviciac, Dumnorix, Viridomar, Eporédorix, Corréos, etc. Le manque de précision sous la plume de César et sa simplification, peut-être volontaire, de l'histoire ont pu faire croire que bien des évènements avaient une origine individuelle, qu'il ne s'agissait que des destins croisés de quelques grands personnages. Il faut évidemment pousser plus loin l'analyse et reconnaître, derrière les ambitions, les trahisons, les alliances, de véritables aspirations politiques, balançant entre le conservatisme, la tendance à une pratique démocratique élargie, l'influence des modèles étrangers et plus spécialement romains.

Plutarque rapporte un jugement de César sur la vie politique gauloise qui résume ces différents aspects et ses ressemblances avec celle de Rome. Alors qu'il pénétrait dans une misérable bourgade gauloise dans les Alpes, l'un de ses compagnons lui demanda s'il existait là aussi des partis politiques et des luttes pour obtenir les premières places. César s'arrêta, se mit à réfléchir et répondit : « Oui et j'aimerais mieux être le premier ici que le second à Rome. »

L'ÉTAT ET LA NATURE DES RÉGIMES POLITIQUES

Les plus anciennes informations historiques dont la fiabilité ne peut être mise en doute, celles de Polybe qui concernent le IIIe siècle av. J.-C., révèlent chez tous les peuples gaulois décrits l'existence d'un véritable État. Les formes d'administration et de gouvernement y montrent en effet l'existence d'une autorité souveraine qui s'exerce sur le peuple et son territoire, si l'on suit la définition la plus générale de l'État. Elles correspondent également à celle, plus précise, qu'en donne Max Weber : « entreprise politique de caractère institutionnel qui a le monopole de la contrainte physique légitime ». Les deux formes habituelles de violence, la guerre et la vengeance individuelle, y sont, en effet, soumises à une stricte réglementation : des lois, émises par les assemblées et appliquées par des fonctionnaires et des juridictions.

Plus anciennement (à la fin du premier âge du fer), l'État existait déjà, au moins sous une forme embryonnaire. La guerre n'était plus une affaire individuelle, menée par des chefs charismatiques entraînant avec eux des volontaires en quête de gloire et de butin, mais déjà une obligation pour tous ceux qui se reconnaissaient comme des membres à part entière de la communauté. Le roi, le prince ou le chef n'avaient plus de pouvoir illimité ; ils devaient laisser agir deux autres formes d'autorité, au moins en deux domaines, l'assemblée des guerriers dans celui de la guerre, les prêtres dans celui de la justice.

Il reste à s'interroger sur la nature des régimes politiques qui se sont développés en Gaule pendant les cinq derniers siècles de son histoire. La chose n'est pas facile : **les formes de gouvernement des Gaulois ne se laissent pas ranger aisément dans les typologies établies par Platon et Aristote**. A-t-on affaire à des monarchies, des aristocraties, des oligarchies, des démocraties ? Tous ces types sont présents à une époque donnée, chez tel peuple en particulier, mais aucun ne reflète avec justesse la réalité gauloise. S'il y eut des monarchies, aucune ne fut absolue. Elles tendaient plutôt vers ce que Platon nomme la « timocratie », le gouvernement par ceux qui sont les plus honorés. D'une manière générale, **les deux derniers siècles de l'indépendance sont marqués par une tendance à la démocratie**, contrariée à la fois par des entreprises tyranniques (Celtill, Vercingétorix, par exemple), et surtout par l'oligarchie, incarnée par des sortes de bourgeois enrichis par le commerce et la finance (chez les Éduens par exemple). Mais, pour rendre compte au mieux de la nature des régimes politiques gaulois, il faut faire appel à un autre type qui n'a été conceptualisé qu'au XVIIe siècle, la théocratie, une forme de gouvernement où les prêtres, en revendiquant la légitimité des valeurs divines, ont une influence prépondérante. Il ne fait aucun doute que c'est le cas en Gaule, si on prend à la lettre ce qu'a écrit Poseidonios sur les fonctions multiples des druides. Cependant le caractère discret de leur pouvoir, se traduisant par la promulgation d'authentiques lois, mises en œuvre par des assemblées et des fonctionnaires qu'ils ne faisaient que contrôler, interdit de voir dans les constitutions gauloises d'authentiques théocraties comme il en exista en Orient.

De fait, les constitutions des *civitates* gauloises montrent une réelle originalité : **les chefs ont des pouvoirs définis et limités, les assemblées populaire, guerrière et sénatoriale leur opposent un contre-pouvoir efficace, mais en sous-main les druides exercent une influence majeure.** Au point qu'on a pu écrire : « Chez les Celtes, les druides commandent même aux rois qui font bombance, assis sur des trônes d'or mais qui n'ont aucun pouvoir sans eux. »

UNE INTROUVABLE ROYAUTÉ

L'existence d'une royauté, admise par les premiers historiens des Gaulois, d'Arbois de Jubainville, Jullian, et acceptée sans critique par leurs successeurs, ne va pourtant pas de soi. Dans leur description synthétique de la société gauloise, ni César, ni Strabon, ni Diodore de Sicile ne l'évoquent. Et nous ne possédons que quelques exemples, souvent isolés, de rois chez les Nitiobroges et les Sénons à l'époque de la conquête, ou de roitelets dans les deux siècles qui la précèdent. Il faut donc s'interroger sur la réalité de cette institution en Gaule.

De fait, la théorie d'une royauté gauloise repose sur trois présupposés. Le premier serait qu'il y a pour les types de société, comme il en va des espèces animales, une évolution naturelle qui sélectionnerait les formes les mieux adaptées : à la monarchie des temps les plus anciens (exemple du légendaire roi Ambigat) auraient succédé des formes de gouvernement aristocratique s'approchant de plus en plus de la démocratie. Le deuxième présupposé veut que les Celtes insulaires (et plus particulièrement ceux d'Irlande) aient conservé dans les premiers siècles de notre ère, sous une forme figée, les mœurs et les façons de vivre des Gaulois ; or, chez eux, la royauté existe et occupe une place importante. Enfin, troisième présupposé, la royauté celtique serait l'héritage direct et étonnamment peu transformé de celle des temps indo-européens où l'on désignait par un mot de la racine *rex* un chef auquel on conférait des honneurs particuliers, notamment en matière religieuse.

L'examen du vocabulaire gaulois confirme les doutes que l'on peut avoir sur l'importance de cette institution en Gaule et de ses représentants. Le mot *-rix*, que l'on fait correspondre au latin *rex*, n'est jamais rencontré seul comme désignant un personnage mais toujours comme le suffixe d'un mot composé (le meilleur exemple est le nom de Vercingétorix, littéralement « roi suprême des guerriers »), auquel il donne une valeur intensive. Si on suppose, comme le font les linguistes, que le mot est le vestige d'une fonction de chef spirituel, fonction propre aux peuples indo-européens, il faut reconnaître que celle-ci remonte à des temps fort anciens et qu'elle n'avait qu'une réalité très affaiblie dans la Gaule des cinq siècles précédant la conquête romaine. C'est d'ailleurs ce qu'indiquent tous les témoignages historiques dont nous disposons.

Le plus ancien se situe au moment du passage d'Hannibal chez les Allobroges. Deux frères s'y disputent la « royauté ». L'aîné, du nom de Brancus (cf. biographies), a été nommé par le sénat. Son jeune frère, poussé par la jeunesse du pays, l'a dépossédé de sa fonction. Étranges rois donc qui doivent leur titre au sénat ou aux aspirations de la jeunesse. **Cette royauté a tout l'air d'une magistrature suprême, accordée pour une durée déterminée.** Elle ne paraît pas fondamentalement différente de celle que l'on rencontre chez de nombreux peuples, lors de la guerre des Gaules, chez les Éduens par exemple et que César appelle *principatus*. Chez les Séquanes, au début du Ier siècle, cette dignité est encore appelée « royauté », mais, comme celle de Brancus, elle n'est pas acquise à titre définitif : ainsi le père de Casticos, qui l'avait obtenue pendant de nombreuses années, n'a pu la transmettre à son fils qui cherche à la reconquérir par n'importe quel moyen.

Monnaies de bronze des Suessions à la légende ΔEIVIGAG (Diviciacos)

Les quelques « rois » gaulois qui ont laissé des traces dans l'histoire ont en effet deux particularités concomitantes, celle de ne pas avoir obtenu leur titre de façon héréditaire, et celle d'avoir été nommé par le sénat. La réalité est applicable à toute la Gaule. Ainsi les peuples pour lesquels notre documentation est la plus riche (Éduens, Arvernes) ne connaissent pas de dynastie royale. Le titre de « roi » est précaire mais aussi la fonction : le père de Vercingétorix, Celtill (cf. biographies), avait été tué par ses compatriotes parce qu'il voulait restaurer la royauté ; le Carnute

Tasgétios (cf. biographies), placé sur le trône par César, a été assassiné dès la troisième année de son règne par ses concitoyens.

Ces exemples, et les informations des auteurs de langue grecque qui emploient avec beaucoup plus de circonspection que les Latins les termes de roi et de royauté, permettent d'entrevoir les prérogatives de ces rois, rares et souvent éphémères. Avant la guerre des Gaules, ils apparaissent surtout dans les batailles qui opposent Carthaginois et Romains. Ce sont des chefs de guerre qui conduisent l'armée d'une tribu (c'est-à-dire d'un *pagus*) ; ils peuvent être plusieurs appartenant à un même peuple. Tite-Live les nomme *reguli* (petits rois) et Polybe *hegemones* (chefs). Ces roitelets, en plus d'une autorité morale et peut-être sacerdotale, avaient donc pour mission première de diriger les armées des *pagi* qui gardaient leur autonomie, même lorsque le peuple tout entier était engagé dans un conflit. Ils sont littéralement les rois des tribus composant la cité, comme il y en eut dans la Grèce ancienne. Le roi, le détenteur de la *regia potestas* (pouvoir royal), était probablement celui qui réussissait à étendre son autorité sur tous les *pagi* et, de ce fait, à cumuler les fonctions de premier magistrat et de stratège, dissociées chez la plupart des peuples. Ce pouvoir, véritablement autocratique, paraît avoir toujours été obtenu par la force et à la faveur de circonstances particulières. Même dans les temps les plus anciens, il n'était accepté qu'avec réserve, voire hostilité, chez la plupart des Gaulois.

Si la conception de la royauté ne peut être totalement écartée de l'univers mental des Gaulois, elle ne peut être considérée comme une de leurs institutions politiques fondamentales.

LES MAGISTRATURES

La guerre et le compagnonnage guerrier qui a été évoqué plus haut expliquent assurément le rejet de toute forme de pouvoir tyrannique. Les guerriers en titre, les « chevaliers », comme les appelle César, sont des égaux, même s'ils s'accordent à reconnaître, pour sa vertu, son courage, un chef qui les conduise. Le chef est forcément un guerrier valide, courageux, bon logisticien et excellent tacticien. De telles qualités ne se trouvaient pas aisément réunies chez un même homme, et il fallait des conseils de guerre pour examiner les candidatures de ceux qui prétendaient les posséder, et procéder à des votes. Les conseils de guerre qui avaient pour mission aussi de préparer celle-ci, parfois longtemps à l'avance, ainsi que de rendre possible la mobilisation des troupes à tout moment, se transformèrent rapidement en assemblées guerrières régulières. Les qualités requises pour être chef et le mode d'élection de celui-ci par cooptation étaient évidemment contraires à un pouvoir royal qui tend inévitablement à une autorité de droit, souvent divin, toujours héréditaire.

Pour que le chef soit efficace et que son autorité n'empiète point sur celles de ses compagnons, équivalents des *comites* germaniques, il fallait que sa mission fût clairement définie et limitée dans le temps. Son pouvoir devait se limiter strictement à la guerre et à une seule campagne guerrière. Comme les guerres en territoire ennemi (situation la plus courante) vidaient la cité de tous ses guerriers, également représentants de leurs familles, il fallait veiller à ce qu'il n'y ait pas de vacance dans le gouvernement des affaires intérieures, à ne pas laisser le champ libre à une prise de pouvoir. Il était sage de désigner en un même temps à la fois le chef de guerre et un magistrat chargé du pouvoir exécutif dans la cité. C'est ce que résume brièvement Strabon qui recopie un passage de Poseidonios : « Depuis la plus haute Antiquité, **ils élisaient chaque année un chef, et pour la guerre aussi un stratège était désigné par le peuple.** »

Strabon, avec netteté, indique que ce système avait une origine ancienne (il remontait au moins aux Ve-IVe siècles av. J.-C.). Nous savons par ailleurs qu'il était largement mis en pratique par bon nombre de peuples gaulois au moment où César entreprit sa conquête. La distinction très forte entre deux magistrats, l'un civil, l'autre militaire, était évidemment une réponse particulièrement efficace à toute tentative de tyrannie ou de restauration des anciennes royautés. La constitution des Éduens – celle que l'on connaît le mieux – nous renseigne sur les mesures supplémentaires qui accompagnaient cette séparation des pouvoirs. Le magistrat civil ne pouvait, le temps de son mandat, quitter le territoire ; celui-ci et le stratège ne pouvaient appartenir à une même famille ; des membres de leur famille ne pouvaient pendant cette période être membres du sénat. César indique le nom que les Éduens donnaient au magistrat civil, *vergobret*.

Dans l'établissement de ces magistratures et des constitutions qui les accompagnaient, les druides ont joué un rôle prépondérant dont témoigne une autre règle, également mentionnée par César à propos des Éduens : le vergobret est élu sous la présidence et avec l'accord des prêtres. La royauté n'était en effet pas seulement contraire aux intérêts des « chevaliers », elle l'était aussi à ceux de la classe sacerdotale qui entendait garder entière la maîtrise des affaires religieuses et, à cause de ses prétentions morales et philosophiques, prétendait aussi contrôler l'exercice de la justice et l'administration de la cité. Les druides choisissaient ou faisaient choisir les hommes qui avaient leur confiance. Il est probable que souvent c'était un des leurs qui devenait magistrat ; c'est le cas du seul druide que nous connaissons, Diviciac chez les Éduens.

À côté de ces magistratures suprêmes, civile et militaire, se trouvaient évidemment d'autres magistrats, spécialisés dans des tâches particulières. La littérature antique ne les mentionne pas, mais nous savons par des inscriptions monétaires ou lapidaires que des magistrats étaient spécifiquement chargés du contrôle de la frappe des monnaies d'argent (*arcantodan*) chez les Lexoviens, Mediomatriques et Meldi, d'autres étaient curateurs des places publiques (*platiodannus*). Il existe également un *cassidanos*, titre dont la traduction est controversée. Il est sûr en tout cas que les Gaulois, contrairement aux Celtes insulaires, possédaient un mot, *danos*, pour désigner de façon générique le magistrat. Les occurrences de ce terme dans de nombreux mots composés indiquent que ces magistratures étaient assez diverses et présentes chez de nombreux peuples gaulois.

LES ASSEMBLÉES

Dans son exposé de la civilisation gauloise, aujourd'hui perdu sous sa forme originale, Poseidonios accordait une large part à la vie politique et en décrivait le fonctionnement qui était beaucoup plus complexe qu'on ne l'imagine habituellement. C'est certainement pourquoi les habituels compilateurs de son œuvre, César, Diodore et Strabon ont renoncé à reproduire ou à résumer les passages qui décrivaient les différents types d'assemblées et leurs prérogatives. Seul Strabon cite une particularité qui lui paraît « folklorique » : « Ils usent dans leurs assemblées publiques d'un procédé qui leur est particulier : si quelqu'un interrompt de la voix ou du geste celui qui a la parole, un garde préposé à cet office s'avance vers lui, l'épée hors du fourreau, et lui ordonne de se taire en le menaçant. S'il ne cesse pas, le garde répète sa menace une deuxième et une troisième fois. À la fin il coupe à son sayon un pan assez grand pour que le reste ne puisse servir. » Cette coutume, décrite de cette façon, paraît assez incompréhensible. Elle prend tout son sens si on suppose que les députés du conseil publique revêtaient un vêtement propre à leur fonction, comme la toge des sénateurs à Rome. Mais l'anecdote montre surtout que **les assemblées se tenaient régulièrement, qu'elles obéissaient à des règlements appropriés** et qu'il y avait même des appariteurs chargés de les faire respecter. Ce texte n'était, dans l'exposé de Poseidonios, qu'un détail parmi d'autres, certainement l'un de ceux qui devaient lui paraître secondaires. Une autre coutume, relative à ces assemblées, et non moins importante, a disparu complètement des textes de tradition poseidonienne. Elle est heureusement conservée par un auteur plus ancien (de la fin du IIe siècle, mais qui s'appuyait sur des sources remontant aux IVe et IIIe siècles), celui de la *Périégèse* : « Ils tiennent leurs assemblées avec de la musique, demandant à cet art le moyen d'adoucir les mœurs », écrit-il. Polybe et César ont largement montré par leurs descriptions d'assemblées tumultueuses que cette disposition n'avait rien d'un luxe inutile.

S'ils n'expliquent pas la composition de ces assemblées, ni leur mode de travail et la nature de leurs décisions, nos habituels informateurs antiques sur la Gaule n'en citent pas moins à de nombreuses reprises ces réunions publiques. **Deux types d'assemblées, au moins, sont distingués, le sénat et l' « assemblée » qui peut être dite « armée » ou qui est de nature non précisée.**

Le sénat est cité à de très nombreuses reprises par les auteurs latins, César et Tite-Live surtout. Il est surprenant ou, au contraire, tout à fait significatif que ces deux auteurs, très bien informés sur les réalités politiques de Rome, n'éprouvent jamais aucune hésitation à employer pour les réunions gauloises la notion bien définie chez eux de *senatus*. Il faut donc croire que **dans leur composition et leurs fonctions, dans les très grandes lignes, les sénats gaulois ne devaient pas être fondamentalement différents de celui de Rome**. Ils étaient composés des membres des vieilles familles patriciennes, celles qui fournissaient également les « rois » et les magistrats. Ainsi connaît-on quelques sénateurs chez les Éduens : Diviciac, Cotos et Convictolitavis (cf. biographies) qui avaient tous obtenu la magistrature suprême. En revanche, Correos (cf. biographies), qui prit le pouvoir en 52-51 av. J.-C. chez les Bellovaques, n'appartenait pas au sénat de ce peuple, sénat qui avait une origine ancienne et une très grande autorité. Jusqu'à l'époque de César, le sénateur, même s'il était âgé, devait être un guerrier et participer au combat. Chez les Éduens, la quasi-totalité du sénat avait péri dans un affrontement avec les Germains. Chez les Nerviens, ce sont 597 des 600 sénateurs qui perdirent la vie en s'opposant à César.

En Gaule comme à Rome, le pouvoir du sénat était avant tout d'ordre consultatif : il donnait ses conseils au roi ou aux magistrats. Ceux-ci étaient du plus grand poids mais n'avaient pas force de décision : il y a de nombreuses mentions d'élection, de nomination, de déclaration de guerre qui sont faites contre l'avis du sénat. Le sénat, au moins chez les Éduens (mais il semble que ce fonctionnement ait été généralisé chez tous les peuples qui disposaient de cette assemblée), ne désignait pas les magistrats. Ce rôle revenait directement aux prêtres (certainement des druides). Cependant il semble que ce soit assez souvent chez les sénateurs qu'aient été recrutés ceux à qui était confié le pouvoir exécutif.

Le sénat ne se conçoit guère qu'en opposition à l'assemblée populaire, celle de tous les hommes libres disposant du droit de vote. Il est probable que ces réunions étaient moins régulières que celles du sénat et qu'elles ne disposaient pas partout d'un aménagement architectural spécifique. César est toujours très évasif sur ces lieux d'assemblée qu'il ne put certainement observer lui-même. Elles devaient accueillir des foules immenses, et il pouvait s'agir de simples enclos ouverts, comme ce fut longtemps le cas dans la Rome ancienne.

Ces assemblées du peuple citoyen sont désignées par César et par Tite-Live par le terme de *concilium*. César parle de *concilium armatum* **quand l'assemblée traite des affaires de la guerre ; les citoyens doivent alors obligatoirement y assister et revêtir leurs armes.** Plus anciennement, c'est dans toutes les sessions de l'assemblée qu'on devait y paraître en armes. Quand Hannibal rencontra les différentes assemblées des peuples dont il devait traverser le territoire, il se trouva partout face à des imposantes masses de guerriers riant et se livrant à un vacarme que les magistrats et les anciens avaient bien du mal à calmer. L'une des prérogatives du *concilium* était donc de décider la guerre et d'élire le stratège. Il avait en charge également les affaires diplomatiques et la gestion des relations avec les peuples voisins ou de ceux qui appartenaient à leur confédération. Mais, d'une manière plus générale, si l'on en croit César dans son résumé de Poseidonios, c'est de l'ensemble des affaires publiques que traite l'assemblée : « Il n'est, dit-il, convenable de parler publiquement de ces affaires que dans le cadre de l'assemblée. » Polybe rapporte un évènement qui nous éclaire sur le pouvoir de l'assem-blée populaire : chez les Boïens de Cisalpine, en 236, le peuple massacra ses chefs parce qu'ils avaient pris la décision de faire appel à des mercenaires transalpins, sans demander son avis à l'assemblée.

Enfin, si l'on en croit Plutarque, les femmes peuvent jouer un rôle éminent dans les assemblées confédérales, celles communes à plusieurs peuples et qui traitent des alliances ou des conflits. La qualité de leur bon jugement et de leur impartialité y est reconnue, c'est pourquoi on leur confie la tâche d'arbitrer entre les deux partis. La légende voulait que ce soient elles qui aient réduit le nombre des guerres entre les Gaulois avant leur émigration en Italie. Lorsqu'Hannibal voulut passer des Pyrénées aux Alpes par le territoire gaulois, un traité fut conclu entre lui et les Volques, qui stipula que toutes les réclamations des Gaulois contre les Carthaginois seraient tranchées par les gouverneurs de ces derniers restés en Espagne, et qu'à l'inverse les réclamations des Carthaginois seraient instruites par les femmes des Gaulois.

LES PARTIS POLITIQUES

Le tableau de la société gauloise brossé par Poseidonios et de nom-breux évènements rapportés par César révèlent une vie politique riche et agitée, entièrement dominée, comme il a été dit plus haut, par la lutte entre les clans et les personnages influents. César est le seul à employer expressément le terme de « parti » ; il emploie pour cela le mot latin de *factio*, un mot assez particulier qui, sous sa plume et à propos de la Gaule, désigne tout type de formation politique. Cependant c'est bien par son dérivé français, faction, qu'il faut le traduire. Car il en va en Gaule comme à Rome : **il n'y a pas de parti politique au sens contemporain du terme. Ce sont plutôt des groupes de pression, composés de clients et d'amis autour d'un homme défendant une cause qui devient celle de tout son groupe**.

Ces factions prennent des expressions très diverses et s'exer-cent à des échelles variées. César indique leur existence à l'intérieur même des grandes familles et en donne des exemples : chez les Éduens, Diviciac, représentant de l'alliance avec Rome, combattait politiquement son frère Dumnorix, partisan d'une tentative d'hégé-monie de la Gaule en association avec les Séquanes et les Helvètes. Mais ce sont surtout les assemblées et le sénat qui voyaient s'affronter les factions. De fait, la faction était la traduction politique de la clientèle. Le chef d'une faction cherchait à obtenir la clientèle la plus puissante, ainsi que des alliances avec d'autres représentants des grandes familles dans la tribu mais aussi à l'extérieur de celle-ci, dans la cité et très souvent chez les peuples voisins. Comme beaucoup de peuples participaient de confédérations plus ou moins étendues, l'emprise de ces factions gagnait facilement des régions entières, et les luttes politiques s'y développaient librement. César nous apprend qu'au début du Ier siècle av. J.-C. la Gaule (en fait, il s'agissait de la Gaule centrale ou Celtique) était divisée en deux factions, l'une favorable aux Éduens, l'autre aux Arvernes. Après le meurtre de Celtill qui avait marqué le déclin arverne, c'étaient les Séquanes qui s'opposaient aux Éduens.

Comme toutes les oligarchies comprenant des assemblées, celles des Gaulois produisaient quasi congénitalement un affrontement entre les tenants d'un renforcement des pouvoirs des assemblées, et ceux du statu quo, favorables à l'influence des grandes familles. **La bipolarisation de la vie politique en Gaule était aussi marquée qu'elle l'était à Rome**. On y retrouve les mêmes rivaux : des sortes de *populares* (s'appuyant sur la plèbe et l'assemblée populaire) contre les équivalents des *optimates* (cherchant à renforcer les pouvoirs du sénat et des grandes familles) ; cette opposition en redoublant une autre, de type générationnel, les *juvenes* (jeunes, guerriers mobilisables) contre les *seniores* (les anciens, les membres du sénat, généralement moins enclins à toute entreprise belliqueuse).

Ces factions, ces grands partis qui pouvaient regrouper des masses considérables de citoyens sur des régions entières de la Gaule, diffusaient-ils des idées politiques propres ? Ce n'était manifestement pas leur caractéristique première. La personnalité du chef de faction, les alliances qu'il proposait, les projets, souvent d'ordre très matériel, qu'il mettait en œuvre (guerre de conquête, migration, tentative d'hégémonie) suffisaient amplement à rallier les clients, les amis, des familles entières ou des tribus. Cependant, derrière ces préoccupations matérielles qui ne visent que la puissance et une vie plus confortable, surgissent des interrogations et des conceptions d'un ordre qui est vraiment celui du politique : élargissement des assemblées à l'ensemble des citoyens, limitation du pouvoir personnel, remplacement des chefs charismatiques par des magistrats de plus en plus étroitement contrôlés, séparation des pouvoirs législatif, exécutif et judiciaire.

Les druides ont dû jouer un rôle prépondérant dans cette expression gauloise du politique. L'association constante chez eux des questions philosophiques, morales et religieuses avait produit une conception des règles de la vie en société qui se rapprochait, par bien des aspects, de ce que les Grecs ont inventé, l'art de gouverner. C'est certainement à leur influence qu'il faut attribuer la réticence des Gaulois à toute forme de monarchie et de tyrannie. Ces dernières n'ont pu être jugulées que par la mise en place de contre-pouvoirs, de nature aristocratique certes, mais suffisamment diversifiés pour assurer la défense de tous les citoyens, ceux de la plèbe notamment. César, reprenant Poseidonios, écrit à propos des partis : « Il y a là une institution très ancienne qui semble avoir pour but d'assurer à tout homme de la plèbe une protection contre plus puissant que lui : car **le chef de faction défend ses gens contre les entreprises de violence ou de ruse et, s'il lui arrive d'agir autrement, il perd tout crédit**. » Si l'on en croit ces deux auteurs qui sur ces points méritent toute notre confiance, un tel système suppose que tout citoyen, même le plus humble, devenait appartenir à une faction. Plus ou moins directement, chacun devait participer à la vie politique. Cela nous éloigne considérablement de l'image caricaturale des Gaulois, barbares toujours prêts à suivre le dernier à avoir parlé.

ÉLECTIONS, CENS, RECENSEMENT

Les grands moments de la vie politique en Gaule sont fort mal connus. Poseidonios rapporte que depuis la plus haute Antiquité, c'est-à-dire depuis le Ve ou le IVe siècle av. J.-C., le chef civil ainsi que le stratège étaient élus. Leurs mandats étant annuels, les élections l'étaient forcément, mais il est probable qu'elles étaient la prérogative d'assemblées différentes. Les représentants de l'assemblée du peuple devaient être également élus, mais on ne sait ni à quel niveau (celui des *pagi* ou des « fractions de *pagi* », ainsi que les appelle César) ni pour quelle durée.

L'existence d'une forme de cens qui classerait les citoyens suivant leur honneur et leur fortune n'est pas explicitement mentionnée par les historiens antiques. On peut cependant la présumer de la nature foncièrement aristocratique des sociétés celtiques. **En Gaule, comme chez de nombreux peuples indo-européens, les honneurs reviennent aux guerriers qui sont aussi les propriétaires fonciers**. Ils ont plus de droits politiques que les autres et, parce qu'ils ont plus à défendre, plus de devoirs que les autres. C'est ce que résume très grossière-ment César quand il écrit : « La plèbe n'ose rien par elle-même et n'est admise à aucune assemblée. » En fait, son rôle se borne à faire élire des candidats qui la représenteront, mais ces derniers, ainsi que les magistrats, se recrutent dans des classes censitaires plus hautes. Si l'on suit Georges Dumézil, la fonction première des fameux bardes (cf. Le corps sacerdotal, ch. 6) gaulois était de jouer un rôle équivalent à celui des censeurs de la Rome ancienne : ils accordaient louange ou blâme, et leur appréciation sur chacun situait la place de celui-ci dans la vie sociale et politique.

Le cens est associé à la pratique du recensement qui est bien attestée en Gaule par un témoignage très détaillé de son conquérant. Après sa victoire sur les Helvètes, César trouva dans le camp de ces derniers des tablettes écrites avec des caractères grecs. Elles don-naient la liste nominative des Helvètes et de ceux qui s'étaient associés à eux, capables de porter les armes. Une autre liste donnait les noms des femmes, des vieillards et des enfants. Le total général était de 368 000 individus dont 92 000 étaient mobilisables. Ces documents devaient être particulièrement volumineux, puisqu'ils mentionnaient chaque fois le nom de chaque individu, renvoyant probablement à l'autre liste, en indiquant la composition des familles. On doit donc voir en eux de véritables archives officielles qu'on avait pris soin de transporter avec soi et qui constituaient la base pour fixer le mon-tant de l'imposition de chacun, sa position dans l'une des différentes classes sociales et son droit aux scrutins.

CONSTITUTIONS

C'est peut-être au contact de Massalia que les Gaulois ont conçu assez tôt (au moins dès le IIe siècle av. J.-C.) leurs premières constitu-tions. Elles s'inspiraient peut-être de celle, célèbre dans tout le bassin méditerranéen, de la colonie des Phocéens. Strabon et Justin rappor-tent en effet que les Gaulois se rendaient à Massalia pour apprendre la langue et les usages grecs, ainsi que des arts tels que l'architecture. Il ne fait guère de doute qu'ils s'intéressèrent également à la façon que les Phocéens avaient de faire de la politique. On a rapproché les six cents sénateurs nerviens des *timouques* massaliotes. Mais cette influ-ence s'est exercée aussi sur les constitutions des États gaulois.

Dans sa copie de l'œuvre de Poseidonios, César laisse entendre que **les Gaulois avaient plaisir à comparer les modes de gouvernement des différentes *civitates*.** Cette comparaison portait forcément sur la constitution. Chaque peuple avait ses lois propres qui différaient plus ou moins de celles de ses voisins. Ainsi les Rèmes, qui s'étaient associés aux Suessions, avaient-ils adopté les lois de ces derniers, par libre choix puisqu'au moment où ils l'ont fait ils avaient l'hégémonie sur les peuples belges.

Les druides, qui avaient le monopole de l'écriture et qui exerçaient l'autorité morale, étaient, selon toute vraisemblance, les rédacteurs des textes législatifs. Ils en étaient assurément aussi les conservateurs.

La seule constitution sur laquelle nous possédons quelques informations est celle des Éduens. À l'occasion de conflits internes chez ce peuple, César est renseigné sur les principaux rouages du pouvoir. Le pouvoir suprême ou « royal » (*regia potestas*, écrit César) est confié pour une année seulement à un magistrat qui est appelé « vergobret ». Les lois interdisent que deux membres d'une même famille siègent au sénat ou soient nommés magistrats. Le vergobret a droit de vie et de mort sur ses concitoyens. En fait, il est la main armée de la justice druidique. Sa désignation se fait dans un lieu déterminé et sous la présidence des prêtres. Ce « pouvoir royal » connaît cependant des limites précises : sa durée est brève et il ne s'exerce que dans les limites du pays. Le vergobret ne peut, le temps de son mandat, franchir les frontières. Autrement dit, il ne peut en même temps conduire les armées. Le cumul des pouvoirs civil et militaire est donc interdit. Toute forme de tyrannie est en principe impossible.

• LA JUSTICE

DROIT

L'apparition tardive de l'écriture et son usage très réglementé ont eu une incidence directe sur les conceptions du droit et sur leur diffusion dans l'ensemble de la société. Le monopole de l'écrit exercé par les druides ne visait pas seulement les connaissances religieuses mais tout autant les multiples domaines du savoir, parmi lesquels la politique et le droit occupaient pour ces philosophes une place de choix. L'autre conséquence, tout à fait indirecte, de la quasi-interdiction de l'écriture touche particulièrement les historiens : nous ne disposons d'aucun texte de loi gauloise. L'archéologue n'a guère d'espoir d'en découvrir sous la forme d'inscriptions. Et les historiens antiques – même Poseidonios, semble-t-il – n'ont pu avoir accès à ces textes qui devaient être soigneusement conservés avec les écrits sacrés.

Les prêtres, qui plus tard ont pris le nom de druides, ont très tôt disputé au roi ou à son équivalent la prérogative de dire le droit. C'est certainement cette privation d'une de ses fonctions essentielles qui a affaibli le statut de ce dernier chez les Celtes. Le droit était originellement conçu comme ayant une origine divine. Il fut facile à des prêtres organisés en confréries de s'en approprier l'énoncé et la pratique, et de le lier directement au culte. **La mainmise des prêtres sur le droit et la justice a dû se produire assez tôt, dès la fin du premier âge du fer.** Elle demeura active jusqu'à la fin du IIe siècle, si l'on en croit la description ethnographique de César : la peine la plus grave était l'exclusion des cultes et l'interdiction d'offrir des sacrifices. Dès le IVe siècle av. J.-C., les druides ont commencé à exploiter le vaste champ des règles de la vie en société, autant leur caractère normatif que leur application pénale. Au moment de la conquête de la Gaule, leur travail n'était pas totalement achevé. Seuls quelques peuples (les Éduens par exemple) avaient réussi à rendre le juridique à des magistrats élus. C'est pourquoi on ne voit en Gaule aucun grand législateur, un Dracon ou un Solon, qui serait issu de l'aristocratie ou de la plèbe. Les réflexions juridiques ont été menées collectivement par les sages qu'étaient les druides, dans des collèges qui souvent avaient un rayonnement « international » (les représentants appartenant aux différents peuples d'une même confédération ou de l'une des grandes entités ethniques de la Gaule, Celtique par exemple).

Pour autant, ni le droit en général ni la justice en particulier ne sauraient en Gaule être qualifiés de purement religieux. Établis par des sages dont seules quelques fonctions étaient sacerdotales, leur pratique était également le fait des assemblées, des magistrats et, pour certains domaines, du père de famille. Preuve en est la passion qu'avaient les Gaulois et plus particulièrement le peuple pour tout ce qui touchait au droit et à la justice. « S'ils s'assemblent si facilement en grande quantité, c'est que leur caractère simple et droit les pousse à soutenir toujours les protestations de ceux de leurs voisins qu'ils croient victimes de quelque injustice », rapporte Strabon qui, plus loin, explique ainsi le succès des druides : « Ils étaient considérés comme les plus justes des hommes. » De son côté, César indique qu'en Gaule « les Volques Tectosages avaient la plus grande réputation de justice » ; que Galba, roi des Suessiones, avait été choisi comme chef par ses alliés « à cause de son sens de la justice ».

Le récit des évènements guerriers de la conquête par César et l'exposé des mœurs gauloises par Poseidonios révèlent que le droit n'était pas un ensemble flou de prescriptions morales et religieuses, mais que différents domaines d'application avaient été séparés, faisant l'objet d'une réglementation propre et soumis à une juridiction particulière. Il y avait un droit pénal sur lequel les druides avaient porté la plus grande attention. Les évènements politiques révèlent l'existence d'un droit civil très élaboré. On sait également que les druides avaient pris en charge les réglementations internationales. Enfin nous avons quelques informations sur le droit matrimonial (cf. la femme, ch. 10) qui ne manquait pas non plus de subtilité.

JUSTICE

Les informateurs antiques sont plus diserts sur la justice gauloise. Cependant leurs informations demeurent assez disparates et paraissent se contredire, au point qu'elles ont été à l'origine d'incessantes controverses chez les historiens du XIXᵉ siècle. Pour tenter de voir plus clair sur cette question importante, il convient de tenir compte de trois paramètres : – chaque peuple avait un exercice de la justice qui lui était propre, même s'il ne devait guère fondamentalement différer de celui de ses voisins ; – conceptions et institutions ont beaucoup évolué au cours des cinq derniers siècles de l'indépendance ; – les druides n'étaient pas des religieux qui cherchaient à instaurer une justice divine.

Sur l'époque la plus ancienne (fin du premier âge du fer – début second), nos connaissances sont quasi nulles. On le comprend aisément. Aucun voyageur n'a pu assister au règlement d'une affaire judiciaire, encore moins avoir accès à des textes législatifs. Comme pour toute étude de faits de société, il faut attendre l'arrivée en Gaule de Poseidonios d'Apamée pour obtenir des documents substantiels issus des meilleures sources. Il les a probablement recueillis à Massalia où à la même époque, et suivant le témoignage de Varron, les habitants étaient trilingues, pratiquant le grec, le latin et le celtique. Soit il consulta des archives locales ou des écoles où l'on apprenait aux Gaulois à rédiger leurs contrats, soit il interrogea directement ces mêmes nobles Gaulois venus en cette ville pour y apprendre aussi le grec, la philosophie et l'éloquence. Quoi qu'il en soit, c'est à un véritable traité du droit pénal en général que Poseidonios s'est consacré, constituant un chapitre de son tableau de la société celtique. Il s'agissait d'une synthèse à la fois géographique et théorique qui faisait la part belle au rôle des druides que Poseidonios affectionnait, les seuls qui soient capables de laisser des témoignages écrits en grec. Celui-ci n'eut pas l'occasion de voir la justice en action, mais il put reproduire assez exactement la conception que l'aristocratie intellectuelle gauloise se faisait de la justice vers la fin du IIe siècle av. J.-C. C'est ce long exposé que César résume dans son livre VI de *La guerre des Gaules* ; cependant, au cours de ses campagnes militaires, il assiste à une réalité juridique tout autre : les druides en sont totalement absents. Essayons de comprendre.

Il y a tout d'abord une justice privée ou familiale qui, comme à Rome, se trouve entièrement aux mains du chef de famille. Ce dernier a droit de vie et de mort sur son épouse, sur ses enfants et, bien sûr, sur ses esclaves. César emploie le mot *potestas*, c'est-à-dire « pouvoir », autrement dit un droit théorique dont l'application était loin d'être systématique, comme le suggèrent les droits importants dont bénéficie l'épouse. En fait, le maître use essentiellement de ce droit avec les esclaves pour lesquels il peut employer la torture. Cette dernière peut être utilisée également à l'encontre d'une épouse par les parents d'un mari dont la mort paraît suspecte. Si le meurtre est reconnu, celle-ci est mise à mort, martyrisée par le feu et d'autres supplices. Il s'agit d'un des types de peine les plus graves.

La justice criminelle, hors du cadre familial, reste traditionnelle, mais elle fait de plus en plus l'objet de l'attention des druides qui tentent de l'aligner sur le droit de cité et le droit international. Comme à Rome, il n'y a pas en Gaule de police, aussi est-ce au lésé de découvrir le criminel et de le produire devant l'autorité judiciaire. **Les peines, pour la plupart des crimes (que ce soient des vols ou des meurtres), consistent en des compensations financières,** et ce depuis des temps anciens. Les premières relations grecques sur les Celtes, à l'époque d'Aristote, notent que « le criminel était absous s'il donnait (certainement à l'État) un cheval ou une trompette ». Il n'y a, pour la Gaule et pour les derniers siècles de son indépendance, aucune mention de prison.

Le droit public avait fait l'objet des réglementations les plus élaborées de la part des druides. Il en allait de la paix civile, de la sauvegarde des institutions religieuses et de la bonne entente entre les peuples voisins. César caricature certainement les prérogatives des druides lorsqu'il indique qu'ils ont à juger « de presque tous les différends publics ou particuliers ». En fait, sa source, Poseidonios, mentionnait qu'ils avaient établi le droit et qu'en cas de contestation ou d'impossibilité à obtenir un accord on s'en remettait à eux. Ils étaient l'instance suprême. Mais la juridiction normale était civile, comme le prouve l'affaire Orgétorix : celui-ci, soupçonné de vouloir prendre le pouvoir, se présente devant un véritable tribunal comprenant certainement l'ensemble des représentants de la cité. Bien qu'accompagné de plusieurs milliers de clients venus pour le soutenir, il arrive couvert de chaînes, comme le veut la coutume. Cette dernière symbolise l'accord préalable de l'accusé avec la future sentence.

L'instance suprême des druides est assez bien décrite. Elle se tient chez un peuple dont le territoire est censé occuper le centre de la Gaule, les Carnutes. Puisqu'il n'existe pas de force de coercition, ne s'y rendent que des volontaires, les deux parties d'avance d'accord pour se soumettre au verdict. D'une façon générale, l'acceptation de la peine dépend de la bonne volonté de celui qui est reconnu coupable. L'exil n'est pas considéré comme une véritable sanction mais paraît couramment pratiqué par ceux qui ne peuvent régler la compensation financière. Il semble aussi habituel qu'un accusé refuse et la peine et l'exil ; c'est pourquoi de fortes mesures de rétorsion sont prévues, au niveau civil et religieux. L'accusé ne peut plus prétendre à aucun honneur ni à aucune fonction publique, on lui interdit d'assister aux cérémonies religieuses, on recommande à la population de se tenir à leur écart. « C'est chez les Gaulois la peine la plus grave. »

Les druides paraissent surtout avoir exercé leur influence sur la peine de mort dont l'usage s'est considérablement restreint au fil du temps. Le meurtre habituellement ne la justifie pas, à moins qu'il ne s'agisse de celui d'un étranger. Les Gaulois avaient une grande réputation de xénophilie, et l'interdiction de tuer les étrangers était attribuée à Héraclès lui-même lors de son voyage en Gaule. La peine capitale était réservée à des crimes exceptionnels. Ainsi, rapporte César, chez les Trévires le dernier arrivé au conseil de guerre était mis à mort « dans les plus cruels supplices ». En fait, il s'agissait d'une punition contre la désertion ou le refus du service militaire. Le sacrilège qui pillait les richesses d'un sanctuaire était également supplicié à mort, comme dans la plupart des civilisations antiques. Ce sont probablement de tels criminels qui étaient retenus prisonniers et qu'on mettait à mort lors de grandes fêtes religieuses qui revenaient tous les cinq ans. La peine de mort gardait la forme du sacrifice humain, une concession que les druides accordaient à la religion indigène et qui leur permettait de mieux contrôler une pratique toujours susceptible de dérive.

L'ajournement de l'exécution pour cette cause religieuse suppose en tout cas qu'il existait en Gaule des sortes de prisons qu'aucun auteur ne mentionne par ailleurs et encore moins ne décrit avec précision.

• FINANCES

Longtemps les États celtiques ont recouru à un système de financement archaïque. La quasi-absence de fonctionnaires et l'indigence des aménagements publics ont limité les dépenses publiques à leur plus simple expression : des moyens pour organiser les opérations belliqueuses et les festivités propres aux régimes aristocratiques (banquets, cérémonies cultuelles, funérailles, etc.). Pour ces dépenses, le prélèvement d'une part de butin était amplement suffisant, d'autant que la part consistant en services était directement prise en charge par le peuple. Les guerriers avaient l'obligation du service militaire. Les paysans pouvaient donner une partie de leur temps ou de leur récolte. Et surtout des esclaves étaient directement attachés aux détenteurs du pouvoir (roi, puis stratège et magistrats).

L'installation des peuples celtiques sur des territoires qui leur sont devenus quasi définitifs a changé le mode de fonctionnement du pouvoir et la nature de ses moyens matériels. La fréquence des raids guerriers n'a cessé de diminuer, entraînant une baisse des revenus du butin. Dans le même temps, les nouveaux territoires exigeaient un contrôle accru de la part de l'administration ainsi qu'un minimum d'infrastructure (routes et lieux publics). Il semble que la plupart des peuples gaulois aient répugné à l'utilisation d'authentiques fonctionnaires directement rétribués par l'État. Dans deux domaines au moins ils sont absents, le culte et les impôts. Les tâches qui leurs sont afférentes sont prises en main par des citoyens qui, en contrepartie, reçoivent les honneurs et s'approprient une part des richesses qu'ils recueillent au nom des dieux ou de l'État. Ce mode de perception produisait de multiples impôts et taxes suivant des taux qui étaient très variables en fonction des besoins de l'État mais aussi de ceux qui les percevaient. L'État y gagnait doublement : il était assuré des recettes, et de plus il vendait ces charges. Ainsi, chez les Éduens, Dumnorix avait acquis pour une somme jugée faible la ferme des impôts. Probablement ces fermiers généraux fonctionnaient-ils comme les publicains à Rome : ils devaient avancer aux autorités l'argent qu'ils étaient chargés de percevoir.

Nous ne disposons d'aucune mention du budget d'un État. On doit supposer qu'il était établi chaque année, au moment de l'élection du magistrat, car il découlait naturellement de son programme. Poseidonios laisse entendre qu'il y avait un grand nombre de contributions. Le résumé qu'en fait César et le vocabulaire précis qu'il emploie permettent de classer les obligations fiscales des citoyens en trois grands ensembles, le *tributum* ou impôt direct, les *vectigalia,* rentes foncières et redevances, les *portoria*, droits de douane et de passage.

LES RECETTES

La contribution la plus importante était l'impôt direct qui touchait l'ensemble de la population, à l'exception de ceux qui avaient des charges administratives, et parmi eux les druides. Son établissement, par individu ou par famille, nécessitait l'établissement d'un cens. Était-il juste, régulièrement remis à jour ? Probablement pas, si l'on en croit Poseidonios qui indique que certains membres de la plèbe, accablés par les dettes ou le poids des impôts, se donnaient en servitude à des nobles qui, en échange, remboursaient les créanciers.

L'existence de l'impôt foncier semble attestée par le mot *vectigalia*, généralement utilisé pour désigner toute redevance ou loyer concernant l'*ager publicus* à Rome. Existait-il un domaine public dans les États gaulois ? C'est hautement probable, au moins chez les Éduens qui sont capables, sur la demande de César, d'accueillir une tribu entière de Boïens et de leur attribuer des terres. Cependant cette propriété publique et les ressources qu'elle permettait ne semblent pas avoir engendré la réalisation d'authentiques cadastres. La perception de ces rentes foncières devait donc être difficilement réalisable pour une administration ne disposant pas de fonctionnaires. C'est pourquoi elle utilisait des fermiers des impôts, plus proches des paysans et connaissant mieux le terrain.

L'usage de la taxe était très développé. Nous connaissons surtout son application aux marchandises et aux voies de communication en tout genre. César indique que les peuples des Alpes faisaient payer de forts droits de péage aux commerçants, et que les Vénètes levaient des taxes portuaires sur tous ceux qui naviguaient en Manche. Enfin, chez les Éduens, Dumnorix avait également la ferme de tous les péages et droits de douane. Si l'on considère que le territoire de ces derniers était l'équivalent de trois départements actuels, on s'imagine le nombre d'hommes de main qui devaient effectuer cette perception.

LE TRÉSOR PUBLIC

Dans un célèbre passage tiré de l'œuvre de Poseidonios, Strabon décrit les fameux lacs de Tolosa (actuelle Toulouse) et ses trésors. Les anciennes théories naturalistes qui se sont développées chez les historiens de la religion au XIXe siècle voyaient dans ces lacs des lieux sacrés et dans leurs dépôts des offrandes faites aux dieux. Un lecture plus rigoureuse du texte grec fait apparaître que l'auteur ne qualifie jamais ces lacs de « sacrés », pas plus qu'il n'indique que les masses d'argent et d'or qui y sont déposées sont des offrandes. Il indique, au contraire, que ces dernières sont constituées de lingots en forme de meules brutes et seulement épurées. Il précise encore que les lacs ou étangs ont cette particularité d'offrir la meilleure sécurité contre le vol et que de semblables trésors existent un peu partout en Gaule. Il ne fait nul doute que **les soixante-dix tonnes essentiellement d'argent brut (avec une masse plus faible de lingots d'or et à l'exclusion de tout objet manufacturé) déposées dans les lacs de Tolosa constituent un trésor public**, une réserve financière. La nature du métal précieux déposé en est une preuve supplémentaire : l'or, qui était l'offrande préférée des dieux, n'y occupait qu'une faible part, alors que l'argent y abondait (c'est justement le métal qu'on utilisait, à la fin du IIe siècle av. J.-C., en cette région pour le monnayage).

Comme à Delphes, les trésors des cités pouvaient se placer sous l'égide divine. À Tolosa, auprès de ces lacs contenant les lingots d'argent brut, se trouvait un sanctuaire éminemment sacré où les richesses abondaient également. Mais là il s'agissait de bijoux et de pièces précieuses, qualifiés expressément d'offrandes, objets donc d'une véritable consécration. La masse impressionnante de minerai précieux de Tolosa indique, sans doute aucun, qu'on a là le trésor tout entier du peuple puissant des Volques Tectosages. Mais il est possible aussi qu'il fût celui d'une confédération dont ces derniers étaient les leaders.

• LE POUVOIR MILITAIRE

TROUPES OU ARMÉE ?

Les Gaulois, peuples celtiques, se définissent eux-mêmes avant tout comme des guerriers. Ils en ont la réputation chez tous les peuples voisins, ceux qui bordent la Méditerranée comme chez les Barbares germains, thraces et scythes. Leur stratification sociale livre une image presque caricaturale de la tripartition fonctionnelle des anciens Indo-Européens, avec, entre les paysans et les prêtres, cette classe de guerriers que César appelle « chevaliers »(cf. Les classes sociales, ch. 3). Si cette réalité guerrière remonte aux temps les plus anciens de l'âge du fer, elle demeure encore d'actualité au début de la conquête romaine, comme en témoignent les chiffres précis des combattants gaulois engagés dans les différentes opérations.

La qualité de guerrier tient donc plus d'un statut social et d'une manière de vivre que d'une obligation institutionnelle. C'est pourquoi il serait assez inexact de parler d'armée en Gaule. L'État ne dispose pas d'un corps autonome de soldats qui lui soit propre et qu'il contrôle directement. Ce sont les troupes des *pagi* (cf. Territoire d'un peuple, ch. 2) qui se rassemblent en conseil armé, certainement sous la sollicitation du stratège, et qui décident elles-mêmes la guerre. Les guerriers ne se trouvent pas directement au service de l'État, et leur emploi très fréquent de mercenaire peut les empêcher de participer à une action belliqueuse nationale.

L'armée de la *civitas* n'existe donc que le moment d'une campagne et surtout lorsque celle-ci se déroule sur le territoire de la cité.

Les opérations extérieures (pour le butin, la défense de peuples amis et le mercenariat) paraissent le fait des *pagi*. Les troupes de ces derniers devaient porter le nom de *korios*, mot de la même racine que le vieil irlandais *cuire* (troupe) ou l'allemand *Heer* (armée). Ces troupes paraissaient si importantes aux yeux de certains peuples que leur nom même les évoque : *Tricorii* (les trois troupes), *Petrucorii* (les quatre troupes), par exemple.

Nous savons par César que c'est l'annonce du « conseil armé » qui déclenchait une mobilisation potentielle. Tous les guerriers reconnus comme tels (c'est-à-dire les *equites*, selon la terminologie du même auteur) devaient s'y rassembler, revêtus de leurs armes et toutes affaires cessantes. Si la communauté guerrière s'accordait sur une action belliqueuse, l'armée se formait automatiquement en regroupant toutes les troupes sous le commandement général du stratège. L'État ne connaissait donc aucun problème de recrutement. Les *equites* étaient automatiquement engagés sans limite d'âge (le récit de la guerre des Gaules nous montre des vieillards combattant) et sans condition de durée de la campagne. À ces guerriers de plein droit pouvaient s'ajouter tous les mobilisables qu'étaient les hommes libres appartenant à la plèbe.

LE GUERRIER

Pas plus qu'il n'y a d'authentique armée en Gaule, il n'y a d'authentique soldat. Il y a des guerriers et des servants d'armes. Les premiers font moins la guerre par profession que par tradition culturelle et par une exigence propre à leur condition sociale. La participation à tous les engagements guerriers décidés par la tribu est plus qu'une obligation civique, c'est un engagement de nature religieuse avec les dieux et contractuelle avec les clients dépendant de leur maître guerrier. Aussi dès l'annonce du « conseil armé », au cours duquel seulement la guerre peut être décidée, tous les guerriers doivent s'y rendre. Chez les Trévires (cf biographies, Indutiomaros), le dernier arrivé au conseil est même puni de mort.

Le guerrier garde cependant une certaine autonomie : il est redevable des choix de sa tribu ou de ceux de la cité à laquelle celle-ci appartient, mais, pour le reste de son temps, il peut monnayer ses services ou en faire présent à des amis ou des parents. Il fonctionne comme une petite entreprise qui peut être limitée à sa personne, qui peut employer quelques servants d'armes (généralement ce sont des clients ou des compagnons dévoués), voire une petite troupe de quelques dizaines d'individus, des cavaliers, des fantassins et servants d'armes et des serviteurs astreints à l'intendance.

ÉQUIPEMENT ET ARMEMENT

Le guerrier se charge donc lui-même de son équipement et de ses armes, ainsi que de ceux de ses hommes. Ces moyens matériels évoluent au cours du temps. **Dès la fin du premier âge du fer, les guerriers les plus riches utilisent des chars à deux roues** dont le modèle a pu être emprunté aux Étrusques. Il s'agit d'un véhicule léger, étroit, une simple caisse posée sur l'essieu, lui-même attaché à un timon que tiraient deux chevaux. Le guerrier se tient à l'arrière, debout, une main posée sur l'un des arceaux latéraux de la caisse, l'autre brandissant une pique ou une lance. À ses pieds, à l'avant, assis sur le bord de la caisse, un cocher dirige les chevaux. Cet équipage est d'une redoutable efficacité, il allie rapidité et souplesse. C'est avec lui que les Gaulois conquièrent une grande part de leurs territoires et se taillent une réputation qu'ils conservent bien après la conquête romaine de la Gaule. Encore peu nombreux au Vᵉ siè-

cle (les nécropoles de Champagne comportent généralement une à trois tombes à char sur quelques dizaines de sépultures), les chars se généralisent aux IVᵉ et IIIᵉ siècles. À la bataille de Sentinum, c'est un millier de chars qui auraient été engagés. Par la suite, ils ne furent plus utilisés que par les peuples belges, et César ne les rencontra que dans l'île de Bretagne où les peuples du sud, d'origine belge, les avaient conservés.

Dès le IVᵉ siècle, l'usage de la cavalerie se répand chez les Gaulois, notamment ceux qui combattent à l'étranger et découvrent les grands chevaux méditerranéens. Les chevaux gaulois indigènes étaient de

Assemblage des différentes pièces du bouclier gaulois

125

Casque en bronze de Berru (Marne) et son décor gravé. Début du 4ᵉ s. av. J.-C.)

petite taille, correspondant à nos poneys ou doubles-poneys actuels. Les Gaulois sont même pris d'une grande passion pour ces chevaux qu'ils essaient d'acquérir à n'importe quel prix. Ce n'est cependant qu'aux IIᵉ et Iᵉʳ siècle que de véritables corps de cavalerie se formeront. On a même l'exemple de la cavalerie personnelle de Dumnorix, le chef éduen, qui entretenait celle-ci à ses frais et la mettait à disposition de l'État, moyennant finances très certainement.

L'armement des guerriers est étonnamment peu diversifié et ne se transforme que faiblement au cours du temps, malgré les changements de techniques de combat. Les armes sont les héritières de celles de l'âge du bronze, qui se sont adaptées à la technologie du fer. Ce sont essentiellement l'épée et les armes d'hast, piques et lances. Ce n'est qu'au cours du IVᵉ siècle, à la faveur des grands conflits méditerranéens auxquels sont mêlés les Celtes, que l'équipement du guerrier acquiert une forme quasi définitive. Elle est propre au fantassin et évoque l'équipement des hoplites légers. **L'armement défensif consiste en un unique bouclier plat**, de forme ovalaire ou rectangulaire, très haut, et que l'on peut poser sur le sol pour se défendre comme derrière une muraille. Le casque est d'un usage limité. Pendant la période ancienne, il fut surtout porté par les chefs, ceux qui disposaient de chars, il avait valeur de signe distinctif. La calotte en était entièrement couverte de bronze puis de fer. Les plus anciens ont la forme conique des casques perses, auxquels ils ont peut-être emprunté la forme. Puis la pointe s'est raccourcie jusqu'à disparaître. Quelques casques d'apparat portent une très riche décoration pouvant inclure des feuilles d'or, des incrustations de corail et d'émail. À la fin de l'indépendance gauloise, le casque connaît une nouvelle vogue, certainement pour protéger la tête des cavaliers qui ne pouvaient utiliser le grand bouclier. C'est à la même époque, et aussi pour les cavaliers, que fut mise au point une innovation de haute technologie, la cotte de mailles, sorte de gilet composé d'un assemblage de milliers de petits anneaux.

L'arme offensive principale est la lance, terme générique qui regroupe la grande pique que l'on gardait à la main, des lances plus courtes que l'on pouvait jeter vers l'ennemi, voire des javelots. Celles-ci étaient munies de fers, parfois d'une longueur impressionnante, et terriblement efficaces. **L'épée** n'était utilisée par le fantassin qu'au moment du corps à corps, une fois que la pique et les lances étaient hors d'usage. Cette épée, relativement courte et pointue dans les premiers siècles, voit sa lame progressivement s'allonger : utilisée d'abord d'estoc, c'est progressivement la taille qui est privilégiée. Elle est maintenue au thorax du guerrier par un baudrier relié à l'épée par de puissantes chaînes en bronze puis en fer, torsadées de telle façon que l'épée ne puisse balancer que dans un sens et n'entrave pas la course. Ces chaînes de ceinture, véritables chefs-d'œuvre de la technologie gauloise, paraissent si caractéristiques des guerriers gaulois que les Grecs les suspendent dans leurs sanctuaires avec les boucliers, les épées et les lances qu'ils ont pu leur ravir.

Les cuirasses de l'âge du bronze, imitées de celles des mondes grec et étrusque, sont abandonnées dès la fin du premier âge du fer. Certains peuples, comme les Salyens d'Entremont, les remplacent par des sortes de gilets de cuir (cf. fig. p. 189). Mais **l'habitude est de combattre torse nu, voire totalement nu**. Des explications pratiques sont avancées : la nudité permettrait une plus grande liberté de mouvement et éviterait la chaleur excessive du combat. Mais il faut envisager des raisons d'ordre spirituel. La nudité au combat, pratiquée par quelques peuples seulement dans le monde (les Égyptiens du Moyen Empire, les Zoulous du roi Chaka et les Celtes), répondait à des croyances religieuses et inspirait la plus grande terreur à

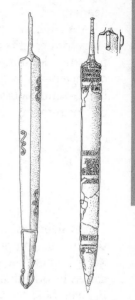

Évolution de l'épée gauloise entre les 5e et 1er s. av. J.-C.

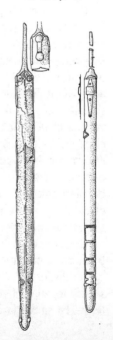

l'ennemi.

Aux côtés des guerriers, les clients, serviteurs et paysans engagés en cas de nécessité ont un armement plus diversifié. Les valets d'armes partagent les armes de leur maître qu'ils portent pour lui dans les déplacements et qu'ils mettent à sa disposition au cours du combat. Les autres utilisent surtout l'arc et des piques de fortune, souvent des instruments agricoles détournés de leur fonction première.

MŒURS DES GUERRIERS

Les guerriers gaulois passent une grande partie de leur vie loin de leur maison et de leur famille. La campagne guerrière dure généralement de mars à octobre, tant que les chemins sont praticables et que chars et chevaux peuvent évoluer sur le champ de bataille. Mais les campagnes sont nombreuses, presque annuelles chez les peuples du nord de la Gaule, et les troupes sont parfois engagées dans des expéditions qui durent plusieurs années. Les conditions de vie sont difficiles et font naître une grande solidarité entre les hommes qui vivent et combattent en groupe.

La coutume la plus remarquable est celle du compagnonnage. Les rois, les chefs ou de simples guerriers, pourvus d'un certain charisme, forment autour d'eux ce que Polybe appelle une « hétairie », un groupe plus ou moins nombreux de clients mais aussi de guerriers qui leur vouent une amitié indéfectible. Les Gaulois appelaient ces derniers « silodures » ou « soldures » (cf. Les classes sociales, ch. 3). Ils partageaient la table, les richesses et bien souvent le lit de leur chef, comme le signale Aristote qui s'étonne que chez les Celtes les relations homosexuelles entre hommes soient à l'honneur. Poseidonios précise que les guerriers ont l'habitude de dormir entre deux compagnons ; on a tout lieu de penser que ces derniers sont ses deux habituels servants, celui qui porte le bouclier et celui qui porte les lances.

Ce partage des plaisirs avait pour but, ou tout au moins pour conséquence, un semblable partage des souffrances du combat se traduisant par une tactique collective que l'emploi des chars avait généralisée. Le guerrier non seulement n'avait pas l'obsession de sa survie, mais il veillait sur son maître qui combattait en première ligne. La sauvegarde du maître était d'autant plus chère à tous ses compagnons que leur survie en dépendait. La contrepartie de la mise en commun des biens du premier était le partage de son sort, quel qu'il fût : « Si celui-ci meurt de mort violente, ou bien ils supportent ensemble le même sort, ou bien ils se donnent eux-mêmes la mort ; de mémoire d'homme on ne connaît personne qui ait refusé de mourir une fois que fut mort celui auquel il s'était voué d'amitié », écrit encore César. Et il est vrai que l'histoire a enregistré de nombreux cas de **suicides collectifs** de la part des Gaulois sur le champ de bataille. Ainsi le roi des Gésates Anéroeste (cf. biographies), qui avait été engagé par les Boïens et les Insubres à la bataille de Télamon, après la défaite tua tous les membres de son entourage avant de se donner lui-même la mort.

Ces relations étroites entre les membres d'un même bataillon (assez semblables à celles de parenté ou de voisinage qui unissaient les hoplites grecs), le défi perpétuel adressé à la mort que permettaient les croyances religieuses rendaient assez inutile toute discipline militaire. Ses devoirs, le guerrier les tirait de sa propre morale qui plaçait au-dessus de tout la bravoure et ses preuves concrètes, les têtes des ennemis tués qu'il rapportait chez lui, qui lui assuraient sa juste place au sein de l'armée et les honneurs dans sa cité.

MERCENARIAT

Cette façon particulière de faire la guerre, à la façon d'une meute sauvage ne reculant devant aucune tentative périlleuse, se prêtait bien à la pratique du mercenariat qui s'est développée dans le monde antique à partir du Ve siècle. Ce sont probablement les Étrusques les premiers qui ont fait appel à leurs voisins gaulois, dans leur lutte contre Rome notamment. Ces derniers se prêtèrent d'autant plus facilement à cette demande qu'à tout moment ils pouvaient se retourner contre leur employeur, dévaster ses villes et exiger des rançons. Denys de Syracuse employa beaucoup les Gaulois (cf. Chronologie fondamentale, ch. 2), mais il prit soin de les intégrer à de vastes armées internationales, aux côtés d'autres peuples guerriers non moins redoutables, des Ibères, des Thraces, des Spartiates même. Il les utilisa avec leur façon de combattre propre et avec leurs armes traditionnelles qu'il faisait reproduire dans ses arsenaux de Syracuse. Les Gaulois apprirent ainsi à se battre à l'intérieur de gigantesques formations et dans des batailles de type classique, front contre front. Là ils étaient toujours placés en première ligne et au centre, là où l'affrontement était le plus terrible, aussi enregistraient-ils toujours les pertes les plus importantes.

Certains peuples gaulois eux-mêmes eurent recours aux services guerriers de leurs congénères. À partir du IIIe siècle, les Gaulois de Cisalpine font intervenir régulièrement des Gaulois transalpins qu'on appelle « Gésates », en fait des mercenaires issus du centre et du nord de la Gaule. À la fin de l'indépendance gauloise, ce sont les Belges qui jouent ce rôle auprès des puissants peuples du centre et du sud-est, tels que les Éduens auxquels les Bellovaques prêtaient main forte. Enfin **c'est César, lors de sa conquête, puis les premiers empereurs romains qui surent tirer parti des grandes compétences des Gaulois en matière de guerre : ils aidèrent le premier à conquérir la Gaule et les suivants à édifier l'empire romain.**

Tite-Live a conservé les termes d'un contrat que Persée, roi de Macédoine, avait passé avec des Gaulois qui se trouvaient en Illyrie et qu'il voulait employer comme mercenaires. Il y avait 10 000 cavaliers et autant de fantassins. Persée promit dix pièces d'or par cavalier et cinq pièces par fantassin. Le chef devait en recevoir mille. À cette solde proprement dite devait s'ajouter peut-être une part du butin, assurément les produits du pillage.

STRATÉGIE

À l'inverse de ce qu'elle fut chez les Romains, **la stratégie en Gaule fut longtemps réduite à sa plus simple expression.** Il est plus juste de parler de techniques de combat et de tactique. Les manières de combattre étaient trop individualistes et fondées exclusivement sur une conception extrême de la bravoure (ce que les Latins appelaient le *furor*) pour laisser le champ à une réflexion théorique sur les manœuvres dans la bataille, le choix et l'installation des camps, la défense des villes et la poliorcétique. Les Gaulois chaque fois s'adaptaient en fonction de leur ennemi, du lieu de l'affrontement et de la composition de leurs propres troupes. Aussi ont-ils plus développé les stratagèmes qu'une authentique stratégie.

Longtemps les Celtes n'ont pratiqué que le combat frontal, en fait une mêlée confuse que précédaient les duels entre chefs, une manière rituelle et excitante d'engager le combat. Ce n'est qu'à la fin du IVᵉ siècle, à la faveur de leur participation aux grands conflits méditerranéens, que les Gaulois adoptèrent des techniques de combat plus élaborées qui leur étaient propres et firent leur réputation. Ils développèrent tout d'abord leur infanterie, puissante, inébranlable. Les guerriers se battaient comme les hoplites grecs, en rangs serrés, la pique brandie qui n'autorisait qu'une marche en avant, sans possibilité de fuite. Leur seule défense était le bouclier derrière lequel ils pouvaient s'abriter, des flèches notamment, et qu'ils plaçaient parfois de tous côtés pour protéger leur bataillon, comme on le voit encore dans leur lutte contre les Romains de César. Ce type de manœuvre qu'on appelle « faire la tortue », c'est peut-être eux qui le transmirent aux Romains en même temps que leur bouclier long et plat. Au corps de fantassins placé au centre de l'armée, comme un coin qu'on enfonçait dans celle de l'ennemi, il fallait des ailes susceptibles d'empêcher tout enveloppement. Les archers, les cavaliers et les combattants à char jouaient ce rôle.

La cavalerie, qui s'est développée au cours du IIIᵉ siècle, a pris de plus en plus de place, et **les Gaulois, connus jadis comme des fantassins de choc, acquirent alors la réputation d'intrépides cavaliers**. Mais ce qui fit leur particularité, c'est l'osmose unique qu'ils surent créer entre cavaliers et fantassins. Désormais cavaliers et fantassins combattaient côte à côte, les derniers s'adaptant au mode de combat des cavaliers. Ainsi étaient-ils quasiment aussi rapides que les chevaux sur lesquels ils pouvaient monter en

Reconstitution d'un combat de chars

pleine course, soit pour échapper à l'ennemi, soit pour remplacer les cavaliers qui venaient de succomber. Les Gaulois qui envahirent la Grèce et la Macédoine au début du IIIe siècle avaient mis au point un type de formation où le maître (l'*eques* dans la terminologie de César) était encore entouré de deux servants d'armes eux-mêmes montés à cheval. Si le cheval du maître était blessé, l'un des deux servants, resté à l'arrière pour veiller sur celui-ci, se précipitait pour lui donner le sien ou le remplacer si lui-même était tué. Le deuxième servant était en réserve pour aider les deux premiers en cas de difficulté. Pausanias nous a transmis le nom gaulois d'une telle formation, la *trimarkisia* (littéralement « groupe de trois chevaux »).

La valorisation outrancière de l'attaque ne prédisposait pas les Gaulois à développer un art de la défense. Les camps militaires ne sont jamais fortifiés et, en 52 av. J.-C. encore, César s'étonne de constater que les Gaulois soient toujours aussi peu habitués à le faire. Les habitats, les fermes le sont parfois, mais toujours sous une forme assez rudimentaire : ils sont entourés d'un fossé surmonté d'un talus et d'une palissade. Les *oppida* qui apparaissent au cours du IIe siècle se présentent comme d'immenses fortifications, mais leurs remparts de terre ou de pierre n'ont qu'une efficacité toute relative : ils sont fragiles, leur longueur trop importante et l'absence de véritables chemins de ronde ne permettent pas vraiment leur défense.

L'art du siège des villes étrangères a été, en revanche, intensément et très tôt pratiqué. Probablement dès la fin du Ve siècle av. J.-C., les Gaulois s'attaquèrent aux villes étrusques ; cependant le siège le plus célèbre est celui de Rome dans les années – 380. En Gaule même ils assiégèrent Marseille et les autres ports grecs. Mais c'est surtout la pratique du mercenariat aux IVe et IIIe siècles qui initia les Gaulois au siège des forteresses les plus puissantes, en Grande Grèce notamment. Aux IIe et Ier siècles, ils purent ainsi expérimenter leur savoir-faire sur les fortifications de leurs congénères. César décrit avec beaucoup de précision l'assaut par les Belges de la ville de Bibrax chez les Rèmes : « Une multitude d'hommes entourent la totalité des murailles, puis ils commencent à jeter des pierres de partout en direction des murs ; quand ceux-ci sont dégarnis de défenseurs, ils forment la tortue, incendient les portes et sapent la muraille. Cela leur était facile. Car la multitude de ceux qui lançaient des pierres et des traits était si grande qu'il n'était possible à personne de demeurer sur le rempart. »

MARINE

Des marins gaulois ? L'image est surprenante et suscite plutôt le scepticisme, tant les Gaulois nous apparaissent comme des peuples attachés à la terre et comme de grands conquérants de territoires. Il faut pourtant se méfier de cette image d'Épinal. César est très explicite : **tous les peuples côtiers de la Manche disposent d'une flotte plus ou moins importante** qui se compte chaque fois par dizaines voire centaines de navires. Il s'agit exclusivement, semble-t-il, de marine marchande, spécialisée dans le commerce et probablement aussi, bien que ce ne soit pas spécifié, dans la pêche. L'activité principale des marins gaulois, depuis la pointe du Finistère jusqu'au Pas-de-Calais, consiste dans la traversée de la Manche pour le transport des marchandises mais aussi des hommes. Depuis l'arrivée des peuples belges dans le nord de la Gaule et l'installation d'une partie de ces derniers dans l'île de Bretagne, les relations entre les immigrés des deux côtés de la Manche sont étroites. Au début du Ier siècle av. J.-C., les Suessions, sous le règne de leur roi Diviciac (cf biographies), avaient dominé non seulement une grande partie de la Gaule mais également l'île britannique (tout au moins la partie méridionale peuplée de Celtes), ce qui suppose que les Suessions, grâce aux peuples côtiers marins, pouvaient, chaque fois qu'ils le voulaient, gagner cette île. Cette situation reste encore d'actualité lors de la conquête romaine : les Bretons envoient régulièrement des troupes de secours aux peuples belges, et ces derniers se réfugient tout aussi régulièrement chez eux. C'est ce qui motivera l'intervention de César dans le sud de l'Angleterre.

Les découvertes archéologiques sur le littoral gaulois de la Manche confirment l'importance du commerce avec les îles Britanniques. Les minerais et les matières premières en provenant abondent. Mais aussi des objets manufacturés de même fabrication, tels que la céramique, se rencontrent sur les deux rives du Channel. C'est dans la Bretagne française que ces témoins sont le plus abondants, ce qui donne encore davantage raison à César qui précise que **les Vénètes ont le leadership du commerce transmanche.** Une grande partie des échanges commerciaux entre le centre de la Gaule et l'Angleterre se fait par leur intermédiaire. Ils prennent au passage d'importants droits de douane et de portage.

César nous transmet également une description assez détaillée des navires gaulois. Il s'agit de bateaux à carène basse dont la proue et la poupe sont très hautes. Ils doivent donc assez ressembler aux embarcations des Vikings, à cette différence que les rames sur les navires gaulois ne jouent qu'un rôle secondaire. Les Gaulois sont de vrais navigateurs et misent sur le vent. Les bateaux très lourds, fabriqués de planches épaisses de chêne, sont renforcés par des traverses d'un pied d'épaisseur, maintenues entre elles par des fiches de fer. Les voiles doivent être suffisamment vastes pour les pousser, elles sont en tout cas très solides parce que fabriquées de peaux, et les cordages sont remplacés par des chaînes. Le calfatage des navires armoricains est réalisé avec des algues, rapporte Strabon ; Pline indique que ceux des Belges le sont à l'aide de roseaux, technique très efficace qui empêche les bois de sécher. Les ancres elles-mêmes sont conçues pour résister à la marée et aux tempêtes ; lourdes, elles sont attachées à des chaînes de fer. Pour combattre ces navires et, comme eux, pouvoir traverser la Manche, César doit adapter la technologie de ses bateaux à celle de son ennemi. Ce sont d'ailleurs les Gaulois qui les lui fabriquent.

IV

LA VIE ÉCONOMIQUE

Les Celtes ont toujours été plus portés à développer la puissance que la richesse. Chez eux les relations sociales (de clientèle, de compagnonnage) et de parenté, qui sont aussi des formes de biens, l'emportent sur la possession des objets de toute nature (de consommation et de prestige). **Les Gaulois, bien que plus sensibles que leurs ancêtres au confort matériel à cause de leur proximité des grandes civilisations méditerranéennes, ne développent que tardivement une forme assez généralisée de commerce.** Il n'y a donc pas chez eux de conscience d'une économie entendue comme la gestion générale des biens de l'État et des particuliers. En revanche, les Gaulois des deux derniers siècles de l'indépendance théorisent l'économie telle que l'ont définie les Grecs, c'est-à-dire l'administration des biens de la famille.

Cependant, s'ils ne perçoivent pas les réalités économiques, les Gaulois obéissent à leurs règles : ils organisent leur vie pour assurer la subsistance de leur personne et celle de leur famille. L'acquisition des biens répond à des besoins bien particuliers, ceux de la classe dominante qui, jusqu'au Ier siècle av. J.-C., demeure fondamentalement guerrière. « Ils habitaient des villages non fortifiés et ils étaient étrangers à toute forme d'industrie ; couchant sur des litières, ne mangeant que de la viande, pratiquant seulement la guerre et l'élevage, ils menaient une vie primitive, et ne connaissaient aucune sorte de science ni d'art. Leur avoir personnel consistait en troupeaux et en or, parce que c'étaient les seules choses qu'ils pouvaient facilement emmener et transférer partout à leur gré dans leurs déplacements. » Ce que dit Polybe des Gaulois de Cisalpine au IIIe s. av. J.-C. est vrai pour tous les Gaulois de la période ancienne et, pour beaucoup d'entre eux (ceux du nord et de l'ouest notamment), jusqu'à la conquête romaine.

Le guerrier se crée un univers en fonction de son mode de vie qui devient aussi celui de sa famille, de ses compagnons d'armes, de ses clients et débiteurs, parmi lesquels se comptent les agriculteurs et les artisans. Il lui faut un domaine rural suffisamment vaste où il puisse s'entraîner, chasser, où son bétail puisse paître, où sa maisonnée puisse vivre, c'est-à-dire se nourrir et entretenir les terres et les troupeaux. Ses richesses, pour leur plus grande part, proviennent de la guerre. Ce sont les terres qu'il a acquises ou que l'État lui a octroyées en reconnaissance de ses services. Ce sont les esclaves et les troupeaux qu'il a capturés. Ce sont quelques biens précieux, des armes qui constituent généralement le butin. Ces richesses primitives ne sont pas destinées à en produire d'autres. Elles doivent seulement, par leur entretien, permettre au guerrier, au moins de tenir sa place, c'est-à-dire continuer à faire la guerre, au mieux de renforcer son réseau de clientèle et le compagnonnage guerrier.

C'est à ces buts que sont consacrés l'agriculture, l'artisanat et une forme assez archaïque de commerce. Le guerrier a besoin d'animaux pour la guerre (chevaux et bétail pour la consommation en campagne), de bétail pour sa famille et les grands banquets qui scellent ses alliances. Il lui faut des armes efficaces et un outillage adapté pour ses fermiers et artisans qu'il met à contribution. Enfin sont nécessaires quelques objets précieux ou de prestige : bijoux en or, services de table et de boissons, ainsi que le vin. Il les obtient par le biais des revendeurs de butin qui échangent les esclaves, le surplus en objets ou en animaux.

L'économie qui se met en place à la fin du premier âge du fer est à la fois guerrière et agricole, les deux activités étant étroitement dépendantes l'une de l'autre. Contrairement aux institutions politiques qui se modifient rapidement au cours des cinq derniers siècles de l'indépendance, ces bases économiques demeurent étonnamment stables et sont même mises à profit par le colonisateur romain. **La Gaule devient pour l'Empire une grande pourvoyeuse de soldats, de bétail et de céréales.** Les autres secteurs d'activité restent marginaux : si certains artisans sont réputés et produisent parfois pour l'exportation, l'extraction de matière première ne connaît qu'un développement local, et les commerçants gaulois ne sont que des intermédiaires dans un marché international qu'ils ne contrôlent à aucun moment.

LES BÉNÉFICES DE LA GUERRE

Chez les Celtes, comme chez beaucoup de peuples dits « barbares », **la guerre n'est pas seulement une institution culturelle,**

elle répond à une nécessité économique. Nulle part l'agriculture et l'artisanat ne sont suffisamment productifs pour générer des excédents susceptibles d'être échangés contre des produits importés. Seuls les peuples situés sur d'importants axes commerciaux ou ceux dont le territoire possède des gisements naturels peuvent acquérir, grâce au produit des droits de passage ou de la vente de minerai ou de matière précieuse, les biens qui leur manquent. Les autres, c'est-à-dire la majorité, ont recours à la guerre pour obtenir par la force soit directement ces biens soit d'autres qu'ils revendent pour obtenir les premiers. Ce n'est évidemment pas ces biens qui ont fait naître la guerre, c'est plutôt leur obtention facile et inattendue qui augmenta l'ardeur guerrière.

Les acquisitions guerrières se réalisent de trois manières, chacune caractérisant plutôt une époque. Au premier âge du fer et au début du second, on assiste à des expéditions plus ou moins lointaines dont le but est le pillage et, pour celles qui ne sont pas trop éloignées, la confiscation de terres. Tous les biens matériels d'une quelconque valeur sont emportés. La population emprisonnée est promise à l'esclavage. Les troupeaux sont capturés. Chaque opération rapporte une masse considérable de richesse pour un investissement relativement faible puisque les troupes se nourrissent aux frais des populations attaquées. Lors des grandes expéditions en Italie centrale ou en Macédoine et en Grèce, c'est une véritable logistique qui doit être mise sur pied, qui est parfois plus importante par le nombre que la troupe des guerriers. Ainsi l'armée de Brennus (cf. biographies) en Macédoine était-elle suivie « d'une seconde troupe de commerçants, de vendeurs de marché et de deux mille chariots ». Celle-ci achetait directement aux guerriers le produit du pillage et transformait l'expédition en un marché ambulant. Les Belges pratiquèrent ces raids très tard (jusqu'à l'arrivée de César). Ils le faisaient chez leurs voisins germains et à d'assez faibles distances.

Dès la fin du Vᵉ siècle av. J.-C., à la faveur des sollicitations des peuples étrangers (souvent ceux-là même qui furent leurs victimes), les Gaulois sont employés comme mercenaires. Leurs services sont directement rétribués selon un calcul fixé à l'avance, comme on l'a vu avec le contrat établi entre Persée et des Gaulois installés en Illyrie (cf. Pouvoir militaire, ch. 3). La solde, jusqu'au IIᵉ siècle, est payée en monnaie d'or, puis en or et en argent. Bien souvent les mercenaires ont droit à une part du pillage, mais c'est surtout pour leur consommation personnelle ou pour une revente sur place. La pratique généralisée du mercenariat chez les peuples transalpins qu'on appelait Gésates produisit des richesses considérables qui rendaient inutile toute autre forme de production.

À partir du IIIᵉ siècle, probablement, se met en place une troisième forme d'activité guerrière. Elle est dérivée du mercenariat et se pratique dans le cadre des relations de clientèle entre peuples. C'est un échange de services et de biens. Ainsi les Bellovaques mettent-ils régulièrement à la disposition des Éduens leur force armée ainsi que leurs moyens financiers, en échange très certainement de biens qu'ils ne peuvent produire chez eux, le vin par exemple que les Éduens commercialisent en grande quantité.

L'AGRICULTURE

L'agriculture en Gaule offre une image assez paradoxale. Elle bénéficie probablement du plus vaste et plus riche domaine agricole des bords de la Méditerranée. Les Gaulois, en cinq siècles, l'ont développée avec succès, contrairement à l'opinion commune qui attribue à tort toutes les innovations à la période gallo-romaine. Et cependant cette agriculture, immense source de richesse potentielle, n'a jamais été valorisée dans l'esprit même des Gaulois. Les travaux agricoles semblent même avoir été méprisés par l'élite guerrière qui abandonnait cette activité à ses clients. Les propos caricaturaux de Cicéron ne sont pas tout à fait dénués de vérité : « Les Gaulois trouvent honteux de se procurer du blé par le travail. Aussi vont-ils, les armes à la main, couper la moisson sur les champs d'autrui. » Il est sûr en tout cas, comme le rappelle le texte de Polybe déjà cité, que les Gaulois avaient beaucoup plus de prédilection pour l'élevage que pour la culture. La beauté et l'importance des troupeaux était une indéniable preuve de puissance. Ils ne cultivaient pas une passion immodérée pour la propriété foncière, mais appréciaient de vivre à la campagne au milieu de leurs animaux, des champs et des vastes pâturages qui se prêtaient à la chasse, une forme d'entraînement à la guerre.

Il faut dire que toutes les terres ne se prêtaient pas naturellement à l'agriculture et qu'au début du premier âge du fer celles-ci se partageaient en trois ensembles, de surfaces inégales. Les forêts avaient régressé depuis le Néolithique et subsistaient encore en des zones difficiles d'accès (montagnes, marécages, terrains rocheux, etc.). Tout au long de l'âge du fer, les importants besoins en bois d'œuvre et la divagation des ovins et des chevaux contribuèrent à une déforestation intense. Les espaces de pacage, héritiers des défrichements, occupaient donc une place de plus en plus grande. Les terres labourées étaient de loin les moins nombreuses. Il fallait un sol léger, bien drainé ; les plaines alluviales convenaient le mieux. Cependant l'augmentation de la population dans les derniers siècles de l'indépendance gauloise nécessita la recherche de nouvelles terres labourables. Trois techniques furent mises en œuvre pour mettre en culture une partie des pâturages. On chercha à modifier la composition et la plasticité du sol par des amendements calcaires. On enrichit le sol par des engrais organiques, la fumure. Enfin on mit au point des outils et des attelages permettant le labour de terres lourdes, essentiellement l'araire tracté par deux bovidés voire plus. Ces progrès ont été rendus possibles par des conditions climatiques favorables, assez proches de celles que nous connaissons.

Le mode d'exploitation pose la question de la propriété foncière. Celle-ci a été très débattue par les historiens et demeure encore objet de controverse. On peut cependant raisonnablement supposer qu'il existe, comme à Rome, deux types de propriétés, une propriété d'État, notamment sur les territoires récemment conquis, et les propriétés des particuliers, essentiellement aux mains des familles patriciennes ou des guerriers, récompensés ainsi de leur service. Cependant, à la différence avec Rome, les particuliers n'exploitent pas directement leurs terres, parce qu'ils sont trop occupés par leurs activités guerrières et édilitaires et parce que leurs domaines sont trop vastes. Ils préfèrent l'affermage de la part la plus importante de leurs domaines. Néanmoins ils se réservent un domaine propre, une sorte de villa qu'ils habitent avec leur famille. Celle-ci est donc entourée d'un nombre plus ou moins grand de fermes, suivant la taille de la propriété foncière. Ce sont de petites exploitations qui parsèment la campagne et qui, dans les régions septentrionales, constituent la seule forme d'habitat jusqu'au Ier siècle av. J.-C. Elles ne disposent que de quelques hectares de terres labourables et de pâturages plus vastes. Les travailleurs agricoles sont en petit nombre, et les femmes participent activement aux travaux des champs, au point que les voyageurs grecs ont pu écrire qu'en Gaule la division sexuelle du travail se fait au contraire des autres pays. Ces derniers peuvent être des travailleurs libres dont on loue les services pour un travail précis, tels ces hommes et femmes que Charmolaos, un propriétaire massaliote, loue pour le labour de ses terres. Les esclaves jouent un rôle minime dans le travail agricole parce que celui-ci est relativement spécialisé et parce qu'un grand nombre d'esclaves ne se conçoit que sur de grands domaines (type *latifundium* en Italie) disposant de surveillants.

L'unité d'exploitation agricole (villa du maître et ferme) est désormais bien connue grâce aux découvertes archéologiques (cf. Un habitat dispersé, ch. 2). Il s'agit toujours d'un enclos d'une cinquantaine d'ares à un ou plusieurs hectares de superficie. Le fossé et la palissade qui le délimitent ont plusieurs fonctions : ils protègent les installations et les aires de stockage et de travail de toute intrusion humaine ou animale, ils témoignent aussi de la richesse du domaine. S'il s'agit de la villa du maître, elle peut ainsi être plus ou moins fortifiée. Dans ce cas, l'entrée a l'allure d'un porche monumental, décoré de bucranes, voire d'armes et de têtes humaines coupées. L'intérieur de l'enclos est souvent divisé en plusieurs espaces fonctionnels, une cour où se trouve l'habitation principale, une autre occupée par des dépendances (étables, granges, greniers) et des aires de travail, assez souvent un espace plus vaste réservé aux soins des animaux. Les exploitations les plus récentes (IIe et Ier siècles av. J.-C.) montrent souvent un plan géométrique et complexe, l'enclos principal se trouvant au centre d'un réseau d'enclos plus vastes permettant le rassemblement des troupeaux. Les villas des personnages les plus importants disposent d'installations et d'aménagements plus luxueux, habitations pour les compagnons de guerre, écuries pour leurs chevaux, mais aussi lieu de culte et de réunion, ainsi qu'il a été observé dans les résidences aristocratiques de Paule et de Montmartin.

Chacune de ces exploitations paraît se trouver au centre de son domaine foncier. La superficie de ce dernier varie en fonction de la démographie, de la qualité des terres et de la position sociale de son tenancier (propriétaire, client ayant un statut de vassal, fermier libre ou semi-libre). Dans le nord de la France, où beaucoup de ces fermes gauloises ont fait l'objet de fouilles, on peut estimer que leur taille se situe entre quelques dizaines d'hectares et deux ou trois cents hectares. Une telle superficie est plus faible qu'elle paraît, car seule une faible part est constituée de champs labourés ; la plus grande partie comprend des pâturages, essentiellement ouverts, parmi lesquels se trouvent quelques enclos pour les animaux dont on craint la divagation.

Les animaux d'élevage constituent la principale richesse du monde rural. Elle est aussi la plus visible. « Toutes les espèces de bétail d'élevage y prospèrent », écrit Strabon qui recopie un passage de Poseidonios du début du Ier siècle av. J.-C. Chaque espèce occupe une place hiérarchique dans son utilisation ou sa consommation par les hommes. Les chevaux et les bovidés sont la propriété des nobles et des guerriers. Ils sont une des principales marques de leur statut privilégié. C'est à leur nombre, à celui des clients et à celui des terres qu'on mesure la fortune. Les chevaux servent à la guerre et à la chasse, deux activités qui scindent la société celtique entre privilégiés et plébéiens. Les bovidés n'entrent que dans l'alimentation des plus riches et sont consommés plus particulièrement dans les grands banquets guerriers ou religieux. Ils servent également à quelques travaux des champs (labour et hersage), pour cela leurs propriétaires peuvent également les affermer à leurs clients et à leurs fermiers. Ovins, caprins et porcs sont plus répandus dans la population agricole, et chaque ferme en possède un nombre plus ou moins grand suivant la superficie de l'exploitation. Ces animaux, même les porcs, divaguent dans les champs. Ils arrachent et mangent les arbustes, les mauvaises herbes ; ils consomment sur place l'éteule et enrichissent naturellement la terre des futures récoltes. Leur nourriture est très appréciée. Les chiens occupent une place assez similaire à celle du porc. On consomme leur viande régulièrement, mais certaines races sont entretenues pour l'utilisation à la guerre. Ainsi le roi arverne Bituit ne se déplaçait-il jamais sans sa garde de chiens. Les Gaulois apprécient également les fourrures de chien dont ils couvrent leurs couches et les sols. Les animaux de la basse-cour sont également fréquents dans toutes les fermes. Et, d'une manière générale, tous les vestiges d'habitat mis au jour au cours des fouilles archéologiques révèlent des quantités souvent impressionnantes d'os animaux qui témoignent d'une importante alimentation carnée.

Les Gaulois cultivent essentiellement les céréales et les légumineuses. Parmi les premières, les plus courantes sont différentes sortes de blé (engrain, amidonnier, épeautre et froment), l'orge, l'avoine et le millet. Les secondes sont la lentille, le pois, la féverole, l'ers et la vesce. Les fruits de ces plantes sont utilisés dans l'alimentation des humains et pour une très faible part dans celle des animaux. Les tiges connaissent de multiples emplois : fourrage, litière pour les animaux et les humains, couverture des toitures, etc. La culture du lin est très généralisée, cette fois à des fins artisanales, le tissage. Le chanvre, qui pousse de façon sauvage, commence à être cultivé à la même période pour la confection des cordages. Les plantes sont également mises à contribution pour la réalisation de teinture dont les Gaulois sont grands amateurs. Il est impossible de savoir actuellement si les arbres fruitiers poussant naturellement en Gaule faisaient l'objet de plantation et d'entretien spécifiques. Mais les fruits et les baies étaient récoltés. Ce sont la noisette, le gland, la pomme, la poire, la guigne, la prunelle, la vigne, la châtaigne, la cornouille.

Les techniques agricoles paraissent relativement élaborées, si l'on tient compte de deux faits : d'une part ce qu'elles deviennent cinq ou six siècles plus tard au haut Moyen Âge où elles marquent une véritable régression, d'autre part si l'on considère la taille assez petite des exploitations qui restreignait considérablement le champ des recherches agronomiques. Le fait le plus remarquable est l'**extension considérable des terroirs** par la mise en culture des terres lourdes des plateaux ou de celles trop sablonneuses de plaines jusqu'alors délaissées. Au début de notre ère, ces terroirs sont dans bien des régions de France plus vastes qu'ils ne le sont aujourd'hui. On en a longtemps attribué le mérite aux Romains, nous savons désormais que ce sont les populations gauloises qui ont accompli cet exploit qui sera par la suite, sous l'Empire, largement mis à contribution par l'occupant romain. Ces résultats ont été acquis grâce à des innovations (le **marnage** par exemple) et par un bien meilleur travail de la terre (**labour profond** et croisé, sarclage, ratissage, roulage). Ces techniques, parfois nouvelles, mais surtout systématisées, ont suscité la création d'un outillage adapté dans des matériaux de qualité (fer et bois sélectionnés) avec des formes très étudiées. La faux, la faucille, la houe, le pic, la fourche, le râteau ont, dès l'époque gauloise, acquis leur forme définitive. La découverte très courante, au cours des fouilles d'habitat, de lieux de culte ou de sépulture, de ces outils dont la fabrication était pourtant onéreuse indique que leur usage était très répandu et que la plupart des travaux de culture étaient exécutés par des hommes libres, même si beaucoup devaient être des fermiers ou des clients de grands propriétaires fonciers.

L'ARTISANAT

L'artisanat occupe en Gaule une place importante pour des raisons assez diverses. Il doit tout d'abord pallier l'offre trop restreinte des produits importés. Hors de l'agriculture, il est le seul domaine de l'activité économique à offrir des travaux variés faisant appel à des compétences propres. Enfin il doit répondre à de fortes demandes de la part de l'aristocratie militaire, grande consommatrice d'objets manufacturés. **Les Gaulois excellent très rapidement dans la production de l'outillage en fer, dans les travaux du bois (charpente, charronnage, tonnellerie), dans l'orfèvrerie et ses techniques sophistiquées que sont l'émaillage, l'étamage, l'argenture, le filigrane.** Les objets réalisés de cette façon sont réputés à l'étranger, et font dans quelque cas l'objet d'une exportation assez limitée. Pour autant ces besoins très forts en produits artisanaux et la technologie remarquable qui s'est développée très vite n'ont pas favorisé l'émergence d'une classe d'artisans ni l'apparition, comme ce fut le cas en Grèce, d'ateliers multiples et importants. Les petits ateliers ne deviennent courants qu'au cours du Ier siècle av. J.-C., et il n'est pas sûr que les ouvriers qui y travaillaient fussent des hommes libres, pouvant se regrouper en corporations.

Sauf en quelques domaines mettant en œuvre des moyens de production lourds et un savoir-faire détenu par de véritables techniciens (essentiellement les arts du feu, métallurgie, orfèvrerie), la production d'objets manufacturés n'apparaît pas comme une activité indépendante, œuvre d'ouvriers ne travaillant qu'à cette tâche avec des moyens leur appartenant. Soit il s'agit d'une seconde activité, souvent combinée avec les travaux agricoles (c'est le cas de la poterie, de la vannerie, de la construction de bâtiment), soit il s'agit d'une petite unité de production dépendant d'un domaine plus vaste, généralement agricole, et où se pratiquent plusieurs formes d'artisanat. Il est donc un peu inexact de parler d'artisans gaulois, même si les produits réalisés et les techniques mises en œuvre méritent amplement qu'on s'attarde à les évoquer.

La poterie est à l'évidence l'activité la plus développée. Elle se pratique sur la plupart des habitats. Et il faut croire que chaque exploitation agricole dispose d'une ou plusieurs personnes spécialisées dans cette tâche, des femmes peut-être. Les vases produits ainsi sur place sont modelés à la main et finis à la tournette (plateau rotatif mu à la main). Dès le troisième siècle apparaît en quelques régions la céramique véritablement tournée qui présente des formes audacieuses (vases montés sur piédouche avec un profil en S). Ces vases font partie de services de table mais constituent également la céramique funéraire, souvent une fabrication spécifique relativement peu cuite. La décoration (cf. L'art décoratif, ch.8) est très diversifiée et fait appel à de nombreux procédés : gravure, peinture, impressions, modelage, lissage, incrustations, etc., souvent combinés sur un même objet. Quant à la thématique des décors, elle trahit l'évolution chronologique : à La Tène ancienne ce sont des motifs géométriques (dents de loup, grecques, damiers, croix de Saint-André, etc.) ; à La Tène moyenne se répandent les gravures curvilignes (courbes et contre-courbes, S, triskèles, enroulements…) ; à La Tène finale le décor a tendance à disparaître, et ne subsistent que les effets du tournage (gorges, cordons). À un niveau supérieur se rencontrent des vases de luxe, véritables produits artistiques, présentant un décor élaboré, de même style que celui qui orne les armes et les bijoux. Ce sont soit des gravures parfaitement maîtrisées soit des décors plastiques probablement réalisées par modelage. Ces céramiques sont l'œuvre d'artisans cette fois spécialisés qui se consacrent exclusivement à ce travail. Les Gaulois sont de gros consommateurs de poterie, comme l'indique la fouille des habitats et des sépultures qui livrent vases et tessons par milliers. Les types et les décors présentent des répertoires régionaux jusqu'à la seconde moitié du IIe siècle av. J.-C., ce qui indique que la production se pratiquait en partie sur place et en partie dans des ateliers dont la production n'avait qu'une diffusion assez retreinte (sur un rayon de quelques dizaines de kilomètres). À la fin du IIe siècle on assiste à une production relativement standardisée dont les décors sont moins originaux, elle trahit l'influence de nombreux ateliers qui se substituent de plus en plus à la production domestique.

Les métiers du bois sont tout autant pratiqués, sinon plus, mais leurs produits, dans la très grande majorité des cas, n'ont pas été conservés jusqu'à nous. Le travail le plus habituel est celui de la construction en tous genres (maisons d'habitation, installations agricoles, clôtures mais aussi édifices publics tels que sanctuaires ou forteresses) dont l'essentiel est en bois. Là encore on rencontre deux types de fabrication, domestique ou réellement artisanale. La première est de très loin la plus courante ; elle utilise des poteaux porteurs (généralement de simples troncs d'arbres) ancrés dans le sol et supportant une charpente simple. Les murs et la couverture sont en terre et en végétaux qui ne nécessitent pas de techniques sophistiquées (vannerie et torchis). La seconde, plus rare et surtout plus difficile à observer par les archéologues, fait appel à de véritables charpentiers. Les constructions sont dites « à ossature fermée » : des pans de bois constitués de pièces équarries et assemblées supportent une charpente de même nature. Les assemblages de ces édifices

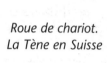
comme ceux des remparts de type *murus gallicus* sont généralement maintenues par de grandes fiches en fer qui nécessitent sur place la présence d'un forgeron. Les charpentiers utilisent la hache pour couper les arbres et les tronçonner, l'herminette pour les équarrir, de grandes scies à deux manches (de type « passant ») pour débiter les planches, la plane pour abattre les arêtes, le ciseau pour préparer les assemblages (à mi-bois, et à tenon et mortaise).

Roue de chariot.
La Tène en Suisse

La menuiserie est également réalisée dans le cadre domestique. La plupart du temps elle est l'œuvre des charpentiers qui doivent munir les baies de vantaux et réaliser les aménagements intérieurs. Comme la charpente, elle fait largement appel au métal (ferrures, clous, rivets, pentures, gonds, plaques de serrures) qui est d'un emploi plus rapide et souvent plus efficace. Mais certains menuisiers sont capables réaliser des objets plus complexes ou d'une réalisation plus difficile (coffres, tables basses, vaisselle en bois, pièces sculptées). On a ainsi retrouvé la plupart des outils traditionnels de la menuiserie : la tarière, le ciseau, la gouge, la lime, la scie, le marteau. **Dans le travail du bois, deux spécialités ont été particulièrement développées par les Gaulois, le charronnage et la tonnellerie.** C'est encore une fois deux métiers qui sont intimement associés au travail du fer. Et il faut croire que les charrons et les tonneliers étaient, comme les forgerons, des spécialistes à temps plein qui devaient travailler en équipe de quelques ouvriers. Ils fabriquaient les charrues à roue, les chariots, les voitures légères, les chars de guerre et de parade. Les roues comme les moyeux et fusées ou même les timons étaient consolidés par des bandages, des frettes de fer. Les tonneaux, dont on dit qu'ils sont une invention gauloise, exigeaient les mêmes matériaux et les mêmes techniques.

De nombreuses activités artisanales ont lieu dans le cadre de la maison ou de l'exploitation agricole. C'est bien sûr le tissage dont pratiquement tous les habitats fouillés livrent les restes des installations qu'il nécessitait : poids de métier à tisser, navette, aiguille. Les tâches annexes (filage de la laine et du lin, teinture) sont également réalisées sur place. Le travail du cuir n'échappe pas à cette règle. Les Gaulois y excellent également. On réalise des cuirasses, des couvertures de bouclier, des galoches (la fameuse *gallica*), mais aussi

Seau découvert dans une sépulture à Tartigny (Oise), IIIᵉ s. av. J.-C. (© A. Rapin, RAP)

des voiles de navire. Les fouilles archéologiques ont également révélé une activité domestique plus surprenante, la fabrication du sel par grillage à partir d'eau de mer dans tout l'arrière-pays côtier, parfois jusqu'à plus de 100 km des côtes. Cette distance entre la matière première (saumure) et ces centres de production suppose à la fois de bons chemins et d'excellents moyens de transport.

Le travail du métal est la prérogative d'authentiques artisans qui produisent des œuvres d'une grande qualité, qu'elles soient en fer, en bronze ou en métal précieux. À la fin du premier âge du fer, les princes hallstattiens emploient probablement dans leurs propres ateliers des artistes qu'ils font venir d'assez loin, parfois même d'Italie. Mais les forgerons gaulois pratiquent eux aussi les déplacements à plus ou moins longue distance, comme le montre le mythe d'Hélicon (cf biographies). C'est probablement cette façon de travailler des forgerons et des orfèvres, allant travailler chez leur commanditaire qui devait mettre à leur disposition le métal nécessaire, qui explique l'extraordinaire diffusion des modes technologiques et artistiques sur l'ensemble du monde celtique continental :

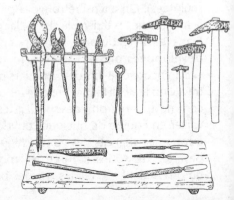

Reconstitution d'un établi d'artisan gaulois

en quelques années les mêmes fourreaux d'épée décorés, les mêmes types de bracelets se rencontrent en des régions éloignées de plusieurs centaines de kilomètres.

La métallurgie du fer nous est très bien connue par la découverte de centaines de milliers d'objets manufacturés en tous genres (armes, outils, pièces de construction et d'assemblage). Le fer est commercialisé certainement à partir de son lieu d'extraction sous forme de lingots déjà épurés et prêts à l'emploi. La mise en forme ne nécessite donc qu'une installation assez légère, forge et outils adaptés (enclume, masse, marteau, tenaille, burin, ciseau, mèche, dégorgeoir...) **Les techniques témoignent d'un grand savoir-faire et d'une bonne connaissance du minerai** dont il faut éliminer la plus grande partie des impuretés par chauffes successives et martelage. **Les Gaulois ont inventé le corroyage** (assemblage par superposition de feuilles de qualités diverses) pour les épées dont l'âme doit rester souple et les tranchants plus résistants. La soudure de pièces distinctes n'est pas pratiquée, elle est remplacée par le sertissage, le rivetage. Le fer est tout d'abord utilisé dans la réalisation à grande échelle des armes pour lesquelles est mise en œuvre la plus haute technologie : épée et son fourreau de tôle ajusté précisément à la lame, chaînes de ceinture composées de maillons torsadés, fers de lance à la nervure élégante et puissante, calotte de casque. **Les Gaulois inventent pour le cavalier, certainement au IIIe siècle av. J.-C., la cotte de mailles**. Cependant ces prouesses techniques exercent très tôt une influence bénéfique sur tous les types d'outillage (pour le travail du bois, de l'agriculture) qui acquièrent alors des formes définitives. Le fer est suffisamment abondant en toutes régions pour qu'on réalise des pièces d'assemblage pour tous usages : grandes fiches pour les poutres, clous de toutes tailles, rivets, ferrures pour les huisseries, meubles. Ce n'est qu'à la fin du IIe siècle, lorsque se développent les habitats groupés et les *oppida*, qu'apparaissent de véritables unités de production de type industriel.

Le bronze n'est plus utilisé que pour les parures et quelques pièces exceptionnelles, telles que des éléments de char ou des casques. C'est la plupart du temps le support privilégié pour les plus belles réalisations artistiques. Les artisans ont en effet très couramment recours au procédé de la fonte à cire perdue. L'or et l'argent sont également utilisés pour la confection des bijoux, des torques et des bracelets notamment. Beaucoup d'objets associent plusieurs métaux (fer, bronze et or pour le casque d'Agris). Et les Gaulois aiment beaucoup l'incrustation de corail ou d'émail qui alterne avec des reliefs de bronze ou d'or. **L'émail,** pour lequel les artisans gaulois avaient obtenu une réputation dans tout le bassin méditerranéen, est exclusivement de couleur rouge, les autres couleurs n'apparaissant qu'au début de notre ère.

LES MINES

Les Gaulois utilisent préférentiellement les ressources naturelles, même si elles se trouvent en petite quantité et sont difficiles à extraire. Seuls les minerais sont recherchés dans le sous-sol. Les matériaux de construction sont le bois, la terre ou des pierres se trouvant à la surface du sol. Le minerai de fer est présent dans de nombreuses régions, au moins sous forme météoritique. Les gisements les plus importants et les plus riches se trouvent dans le Berry, le Massif armoricain, en Lorraine et dans les Pyrénées. L'extraction se faisait dans des carrières à ciel ouvert. La réduction du minerai s'effectuait sur place, car sa mauvaise qualité nécessitait l'utilisation de grandes quantités qu'il n'était pas possible de transporter.

Cependant **le minerai le plus prisé des Gaulois, et dont l'importance de la production fait leur réputation auprès de leurs voisins grecs et Romains, est l'or.** « Le pays où l'or foisonne », disait de la Gaule Diodore de Sicile. Il se trouve dans le sable des rivières ou dans les limons aurifères et ne nécessite que des installations peu conséquentes. Mais les gisements les plus riches sont des filons qui affleurent au sol dans tout le sud-ouest de la Gaule et qu'il faut suivre en s'enfonçant dans la roche. Ce sont souvent des mines à ciel ouvert, mais très rapidement il faut descendre jusqu'à une trentaine de mètres de profondeur, c'est-à-dire parfois sous la nappe phréatique. Il faut alors boiser et surtout évacuer l'eau par des galeries en pente. Il semble même que des vis d'Archimède soient utilisées pour effectuer une exhaure verticale. Ces travaux dangereux et les techniques de creusement et de boisage ont des conséquences bénéfiques sur le plan militaire : les Aquitains deviennent les spécialistes de la sape lors des sièges des forteresses.

L'argent était également extrait, en des quantités moindres cependant, des pentes du Massif central, des Alpes et des Pyrénées. L'étain a pu être également exploité chez les Vénètes et sur les bords de l'Atlantique, mais il était fortement concurrencé par la production des îles Britanniques et de la Bohême dont le commerce était solidement établi en Gaule. Enfin César signale l'existence de nombreuses mines de cuivre chez les Sotiates au sud de Bordeaux.

LE COMMERCE

Les Gaulois ne sont pas des commerçants. Ils n'en ont évidemment pas l'esprit, préférant produire eux-mêmes avec les ressources naturelles ou piller les biens qu'ils ne peuvent fabriquer. Cependant, depuis l'époque néolithique, des circuits commerciaux s'étaient mis en place en Gaule, avant tout pour faire transiter vers le sud des matières premières, telles que l'étain et l'ambre. Ces grandes voies étaient peu nombreuses mais connurent assez vite un trafic intense, puisqu'elles reliaient les régions atlantiques, les îles Britanniques, la mer du Nord, les pays scandinaves à l'Italie et à la Grèce par l'intermédiaire de Marseille. Les Gaulois ont ainsi été amenés à contrôler une circulation des marchandises sur leur territoire, installée par des étrangers, et à pratiquer **une forme indirecte de commerce** en prélevant des droits de passage et en participant passivement aux échanges. Ce n'est probablement qu'au cours des deux derniers siècles de l'indépendance qu'on voit apparaître les premiers commerçants gaulois.

Contrairement à leurs voisins ligures peuplant les pentes méridionales des Alpes, les habitants de la Gaule avaient renoncé depuis très longtemps à détrousser les voyageurs et les marchands itinérants. Les Gaulois ont la réputation d'être xénophiles et plus particulièrement philhellènes. Une légende circulait, qui voulait que ce fût Héraclès lui-même qui ait « aboli les coutumes de ces peuples contraires à toutes les lois, celle de tuer les étrangers par exemple », et que dans les Alpes il « ait remplacé les âpres chemins et les mauvais pas de cette contrée par une route assez bonne pour que des armées avec leurs bêtes de somme et leurs bagages y puissent passer ». Ces exploits attribués au héros grec indiquent surtout que ce sont des marchands grecs et massaliotes qui fréquentèrent les premiers ces voies et qu'ils les ouvrirent du même coup aux invasions celtiques en direction de l'Italie.

Les grands axes de circulation sont bien connus. Des côtes gauloises de la Méditerranée partent de grandes routes qui, au fur et à mesure qu'elles pénètrent dans la Gaule profonde, se ramifient. La première, partant de Marseille, remonte les vallées du Rhône et de la Saône pour gagner ensuite celle de la Seine. Des embranchements permettent de gagner le centre de la Gaule et l'océan Atlantique, puis la Belgique et les îles Britanniques par le pas de Calais, enfin la Manche et la Bretagne. La seconde route, partant de Narbonne, suit la vallée de l'Aude puis celle de la Garonne, pour gagner l'océan Atlantique et le golfe de Gascogne. Très tôt ces chemins sont devenus de véritables routes aménagées et sûres. Des représentants des peuples locaux surveillent la portion de route traversant leur territoire et souvent accompagnent les voyageurs, au prix de taxes de portage et de péage. Les franchissements de rivière ont été facilités par la construction d'un certain nombre de ponts, quelquefois de grande longueur, ou l'aménagement de gués. Des relais permettant de place en place le changement des montures doivent être supposés. Au cours des trois derniers siècles précédant la conquête romaine, le réseau se densifie considérablement, et l'on constate que César avec ses troupes n'a aucune difficulté à gagner quelque région de la Gaule que ce soit. On mesure la qualité des routes qu'il emprunte à la vitesse qu'il met à les parcourir : 40 à 70 km par jour pour des troupes lourdement chargées de bagages.

Les routes ont été construites et améliorées pour les commerçants étrangers mais aussi pour les marchands locaux et surtout pour **les véhicules de transport des Gaulois. Ces derniers sont très perfectionnés et en avance sur ceux de leurs voisins,** italiques notamment, qui les copient ou les font fabriquer par des charrons gaulois. **Les Gaulois disposent en effet d'une véritable gamme de véhicules, adaptés soit à la vitesse recherchée soit à la charge transportée.** Les différents types et leur nom gaulois ont été adoptés par les Romains. Le char de guerre gaulois, *essedum*, avait généré des charrettes plus légères pour le transport rapide des hommes : le *reda*, à deux chevaux mais quatre roues, le *cissium*, à deux roues seulement. Les chariots sont également diversifiés. Le terme générique, conservé par le latin à l'origine du mot français « char », est *carrus*. On connaît un type particulier, le *petorritum*, grand chariot à quatre roues. Ces voitures souvent lourdes et de fabrication complexe et forcément fragile (la roue à rayons et jante de bois) nécessitent des routes aux surfaces relativement planes, renforcées et pas trop boueuses.

Un certain nombre d'axes commerciaux aboutissent à la mer. Là se trouvent **quelques ports bien aménagés et connus par tous**

les commerçants méditerranéens. Du temps de Scipion l'Africain, c'est-à-dire au début du IIᵉ siècle av. J.-C., les deux plus célèbres ports gaulois étaient Narbonne (*Narbo*) et *Corbilo* (aux environs de Nantes), considérés comme les deux plus riches villes de Gaule. Plus au nord se trouve un autre port important puisqu'il permet la liaison la plus facile et la plus rapide avec les îles Britanniques, les Gaulois l'appellent *Ition*, c'est le Portus Itius qu'évoque César, futur Boulogne.

    Les marchandises sont peu diversifiées. Les Gaulois achètent à leurs congénères les matières premières qui font défaut à leur territoire, les minerais surtout, mais aussi des produits de l'agriculture ou de l'élevage. Cependant les importations les mieux connues sont celles qui viennent de l'étranger et surtout des bords de la Méditerranée, les grands chevaux, la vaisselle métallique, dans une moindre mesure des bijoux. **Et surtout le vin.** Les Gaulois en ont la passion, les riches évidemment pour lesquels boire le vin et le faire partager aux siens apparaît comme un signe distinctif. Ce sont des centaines de milliers, voire des millions d'amphores auxquelles on fait traverser la mer Ligurienne puis remonter le Rhône et la Saône, entre 150 et 50 av. J.-C. Les Gaulois achètent même des crus réputés. Des îles Britanniques on importe l'étain, certaines races de chiens. Ce que les Gaulois échangent en contrepartie est assez mal décrit par les auteurs antiques. Anciennement il s'agissait surtout d'esclaves, la part la mieux monnayable des butins de guerre. Cependant la masse des esclaves vendus diminue considérablement à partir du IIIᵉ siècle av. J.-C., et beaucoup de peuples de Celtique ou du sud-est de la Gaule sont trop peu belliqueux pour compter sur une telle ressource. Ils exportent alors vers l'Italie une partie du produit de leurs élevages, le porc surtout, dont le lard était déjà réputé du temps de Caton le Censeur. Mais ils vendent aussi leurs services, leur aptitude au métier de la guerre, leurs qualités techniques dans la forge, l'orfèvrerie, le charronnage. Enfin progressivement les Gaulois se substituent aux marchands étrangers ou les imitent et servent d'intermédiaires entre le sud et les Belges peu portés au commerce et les Germains souvent tout à fait hostiles à celui-ci.

    La condition sociale des commerçants, par manque de tradition corporative et à cause du mépris de la population pour ce type de métier, demeure mal définie jusqu'à la conquête. Et, de ce fait, les auteurs antiques n'en parlent guère. Il est bien souvent impossible de distinguer les marchands romains qui installent des sortes de succursales dans quelques villes de Gaule (Avaricum par exemple) de leurs homologues indigènes. Probablement ces derniers, comme

LA VIE ÉCONOMIQUE

l'ensemble de la population laborieuse, se répartissent en deux catégories. Les hommes libres suivent les armées comme vivandiers ou acheteurs du butin, mais la plupart sont des colporteurs. Les non-libres (clients et esclaves) font du transport, négocient parfois au nom de leur patron qui investit à leur place le capital nécessaire à l'achat des marchandises. Peu à peu les propriétaires fonciers qui lancent sur le marché une partie de leur production deviennent de véritables armateurs pouvant se constituer une flotte maritime ou fluviale. Dumnorix est le type même de ces nouveaux riches qui, par bien des côtés, ressemblent aux publicains à Rome.

POIDS, MESURES, MONNAIES

Ni Poseidonios ni plus tard César n'ont pris la peine de décrire les systèmes de mesure des Gaulois, alors que leurs deux œuvres s'adressaient en tout premier lieu aux Romains ou aux Grecs qui s'apprêtaient à voyager un jour en Gaule, voire à y travailler. À ce silence un peu paradoxal on peut trouver deux raisons. La première est qu'en cette matière, comme en celles qui touchaient à la politique et aux institutions, chaque peuple avait son originalité, des systèmes qui lui étaient propres et qui étaient si nombreux qu'aucune synthèse n'était apte à en rendre compte. La seconde est l'existence, à côté ou au-dessus de ces mesures locales, d'un système commun directement issu des modèles grec et romain qui s'est développé au moins depuis le IIIe siècle av. J.-C. et a commencé à s'imposer dès la fin du IIe siècle, comme on peut le voir avec les monnaies. Les commerçants massaliotes et romains savaient qu'en Gaule leurs poids et leurs monnaies seraient acceptés. Il n'était donc pas nécessaire d'en décrire les variétés régionales. Il ne fut pas non plus nécessaire aux premiers administrateurs romains de la Gaule d'imposer leurs règles en ce domaine. On connaît bien les réformes qu'effectuèrent Agrippa et Auguste, elles ne touchent pas ces domaines.

C'est pour ces deux raisons que les seules mesures attribuables aux Gaulois et qui soient parvenues jusqu'à nous sont des unités de longueur et de surface. La *leuca* ou **leuga**, qui a donné le français « **lieue** » est probablement la plus grande unité de longueur, entre 2200 et 2400 m, suivant les régions. Les mesures plus petites, comme dans beaucoup d'autres civilisations, se réfèrent à des parties du corps humain, la coudée, le pied, le pouce entre autres. Ainsi on a découvert sur l'oppidum celtique de Manching en Allemagne une tige graduée, définissant un pied de 30,9 cm qui semble avoir servi de module pour les bâtiments édifiés en ce lieu. Deux mesures de surface ont été notées par les auteurs latins. Le *candetum* (forme latinisée et corrompue d'un *cantedon* gaulois) est une surface d'environ 20 ares, soit un carré dont les côtés mesurent environ 44 m, soit cent coudées. L'*arepennis* nous est plus familier, puisque c'est lui qui a donné le français « **arpent** ». C'est une surface carrée de 12 ares et demi.

Les **monnaies** des Gaulois, parce qu'il en a été découvert des centaines de milliers d'exemplaires, nous sont évidemment mieux connues. **Les Gaulois n'utilisent qu'assez tard ce mode de paiement**, puisque la plupart de leurs échanges se font sous la forme du troc. C'est au cours de leurs premières grandes expéditions guerrières, au IVᵉ siècle av. J.-C., qu'ils découvrent les monnaies grecques. Ils sont plus intéressés par leur métal et les images qu'elles portent que par l'instrument d'échange qu'elles constituent. Ainsi ils les utilisent, de façon passive, comme solde dans leur activité de mercenaires. Les monnaies sont alors plus un bien de prestige, tenant à la quantité d'or qu'il représente, qu'un moyen universel de paiement.

Ce sont les Gaulois transpadans qui ont les premiers l'idée de réaliser leur propre monnayage à la fin du IVᵉ siècle en s'inspirant de la drachme d'argent de Massalia. En Gaule transalpine les premiers monnayages gaulois apparaissent au début du IIIᵉ siècle. Ce sont des **imitations** tout d'abord assez fidèles **du statère de Philippe II de Macédoine**, qui représentent au droit la tête d'Apollon et au revers un char tiré par deux chevaux. Les séries postérieures voient le modèle de plus en plus déformé et réinterprété : la légende grecque « PHILIPPOU » est remplacée par des signes cabalistiques, l'un des deux chevaux disparaît, la baguette de l'aurige se meut en une épée ou une branche. Les premiers statères gaulois gardent le poids (environ 8 grammes) et l'aloi de leurs modèles, ainsi que leurs subdivisions, hémistatères et quarts de statère. Cependant très vite le poids et la qualité du métal varient (certaines monnaies sont fourrées, ce sont des pièces en bronze recouvertes d'or), et il est difficile de croire que ces pièces aient pu jouer le rôle de moyen d'échange généralisé entre différents peuples gaulois. Quand c'est le cas, il faut recourir à une balance pour peser les pièces de monnaie, ce qui n'est guère commode. De telles balances, de petites dimensions, sont couramment découvertes par les archéologues sur les lieux d'habitat. Quant aux transactions avec les commerçants étrangers, elles ne se font certainement pas à l'aide de monnaies gauloises dont le nombre de types ne cesse de s'accroître et dont l'assez mauvaise qualité métallique n'échappe à personne.

Au milieu du IIe siècle, très certainement à la faveur du commerce méditerranéen, trois peuples du centre-est de la Gaule, les Éduens, les Séquanes et les Lingons, abandonnent le monnayage en or et paraissent s'aligner sur celui qui a cours à Rome, le denier d'argent. **Les monnayages d'argent, inspirés du denier romain ou de la drachme massaliote**, qui représente deux fois le poids du denier, se généralisent dans tout le sud-est de la Gaule. Dans les autres régions se développe un autre type de monnayage utilisant un nouvel alliage de bronze et d'étain, le potin. Mais les monnaies d'or, d'argent et de bronze sont encore frappées. Il nous est difficile aujourd'hui d'imaginer un système d'équivalence entre les monnaies de ces différents métaux et de différents modules. Là encore, on a du mal à croire qu'elles aient été facilement interchangeables. L'influence des monnaies romaine et massaliote ne s'exerce pas seulement sur la nature du métal et sur le module, mais aussi sur l'image et la légende qui peut l'accompagner. Les figurations d'animaux ou de motifs parfois abstraits font de plus en plus de place à la représentation d'hommes politiques, Dumnorix, Vercingétorix, Comm, etc.

La multiplication des types monétaires s'explique par une fabrication diffuse qui n'utilise pas de grands ateliers directement contrôlés par l'État. La frappe est locale et probablement aux mains de riches individus qui en ont la ferme. Peut-être sont-ce ces personnages qui sont désignés par le mot *Arcantodan*, abréviation de *arcantodanos* (« argentier ») qui figure sur certaines légendes monétaires. Il est vraisemblable, en tout cas, que ceux-là sont étroitement liés au commerce et qu'ils se chargent avec leurs transactions commerciales de donner crédit à un numéraire qui par lui-même n'inspire pas forcément confiance. Certains peuples paraissent avoir disposé d'un trésor public permanent. C'est certainement le cas des Volques Tectosages dont les fameux dépôts de lingots d'or et d'argent dans un lac doivent être interprétés de cette manière : les lingots bruts, d'argent surtout, doivent être destinés à la future fabrication de monnaies.

L'HOMME GAULOIS

Le premier Style Continu :
l'œnochoé du Musée de Besançon

V
L'ESPACE ET LE TEMPS

Le Gaulois a une conception double du monde. D'un côté, il considère la réalité immédiate de son environnement, le paysage naturel où il vit, les territoires plus lointains où il est amené à se battre. D'un autre côté, il est immergé constamment dans un univers, guère plus vaste, mais qui pour lui a les dimensions du cosmos. Ces deux mondes ne s'opposent pas : le premier s'intègre naturellement au second dont il est, pour chaque individu, le centre.

De la même manière, dans la mentalité gauloise, temps et espace ne sont pas clairement dissociés. L'univers se développe autant sur l'échelle du temps que sur le plan de l'espace. Il a une origine, il aura une fin qui pour les Gaulois est inéluctable. **Dans l'univers l'homme occupe une position spatio-temporelle : il est issu d'un monde d'en bas, il occupe provisoirement le monde du milieu et aspire à gagner le domaine céleste des dieux et des héros.** Cependant il peut, comme la plupart des humains au moment de la mort, être condamné à regagner les domaines souterrains d'où naîtront les générations futures.

Cette conception de l'espace et du temps est également double, suivant la perception qu'en ont les Gaulois. La plupart des hommes n'en ont qu'une idée confuse, pour tout dire cosmique, que viennent alimenter la mythologie et ponctuer les fêtes religieuses. À l'inverse, un petit groupe de savants dispose d'une véritable connaissance scientifique touchant les domaines les plus divers et n'ayant rien à envier par sa qualité et les résultats qu'elle produit à celle de leurs contemporains grecs ou mésopotamiens. Ces derniers entretiennent aussi consciencieusement les croyances candides des premiers qu'ils cultivent passionnément leur savoir. L'usage restrictif et très contrôlé de l'écriture a nui à la transmission jusqu'à nous autant des mythes étiologiques que des théories scientifiques. Seuls quelques fragments de cosmogonie et de doctrines scientifiques ont échappé à ce vaste naufrage.

L'ESPACE ET L'UNIVERS

D'une façon générale, **le Gaulois n'a pas une conception spatiale, c'est-à-dire plane ou géographique du monde où il vit.** Il se trouve en un lieu pris, comme en un étau, entre deux univers, celui des profondeurs de la terre et celui du ciel. Trois termes désignent chacune de ces parties : *Albios* est le « monde d'en haut », c'est aussi le ciel ou la couleur blanche ; *Bitu-*, qui n'est connu que sous sa forme affixale, est le « monde terrestre », celui des vivants ; *Dubnos-* ou *dumnos-* est le nom du « monde d'en bas ». Il semblerait donc qu'une cosmologie verticale ordonne ces trois mondes sur un même axe, au milieu duquel se trouveraient les hommes. **Le Gaulois ne peut donc séparer le sol sur lequel il vit du monde souterrain qui le supporte et du ciel qui en est une sorte de couverture.**

Cette perception cosmique de l'espace est bien illustrée par le nom qu'ils lui donnent et la conception qu'ils se font du sanctuaire. Ce dernier est appelé *nemeton*, le « bois sacré », mot dérivé de *nemos-* (le « ciel » ou plus précisément « la voûte du ciel »). Le sanctuaire serait en quelque sorte la projection au sol d'un carré de ciel, là où le monde souterrain, habité par les divinités, se manifeste sous la forme de quelques arbres qui joignent ces trois étages, celui des morts et des divinités infernales, celui des vivants, celui des héros et des dieux ouraniens. Ce lieu où l'on honore les dieux a besoin d'une forte et double matérialisation qui sépare le profane du sacré à chaque étage des trois mondes, au sol et dans le sous-sol, sous la forme d'un fossé, en élévation à l'aide de hauts murs. Toutes les propriétés terrestres, qu'elles soient celles des dieux ou celles de riches personnages, utilisent cette matérialisation : des enclos fossoyés et palissadés, véritable leitmotiv des aménagements humains, au point qu'on pourrait parler d'une « civilisation des enclos ».

Dans la représentation gauloise du monde et de l'univers, **la notion de centre joue incontestablement un rôle fondamental.** C'est évidemment l'héritage d'un stade primitif de la pensée humaine, comparable à celui de la petite enfance, où l'individu s'imagine occuper le centre de l'univers. Chez les Gaulois, cette croyance a tout d'abord été dévolue au groupe humain de base, le peuple, puis à l'ensemble des territoires occupés par leurs congénères. Enfin, à l'intérieur de ceux-ci, un point central a été défini, certainement sur la base de calculs mathématiques et astronomiques. En effet, dans le territoire des Carnutes, « une région qui est tenue pour être le centre de la Gaule » (César), se trouve un lieu sacré, siège de l'assemblée annuelle des druides venus de toutes les autres *civitates*. On songe évidemment à l'*omphalos* de Delphes.

Dans le cadre plus large du monde habité, cette perception se traduit par un **ethnocentrisme** qui est assez similaire à celui des Grecs du temps d'Hérodote. À cette différence près que le centre de gravité en est déplacé vers l'ouest. Les Gaulois prennent la place des Hyperboréens, ces habitants mi-réels mi-fabuleux qui étaient censés, aux yeux des Grecs, occuper les confins occidentaux du monde, avant que les Celtes ne soient reconnus comme un groupe ethnique propre. Autour d'eux se rangent toutes les ethnies qui étaient connues d'eux : au nord-ouest les habitants des îles Britanniques, au nord les Scythes, à l'est les Germains, au sud-est les Grecs, au sud les Romains et au sud-ouest les Ibères. Mais la particularité de ces peuples, avec lesquels ils sont souvent en conflit, est que chacun est considéré par eux comme un ami ou un apparenté. C'est l'opinion des premiers voyageurs grecs, mais elle ne fait que reproduire le sentiment qu'expriment les Gaulois eux-mêmes et les relations de parenté qu'ils déclarent avoir avec ces étrangers. Une partie des Bretons est d'origine celtique, les druides vont apprendre leur doctrine dans l'île de Bretagne. Les Scythes sont si proches des Celtes par certaines de leurs mœurs qu'on parle de Celtoscythes. Les Germains, comme leur nom l'indique, sont des cousins des Gaulois. Les Grecs sont en si bonne relation avec les Gaulois que ces derniers sont déclarés « philhellènes ». Certains Gaulois (les Éduens notamment) sont reconnus comme « les frères de même sang » des Romains. Enfin les Ibères se sont tellement unis par des liens de parenté avec les Gaulois qu'on désigne les peuples frontaliers de « Celtibères », comme on dit des peuples du sud-est qu'ils sont « celtoligures ». Ces appellations trahissent deux croyances très fortes. La première est que les Celtes se trouvent au centre du monde habité et cela est même vrai pour la Gaule, où **la Celtique est considérée comme la région centrale et celle d'où sont parties toutes les émigrations**. La seconde est que les groupes humains environnants sont au mieux des amis, au pire des concurrents, mais jamais des êtres totalement hostiles, des « barbares », comme les Grecs appellent ceux qui leur paraissent totalement étrangers.

Enfin, à l'échelle la plus large qui puisse se concevoir, celle de l'univers, les Celtes occupent encore une position centrale. Peut-être se considèrent-ils même comme des atlantes qui soutiendraient le ciel. Celui-ci est en effet conçu comme une immense voûte dont ils craignent qu'elle s'effondre sur eux. Il ne s'agit pas seulement d'un lieu commun, sujet à plaisanterie de chanson populaire ou de bande dessinée, mais bien d'une authentique superstition. Elle nous est rapportée par le témoin le plus fiable, Ptolémée, fils de Lagos, qui écrivit une histoire d'Alexandre le Grand dont il était l'un des généraux. En 335 av. J.-C., Alexandre fit une ambassade auprès de Celtes qui s'étaient établis sur les bords de l'Adriatique. « Le roi [Alexandre], qui avait accueilli les Celtes avec cordialité, leur demanda dans les fumées du vin ce qu'ils craignaient le plus, persuadé qu'ils allaient le désigner lui-même ; mais ces derniers répondirent qu'ils ne redoutaient personne, qu'ils craignaient seulement la chute du ciel sur leur tête. » Diplomates cependant, ils ajoutèrent « qu'ils plaçaient plus haut que tout l'amitié d'un homme comme lui ».

LE TEMPS

La notion du temps paraît plus sacrée encore, s'il est possible. Elle est présente dans chaque individu qui, dans ses rapports sociaux et dans ses croyances, se situe toujours dans une perspective historique : il est le descendant d'une lignée ; ses activités quotidiennes sont régies par des autorités extérieures qui seules contrôlent les heures, les jours, les années et les siècles ; enfin il doit, au cours du temps qu'il lui est donné de vivre, accomplir une œuvre de vertu (à la fois guerrière et morale) qui lui permettra de quitter le cycle des réincarnations. Cette perception du temps sous toutes ses formes est assez paradoxale, puisque le Gaulois y révèle la plus grande sensibilité, en même temps qu'il est dépossédé de toute prise sur ce temps, même le sien propre.

La connaissance du temps, qui implique l'observation astronomique, le calcul et par conséquent la possibilité d'écrire et d'archiver, **est entièrement aux mains de savants, les druides** (cf. Les classes sociales, ch. 3), dont le recrutement par une sorte de cooptation les fait assimiler à une caste fermée et élitiste. Ce privilège pourrait être seulement honorifique si ces spéculations n'étaient qu'une activité scientifique gratuite. Mais, par ses applications à tous les moments de la vie de l'homme et du groupe auquel il appartient, il est vite devenu un véritable instrument de pouvoir, religieux bien sûr, mais aussi économique et politique. Seuls les druides ont la connaissance des jours fastes et néfastes, ceux qui permettent d'entrer en guerre, de procéder à une élection, de sceller un traité, de procéder à un sacrifice et à l'exécution des condamnés à mort, en gros de choisir le moment le plus favorable pour prendre des décisions qui engagent la communauté entière. Tout en Gaule étant affaire de religion, comme on le verra plus loin, ce contrôle du temps est devenu le principal instrument de pouvoir des druides qui rythment à leur guise non seulement les fêtes religieuses mais encore le cours de la justice et surtout la vie quotidienne de chaque individu, les moments où il doit travailler, se reposer, engager tel type de travail (agricole ou artisanal) ou faire la guerre.

Les mêmes savants cultivent la connaissance des longues périodes, celle du passé comme celle du futur. Si nous savons fort peu de la façon dont les druides conçoivent l'histoire et encore moins du contenu de celle-ci (puisque ces types d'écrits ne sont pas parvenus jusqu'à nous), il ne fait aucun doute que l'élaboration d'une histoire officielle est l'une de leurs principales prérogatives. Ils connaissent parfaitement l'histoire de chaque peuple, son origine géographique et ethnique, ses migrations, ses hauts faits guerriers, ses alliances. Il est probable que cette histoire s'étend aussi aux grandes familles et à leurs représentants prestigieux. Cette mémoire qui remonte à deux, voire trois siècles, en arrière, si l'on en croit les renseignements d'ordre ethnique et historique qui sont communiqués à César par les Gaulois eux-mêmes, n'est concevable qu'avec l'aide d'archives précises, tenues à jour régulièrement et s'appuyant sur un calendrier fiable. On doit croire que les druides ont mis en place des annales officielles, assez comparables à celles qui existent à Rome. Ce savoir historique, issu de l'observation continue des actes des hommes et du cours des astres, est un bien précieux et secret. Mais il est divulgué aux autres hommes sous des formes moins savantes et plus mémorisables, épopées, légendes, mythologie. Ainsi les grandes familles disposent de généalogies qui ont été apprises par cœur et que leurs représentants guerriers chantent à leurs ennemis avant d'entrer dans le combat.

L'étude de l'avenir est une préoccupation tout aussi forte et dont la pratique est généralisée depuis les temps les plus anciens. Différents modes de divination permettent de guider la conduite des hommes en prévision d'un futur proche. Mais, au-delà, les druides essaient aussi d'envisager l'avenir de l'univers par des spéculations sur les composantes de celui-ci, l'eau, l'air, le feu et la terre. D'après eux, un jour l'eau et le feu l'emporteront et ce sera la fin de l'univers.

LE CALENDRIER

Les Gaulois, nous dit César qui n'a pas voulu entrer dans la complexité de leur calendrier, « mesurent la durée non pas d'après le nombre de jours, mais d'après celui des nuits ». Il aurait été cependant plus avisé de signaler que **leur calendrier est lunaire**, ce qui est le cas de beaucoup de civilisations, antiques notamment. Pline le Naturaliste est heureusement un peu plus disert. Reproduisant certainement une information de Poseidonios d'Apamée, il rapporte que « le sixième jour de la [nouvelle] lune marque chez eux le début des mois, des années et des siècles qui durent trente ans, ce jour est choisi parce que la lune est déjà dans toute sa force sans être à mi-cours. Ils l'appellent dans leur langue « celui qui guérit tout » ».

M	SAMON MAT		M DVMAN ANM		
o I	N	DVMANIVOS	o I		SAMON PRIOVDIXIVOS
o II ꓲꓲ M	D	IVOS	o II	N	IVOS
o III ꓲꓲ	D	DUM IVO[	o III	D	IVOS
o IIII M	D		o IIII	D	IVOS
o V		AMB	[o] V		[P]RINNI LAGET
o VI M	D		[o V]I		[ ]
o VII	PRIN LOVDIN		[o VII]	N	INIS R
o VIII	D	DUMA	[o] VIII ꓲꓲ M	D	SAMONI
o VIIII III M	D		[o] VIIII	D	
o X M	D		o X	D	
o XI	D	AMD	o XI	N	INIS R
o XII M	D		o XII	D	
o XIII ꓲꓲ M	D		o XIII	D	
o XIIII ꓲꓲ M	D		o XIIII	D	
o XV ꓲꓲ M	D		o XV	D	
ATENOVX			**ATENOVX**		
o I	D	DUMAN	o I	M D	SAMONI
o II ꓲꓲ	D	TRINVXSAMO	o II	M D	SAMONI
o III	D	AMB	o III ꓲꓲ	D	AMB
o IIII ꓲꓲ M	D		o IIII ꓲꓲ	D	
o V III	D	AMB	o V	D	AMB
o VI ꓲꓲ M	D		o VI ꓲꓲ M	D	
o VII	D	AMD	o VII	D	AMB
o VIII	N	INIS R	o VIII ꓲꓲ	D	
o VIIII	N	INIS R	o VIIII	N	INIS R
o X ꓲꓲM	D		o XIꓲꓲ	D	
o XI ꓲꓲ	D	AMB IVOS	o XI	D	AMB
o XII ꓲꓲ M	D	IVOS	o XII	N	INIS R
o XIII	D	AMB IVOS	o XIII	D	AMB
o XIIII M	D	IVOS	o XIIII	NSDS	
o XV	D	AMBIVOS	**DIVERTOMV**		

Calendrier de Coligny. Texte des deux mois SAMON et DUMANN de la deuxième année

Ces informations sont indirectement confirmées et surtout complétées par la découverte de deux calendriers gaulois, sous la forme

L'HOMME GAULOIS

d'inscriptions figurant sur des plaques de bronze de l'époque gallo-romaine, le plus complet à **Coligny**, dans l'Ain, le second, fragmentaire, à Villards-d'Héria, dans le Jura. Bien que tardives, ces plaques reproduisent un calendrier ancien et déposé dans un temple. Des trous situés en face des jours de chaque mois permettaient l'insertion d'une fiche qui était certainement déplacée chaque jour. Écrit en langue gauloise avec des caractères romains, le document de Coligny a fait l'objet de nombreuses études savantes qui, bien qu'elles n'aient pas levé encore tout le mystère de certains mots et qualificatifs, permettent de comprendre son fonctionnement.

Il s'agit d'un calendrier perpétuel, établi sur une durée de cinq ans. Cette période semble être une unité fondamentale de la mesure du temps chez les Gaulois. C'est tous les cinq ans que les condamnés à mort sont exécutés. Et le siècle comprend six fois cette période, soit trente ans. Comme ce calendrier a, entre autres buts, celui de faire coïncider le cycle lunaire et le cycle solaire, les corrections nécessaires (deux mois lunaires à ajouter) sont réparties de cette façon : un mois au bout de deux ans et demi, un autre à la fin des cinq ans.

Le mois lunaire (de 29 ou 30 jours) est composé de deux quinzaines. Sur les plaques de Coligny, celles-ci sont chaque fois séparées par le mot ATENOVX qui paraît signifier « retour à la période, renouvellement ». Les mois de 29 jours sont considérés comme néfastes et notés *anmatu* (défavorables ou incomplets). Les mois de trente jours sont fastes et dits *matu* (favorables). Leur succession est irrégulière. Cependant, afin que chaque mois n'apparaisse pas dans sa totalité faste ou néfaste, des notations correspondant à certains jours apparaissent comme des corrections à ces deux caractères. Le mois (*mid* en langue gauloise) est symbolisé par la lettre M qui précède le nom de chacun des mois qui nous est ainsi transmis. Le premier est *samon(i)os* qui pourrait correspondre au mois de novembre et serait le premier de l'année.

L'année est donc divisée en deux semestres. Le premier, de *samonios* à *cutios* (de novembre à fin avril), correspond à la période hivernale ; la seconde, de *giamonios* à *cantlos* (de mai à octobre), à la période estivale. Comme l'année lunaire comprend 355 jours, le déficit avec l'année solaire est comblé sur la période de cinq ans par l'intercalation de deux mois supplémentaires. Le premier est placé au début avant le mois de *samonios* et il est noté *MID*. Le second est placé après une période de deux ans et demi, entre *cutios* et *giamonios*. Il est appelé *ciallos* et comprend 30 jours.

Pour la grande majorité des hommes, **le temps est mesuré de façon simple, empirique, et d'après la seule observation de la course du soleil**, comme le font tous les paysans. Les activités commencent avec le lever du soleil. La quasi-absence de lumière artificielle les fait s'interrompre assez tôt. Si les astronomes qui établissent le calendrier ont une conscience mathématique de la durée moyenne d'une journée (que nous traduisons aujourd'hui par 24 heures), journée ou nycthémère pour lesquels les Gaulois disposent d'un mot (*lation*), il n'est pas sûr que la notion d'heure proprement dite soit apparue avant la conquête romaine. Les deux périodes de la journée, séparées par l'acmé méridienne, sont trop variables suivant les saisons pour se prêter facilement à des divisions en nombre fixe. Il est plus probable que les Gaulois se contentent, comme ils aiment le faire pour tous les laps de temps, d'une division en moitié des deux parties de la journée, premières moitiés du matin et de l'après-midi, et deuxièmes moitiés correspondantes, soit des créneaux de deux à quatre heures, bien adaptés à la plupart des travaux ruraux, voire même à des activités guerrières.

Cette perception très approximative des courtes durées pâtit évidemment de la confidentialité des travaux des astronomes qui, dans leurs spéculations pour obtenir une précision suffisante, doivent prendre en compte des durées assez courtes, celle de l'apparition ou de la disparition complète d'un astre dans le champ visuel par exemple. Pour cela ils utilisent des instruments, le cadran solaire et la clepsydre dont ils ont forcément connaissance, soit par l'intermédiaire des Grecs soit grâce à des contacts plus lointains, des savants du Proche-Orient dont ils héritent une partie de la philosophie. Malheureusement ces instruments rares, fragiles et jalousement conservés n'ont laissé aucun témoignage susceptible d'être retrouvé par les archéologues.

ÉTAPES DE LA VIE ET RITES DE PASSAGE

L'absence de toute littérature gauloise et notre connaissance assez restreinte du vocabulaire gaulois ne nous permettent pas aujourd'hui de connaître la conception que les Gaulois se font de leur propre vie. Nous savons seulement que celle-ci, comme dans beaucoup d'autres civilisations, est perçue comme un cycle. Mais chez les Gaulois ce cycle s'inscrit, d'une façon plus générale, dans le celui des générations. Le début et la fin sont donc valorisés au détriment des autres moments forts que peuvent être le passage à l'adolescence, le mariage par exemple. Les Gaulois, contrairement à leurs contemporains méditerranéens, ne paraissent pas avoir cherché à fractionner leur vie en étapes capitales. Il faut dire qu'ils n'ont pas le caractère pragmatique des Romains qui ne croient pas en un au-delà, ils n'en ont pas non plus l'individualisme. **Les Gaulois placent la vie terrestre au centre d'un cycle de renaissances et la conçoivent comme le préalable à une possible vie future** (cf. La philosophie, ch. 6). Ils cherchent à l'obtenir par une vertu morale dont sont seuls juges les forces supérieures, alors que les Romains ont une existence terrestre à réussir, un cursus balisé par les signes de la reconnaissance sociale.

Naissance

À sa naissance l'homme est directement relié au monde divin et infernal d'où il sortirait. « Tous les Gaulois se prétendent issus de Dis Pater », écrit César. Dis est à Rome l'équivalent falot et sans grand succès du Pluton grec, divinité des enfers et de la richesse. En Gaule, ce Dis « le Père » est surtout riche des morts qui permettent de nouvelles générations. Il n'est dès lors pas étonnant que tous les Gaulois soient censés naître la nuit et que leurs anniversaires soient fêtés à ce moment. Cette information laisse supposer qu'une autorité officielle et certainement spirituelle tient un véritable état civil et communique régulièrement à ses « administrés » leur âge et la proximité de leur anniversaire qui doit être l'occasion d'une commémoration sur laquelle nous ne savons rien, sinon qu'elle a un aspect religieux.

Le seul témoignage sur l'accouchement dont on dispose est dû à Poseidonios et nous est transmis par Strabon. Charmolaos, un riche propriétaire foncier de Massalia, qui hébergea Poseidonios, lui rapporta que l'une des femmes libres qu'il avait recrutées pour des travaux agricoles s'était, à un moment, écartée des champs, qu'elle avait donné naissance à un enfant et qu'elle avait immédiatement repris son travail. Les femmes gauloises sont réputées pour être vaillantes en toutes occasions, à la guerre, dans les assemblées face aux hommes, mais aussi dans leur devoir de maternité. Celles qui meurent en couches sont probablement nombreuses. L'archéologie, qui ne met au jour que les sépultures d'individus appartenant aux classes favorisées, révèle couramment celles de femmes dont le squelette porte encore celui du fœtus.

À sa naissance l'enfant doit être reconnu solennellement par son père. Deux informations anciennes, dont l'une est transmise par Aristote lui-même, rapportent **que les nouveau-nés étaient soient plongés dans l'eau d'une rivière, soit très légèrement vêtus afin de vérifier leur viabilité.** L'autre source, anonyme, indique que ce séjour dans l'eau avait la valeur d'une ordalie : c'était, pour un père, la façon de tester la légitimité de son enfant, posé sur un bouclier qui doit couler s'il est adultérin. Le même texte évoque l'angoisse des mères. Ces témoignages fugaces montrent qu'un ensemble de rites entourent la naissance, destinés à matérialiser l'acceptation du père, l'entrée du nouveau membre dans sa famille, l'attribution d'un nom qui lui soit propre, etc.

ENFANCE

Sur l'enfance proprement dite, jusqu'à l'âge de 13 à 14 ans, les informations historiques ne sont guère plus nombreuses parce que les étrangers étaient plus soucieux du comportement de leurs voisins et souvent adversaires qu'étaient les Gaulois que de leurs mœurs au sens le plus général, c'est-à-dire de celles des individus qui ne portent pas les armes, femmes, vieillards et enfants. Il semble cependant, que pendant toute son enfance, l'individu vit dans l'orbite exclusive de sa mère. Plutarque rapporte un fait qui témoigne bien de cette intimité : « Les femmes des Gaulois apportent au bain des marmites de bouillie qu'elles mangent avec leurs enfants, tout en se baignant. » César apporte une confirmation directe à cette réclusion des enfants dans le domaine des femmes quand il écrit ce qui lui semble une curiosité tout à fait étonnante : « Leurs autres usages ne diffèrent guère de ceux des autres nations qu'en ce qu'ils ne permettent point à leurs fils de se présenter en public devant eux avant d'être en état de porter les armes ; ils tiennent pour honteux qu'un fils encore enfant paraisse publiquement devant son père. » Cette coutume, et la croyance qui est censée l'expliquer, nous paraissent un peu énigmatiques ; elles témoignent en tout cas d'une césure profonde entre le cercle familial où le père peut côtoyer ses enfants et le domaine public où celui-ci n'est plus qu'un citoyen, un guerrier dont les armes peuvent susciter un certain tabou.

L'archéologie, à sa façon, corrobore ces distinctions. Les sépultures de jeunes enfants (moins de 8 ans) sont très rares, en revanche les squelettes correspondants se rencontrent assez souvent dans des silos transformés en poubelle. Il est assez clair que les enfants de cet âge ne sont pas encore considérés comme des individus à part entière. Les sépultures d'enfants d'une dizaine d'années sont un peu plus courantes, cependant leur présence dans des nécropoles souvent de petite taille, auprès d'adultes plus ou moins richement dotés dans leur matériel funéraire d'accompagnement, indique qu'ils appartiennent à la couche la plus aisée de la population.

ÂGES DE LA VIE

Les Gaulois, comme la plupart des Indo-Européens, **distinguent deux périodes de la vie, celle de l'enfance et celle de l'âge adulte**, l'une séparée de l'autre par l'initiation pour les garçons et le mariage pour les filles. Pour les garçons, citoyens et guerriers, il existe une division supplémentaire de l'âge adulte qui comprend, comme chez les Romains, la « jeunesse » et un « âge adulte » qui va jusqu'à la vieillesse. La séparation entre enfance et maturité (sexuelle et guerrière) paraît se situer vers 14 ans. C'est l'âge des plus jeunes guerriers dont les restes humains ont été retrouvés sur le champ de bataille de Ribemont-sur-Ancre, par exemple. C'est l'âge minimal pour les filles comme pour les garçons, probablement marqué par des rites dont on ignore tout. Cependant on peut présumer que la remise de ses armes au jeune adolescent est un moment important, puisque celles-ci dégagent une puissance quasi sacrée et qu'elles sont éminemment personnalisées. Il est également probable que ce passage difficile du monde familial et maternel au monde civique et guerrier s'accompagne d'une période d'initiation où la pratique de la chasse joue un grand rôle pour les futurs guerriers.

La distinction entre *juniores* et *seniores* est attestée par plusieurs passages de Tite-Live faisant état de différends entre les jeunes Cénomans et Boïens qui prennent les armes contre l'avis des aînés. Ces *juniores* apparaissent chaque fois comme des guerriers confirmés, ce sont donc des jeunes adultes. Les *seniores* apparaissent plutôt comme des sages siégeant dans les conseils, ce qui ne signifie pas forcément que ce sont des vieillards incapables de combattre. Le récit de la guerre des Gaules nous montre d'ailleurs de très vieux chefs combattant toujours à cheval. On doit donc croire que la distinction entre les deux groupes tient à leur obligation militaire, comme il en va à Rome. Les *seniores* devaient en être dispensés, soit en fonction de leur âge, soit du nombre de campagnes accomplies.

MARIAGE

Les informations, assez indirectes, dont on dispose indiquent **que le mariage en Gaule n'est pas spécifiquement une cérémonie religieuse**, même s'il s'accompagne évidemment de temps forts, tels que banquet ou sacrifice. Il est probable que le mariage a évolué au cours du temps et que, comme à Rome, sa forme religieuse et très ritualisée a laissé place rapidement à des actes de nature plus civile. Il est de l'ordre du privé et se pratique entre gens de même condition. Au début du Ier siècle av. J.-C., le mariage apparaît surtout comme le meilleur moyen d'établir de puissantes alliances entre grandes familles mais aussi entre peuples. Ainsi l'inénarrable Éduen Dumnorix « avait, pour développer son influence, marié sa mère, chez les Bituriges, à un personnage de haute noblesse et de grand pouvoir ; lui-même avait épousé une Helvète ; sa sœur du côté de sa mère et d'autres parentes avaient été mariées par ses soins dans d'autres cités. Il aimait et favorisait les Helvètes à cause de cette union », nous dit César. Cette pratique n'était ni exceptionnelle ni nouvelle. Ainsi les Rèmes communiquent-ils des renseignements extrêmement précis sur les peuples belges, leur nombre, leur puissance militaire, etc., qu'ils indiquent tenir grâce aux alliances (matrimoniales entre autres) qu'ils entretiennent avec tous ces peuples.

La souplesse et le caractère pratique du mariage s'accordent bien avec l'indépendance financière de l'épouse dont on reparlera plus bas. À l'évidence il y a en Gaule, comme à Rome, une forme de mariage, pratiquée par les classes favorisées, où la femme conserve sa liberté juridique et financière, mariage dit *sine manu* à Rome. Cependant, dans les couches défavorisées où la plupart des individus ne disposent d'aucun capital, l'épouse jouit d'une condition nettement moins favorable. Le mari exerce alors une autorité pleine et entière qui fait dire à César qu'il a « droit de vie et de mort » sur sa femme.

Le seul récit d'épousailles qui soit parvenu jusqu'à nous est empreint d'une forte coloration mythique. Transmis par Trogue-Pompée, lui-même d'origine gauloise, il reflète à sa manière l'usage diplomatique dévolu au mariage depuis les temps les plus anciens. Lorsque les Phocéens débarquent sur la côte où sera fondée Massalia,

L'HOMME GAULOIS

les habitants, les Ségobriges, préparent les noces de Gyptis, fille du roi Nannus. La coutume de ce peuple veut que la jeune fille choisisse elle-même son époux au cours d'un banquet auquel sont conviés les Grecs. Gyptis se tourne vers ses derniers et présente une coupe d'eau à l'un d'eux, Protis, ce qui est une manière de l'élire.

LA MORT

Quand, au IVᵉ siècle av. J.-C., les Celtes font brusquement irruption dans l'univers mental des Grecs, leur image s'associe immédiatement au comportement curieux qu'ils ont face à la mort. Aristote écrit : « Les Celtes ne craignent ni les séismes ni les tempêtes. » Une autre source, recopiée par un auteur tardif, Élien, précise : « Beaucoup attendent de pied ferme la mer qui les inonde. Il y en a même qui, prenant les armes, se précipitent contre les flots, agitant leurs épées ou leurs lances nues, comme s'ils pouvaient effrayer l'eau ou la blesser. » Dès lors cette caricature hantera Celtes et Gaulois, des hommes ne redoutant rien, pas même la mort, et capables de monter à l'assaut le corps nu au-devant des piques ennemies.

Dès l'époque d'Aristote, philosophes et historiens grecs avaient bien compris que cette extraordinaire témérité ne pouvait s'expliquer que par des croyances religieuses et eschatologiques bien précises. Il a fallu attendre les enquêtes de Poseidonios d'Apamée pour que celles-ci soient enfin connues. César en donne un résumé sec et quelque peu aseptisé : « Les druides veulent convaincre avant tout que les âmes ne disparaissent pas mais qu'après la mort elles quittent les corps pour aller dans d'autres corps ; ils pensent que cette croyance stimule au plus haut point le courage, parce qu'elle fait mépriser la mort. » Diodore est un peu plus précis : « Ils viennent à se battre en duel, sans crainte de perdre la vie. Chez eux, en effet, le dogme de Pythagore connaît une vigueur particulière, dogme selon lequel les âmes des humains sont immortelles, et qu'après un certain nombre d'années chaque âme revient à la vie, en pénétrant dans un autre corps. » Mais c'est l'évocation poétique de Lucain qui est la plus explicite et qui établit le lien de causalité entre la témérité des guerriers et la croyance en un au-delà : « Selon vos maîtres [il s'adresse aux druides], … un même esprit anime nos corps dans un autre monde : la mort est le milieu d'une longue vie, si vous chantez des vérités. Ils sont heureux, ces peuples que regarde l'Ourse, heureux par leur croyance erronée, eux qu'aucune crainte ne pénètre, même la plus forte de toutes, celle du trépas.

L'HOMME GAULOIS

169

De là des caractères naturellement portés à se précipiter sur les armes et des âmes capables d'envisager la mort, enfin le sentiment de lâcheté à épargner une vie qui vous sera rendue. » Cependant Lucain ignorait encore un point essentiel de ces croyances. Comme on le verra plus bas, il nous est transmis par Silius Italicus, un autre poète. D'après lui, la mort au combat autorise le guerrier à gagner immédiatement le paradis céleste réservé aux dieux et aux héros. Autrement dit, il échappe aussi au cycle des réincarnations. On comprend mieux dès lors la fougue incroyable qui l'anime à la guerre.

Ces croyances élaborées et adaptées à chaque type d'individu et de vie, en parfaite contradiction avec l'absence quasi complète de toute théorie sur un au-delà chez les Romains, ont évidemment des conséquences importantes sur la conception que les Gaulois se font de la mort et sur celles de faire les funérailles et de donner une sépulture. La mort est évidemment un évènement important, moins cependant en considération de la vie qui vient d'être vécue que du nouvel avenir qui s'ouvre et des contacts qu'elle va permettre au mort avec ses ancêtres et peut-être certaines divinités. Ainsi Diodore rapporte-t-il que souvent (du temps de Poseidonios) « ils jettent dans le feu du bûcher des lettres écrites à des parents déjà morts, comme si ces derniers pouvaient les lire ». En cela les funérailles gauloises se rapprochent-elles plus de celles du monde altaïque que de celles pratiquées dans le monde gréco-romain.

FUNÉRAILLES

Les funérailles, si l'on entend par ce mot l'ensemble des rites s'étalant sur une période qui va de la mort à la fermeture de la sépulture plusieurs jours ou semaines plus tard, demeurent, comme dans la plupart des civilisations antiques, mal connues. Elles **dépendent de la personnalité du mort et des circonstances de sa disparition**. Deux cas sont décrits par les historiens antiques. Le plus célèbre est celui que rapporte César dans son tableau général des mœurs de la Gaule : « Quand un père de famille d'une naissance distinguée vient à mourir, ses parents s'assemblent et, si sa mort donne lieu à quelques soupçons, on applique les femmes à la question, comme on y appliquerait des esclaves ; si les soupçons se confirment, elles périssent par le feu et dans les plus cruelles tortures. » Cette pratique, qui nous paraît étonnante et qui doit être assez exceptionnelle, indique que la mort est toujours l'objet d'un examen attentif : est-elle naturelle ? est-elle œuvre criminelle ? Et, s'il s'agit d'un guerrier, est-il mort au combat, les armes à la main, ou s'enfuyant ? Ces questions ne sont pas innocentes puisqu'elles conditionnent directement les rites funéraires permettant à l'âme du défunt de gagner le séjour qui lui est réservé et qui n'est pas le même pour tous. Le second type de funérailles décrites est celles des guerriers morts au champ d'honneur. Il ne faut ni ensevelir ni brûler leur corps, ce serait un sacrilège. On doit, au contraire, abandonner leurs cadavres sur le champ de bataille, de façon à ce que les vautours et autres rapaces s'en repaissent et permettent ainsi à leurs âmes de gagner les demeures célestes.

Mais l'usage du feu ou celui des charognards ne sont que deux façons de traiter le cadavre parmi d'autres. Aux Vᵉ et IVᵉ siècles av. J.-C., l'ensevelissement dans le sol est la pratique la plus courante. Au IIIᵉ siècle se répand l'**incinération** qui se substitue presque totalement à l'**inhumation**. Mais ce ne sont là que des traitements funéraires luxueux pour les plus fortunés. Les innombrables fouilles de sépultures gauloises trahissent un déficit considérable des vestiges funéraires par rapport à ceux des habitats ou aux données démographiques contenues dans l'œuvre de César. À l'évidence, seule une partie assez infime de la population a droit à une sépulture durable. Beaucoup de corps sont abandonnés, au mieux enfouis dans des fossés, des silos désaffectés.

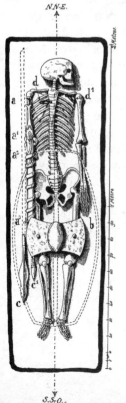

À ceux à qui leur fortune personnelle l'autorise, « les funérailles sont magnifiques et coûteuses ; toutes les choses dont on croit qu'elles étaient chères au défunt de son vivant, même des êtres animés, sont jetés dans le feu. Et jadis ce sont même des esclaves et des clients dont il était bien connu qu'ils étaient chéris par celui-ci qui étaient brûlés ensemble, à la fin des funérailles ». Ce passage, célèbre, de César intrigue les archéologues qui ne découvrent que rarement des sépultures enfermant un mobilier de luxe et jamais de squelettes surnuméraires pouvant être ceux des compagnons et compagnes chéris du maître. La conclusion de ces chercheurs, à l'esprit objectif, est que César a recueilli, sans le savoir, une information farfelue.

Sépulture à inhumation de Vevey. IIᵉ s. av. J.-C.   171

L'explication est difficile à admettre puisque la source de César n'est autre, encore une fois, que Poseidonios dont on connaît la grande probité intellectuelle et dont nombre d'informations se voient confirmées par les découvertes archéologiques les plus récentes. Une lecture approfondie du texte offre d'autres solutions à ces apparentes contradictions. Tout d'abord, il est dit que cette coutume se produisait « un peu avant la période dont on peut encore garder la mémoire », c'est-à-dire environ deux siècles avant que Poseidonios ne la décrive, soit aux environs des IVe et IIIe siècles av. J.-C. D'autre part, le texte indique toujours que les biens du défunt sont jetés « dans le feu » et non pas explicitement « dans le bûcher funéraire », encore moins « dans la sépulture ». Enfin, pour les esclaves et clients qui sont brûlés, il est clairement précisé qu'ils le sont une fois les funérailles achevées et donc la sépulture déjà refermée. Il ne faut donc pas s'attendre à trouver à l'intérieur de cette dernière des traces de ces biens ou de ces êtres. Ce qu'on y trouve le plus souvent ce sont quelques cendres humaines et des objets bien spécifiques qui ne sont jamais brûlés : céramiques, couteaux, instruments de cuisine et de cuisson qui sont liés au banquet funéraire.

Le banquet funéraire paraît s'être généralisé en même temps que la pratique de l'incinération. Dans toute la moitié septentrionale de la Gaule se rencontrent par centaines des petits enclos carrés, de 5 à 20 m de côté, au milieu desquels se situe la sépulture. Il semble que ces espaces, recopiant en miniature celui consacré au culte, aient été configurés pour y tenir de petits banquets auxquels prenaient part non seulement la famille du défunt mais le défunt lui-même et peut-être sa représentation, ainsi qu'une divinité liée au monde des morts. Il semble également qu'au cours du dernier siècle précédant la conquête romaine se soit diffusée une nouvelle pratique, peut-être inspirée

par les Romains, celle de tenir à proximité de la sépulture des banquets commémoratifs, ponctués d'offrandes au mort.

Sépulture à incinération de Clémency (Luxembourg). Ier s. av. J.-C.

L'HOMME GAULOIS

VI

LA RELIGION

« **La nation tout entière des Gaulois s'adonne de façon immo-dérée aux choses de la religion.** » Si cette formule lapidaire, qui ouvre le chapitre que César consacre à la description de la religion gauloise, rend compte d'une indéniable réalité, elle soulève néan-moins à elle seule les principaux problèmes qu'on doit se poser sur la piété des Gaulois et leurs croyances. Quelle réalité ethnique recou-vre cette « nation » des Gaulois ? Qu'entend-on par « ces choses de la religion » ? Enfin à quelle époque faut-il situer ce constat ?

En ce domaine de la civilisation gauloise comme en tant d'autres, nous sommes handicapés par l'absence de tout document écrit indigène : ni récit mythologique faisant apparaître la figure de quelque dieu, ni loi sacrée, pas même d'inscription dédicatoire. À l'absence des écrits s'ajoute celle des images. Les Gaulois, jusqu'à une date assez récente, ne représentaient pas leurs dieux sous les traits des hommes, et il est téméraire de vouloir reconnaître ces derniers der-rière quelques figures animales figurant au dos d'une monnaie ou sur un bas-relief de l'époque gallo-romaine.

Pourtant – et ce n'est pas le moindre paradoxe de l'image con-trastée que nous nous faisons de cette civilisation – la religion nous semble assez bien connue, parce que justement César lui consacre la plus grande place et que s'y ajoutent des pages célèbres de Pline l'Ancien, de Lucain, et d'assez nombreux passages, plus courts, chez les autres historiens des Gaulois. Ces informations précieuses n'ont pourtant pas contribué à la diffusion auprès du public le plus large d'une connaissance claire et raisonnée. C'est même tout le contraire. Quelques descriptions, hautes en couleur, de diverses opérations rituelles, séparées de leur contexte, ont suffi à faire naître de nou-veaux mythes (ce que les historiens de l'Antiquité appellent des *topos*), celui de l'usage courant du sacrifice humain, d'une religion non encore sortie de son état de nature et pratiquée, pour cette raison, au cœur des forêts, au bord des cours d'eau ou sur quelque sommet rocheux. Ces clichés, voire ces fantasmes, ont la vie dure. Et la plus grande difficulté est peut-être aujourd'hui de savoir nous en défaire pour aborder l'univers religieux des Gaulois en toute sérénité.

Pour cela il faut revenir aux sources, dans leur totalité et dans les difficultés qui immanquablement les accompagnent. Les plus importantes, nous les avons déjà rencontrées : elles tiennent à l'identité, d'une part, des informateurs et par conséquent à leur datation et, d'autre part, à celle des observés. La réponse à ces questions devrait nous permettre de juger l'usage qu'on peut faire de ces données : sont-elles généralisables à tous les peuples gaulois et pour quelle période de leur histoire ? Nous savons désormais que, dans son tableau ethnographique des Gaulois, César est en très grande part redevable à un écrivain antérieur (aux environs de – 100), Poseidonios d'Apamée. À l'évidence, les données sur la religion n'échappent pas à cette règle. César, au cours de ses campagnes, n'a pu voir aucune opération cultuelle ni rencontrer aucun prêtre en exercice. Mais les évidences archéologiques permettent de pousser plus loin le raisonnement et d'affirmer que Poseidonios lui-même n'a pu, de ses propres yeux, contempler les lieux de culte qu'il décrit ni les rites qu'il évoque. Comme l'armement et les pratiques guerrières, les choses de la religion qu'on découvre chez cet auteur proviennent en réalité d'un ou de plusieurs ethnographes plus anciens qui témoignent de faits datant des environs du IIIe siècle av. J.-C. et situables dans le centre ou le nord de la Gaule.

On le voit, aux sources textuelles se joignent désormais les données de l'archéologie. Elles ne concernent directement que le culte, les lieux où il se déroulait et les rites matériels qu'il nécessitait. Cependant l'apport de ces découvertes à la religion des Gaulois est plus large. Il donne crédit aux informations littéraires et permet de les situer dans le temps. Mais surtout il permet de rapprocher ces cultes et leurs rites de ceux qui avaient cours en Grèce et à Rome. Il efface, en quelque sorte, toute la couleur exotique dont les auteurs antiques l'avaient parée de façon outrancière.

Les restes matériels des pratiques cultuelles (objets offerts, restes sacrificiels, traces d'aménagement, etc.), parce qu'ils sont, grâce aux progrès de l'archéologie, assez précisément datables, **permettent de situer dans le temps les différentes formes d'expression religieuse**. C'est donc une histoire simplifiée de la religion des Gaulois qui se dessine. On distingue assez clairement trois époques. La plus ancienne est une sorte de préhistoire, un âge obscur où cohabitent deux formes de religiosité, les pratiques magico-religieuses populaires que l'on rencontre dans tous les milieux ruraux traditionnels (vénération des forces naturelles, culte de la fertilité, etc.) et une première forme de culte organisé, aux mains des chefs politiques (princes, roitelets, chefs de communauté), exaltant les vertus des dynasties auxquelles ils appartiennent par des rites funéraires ostentatoires. La deuxième période peut être située entre le Ve siècle av. J.-C. et le début du IIe siècle. Elle est marquée par le développement puis l'hégémonie du druidisme qui unifie les cultes, les moralise et leur donne une expression publique généralisée. La dernière époque, qui commence au IIe siècle, avec plus ou moins de retard en fonction de la situation géographique des différents peuples, se poursuit jusque dans les premières décennies de la romanisation. Elle voit d'une part le déclin du druidisme, d'autre part les effets de l'influence de la religion romaine et de son panthéon. Les premiers essais de représentation anthropomorphique des dieux s'accompagnent de l'ouverture plus large des lieux de culte aux couches populaires de la société. Progressivement, mais avec quelques décennies d'avance sur la conquête, les cités gauloises s'apprêtent à accueillir les dieux romains.

LE CORPS SACERDOTAL ET LES DRUIDES

Contrairement à ce que laisse penser le résumé par César des textes de Poseidonios, **les druides ne constituent pas, à eux seuls, l'ensemble du personnel religieux.** Diodore de Sicile, Strabon et Ammien Marcellin, qui eux aussi sont les compilateurs du philosophe d'Apamée, mentionnent d'autres fonctionnaires des choses sacrées. L'analyse que l'on peut faire de ce corps sacerdotal, plus complexe qu'il n'apparaît sous la plume de César, fait apparaître une stratification qui est le reflet de l'histoire de la religion gauloise. Elle permet aussi de relativiser l'importance excessive qu'on attribue aux druides.

César est le premier responsable de l'intérêt excessif qui leur est porté. En simplifiant volontairement le tableau du corps sacerdotal, il leur accorde des prérogatives qui revenaient à d'autres et en fait des grands prêtres omnipotents et omniscients. Les trois autres auteurs donnent une version relativement différente qui est bien résumée par Strabon : « **Chez tous les peuples gaulois d'une**

manière générale, il y a trois catégories d'hommes qui sont exceptionnellement honorés : les bardes, les vates et les druides. » Ces trois auteurs insistent sur cette distinction et respectent cet ordre qui devait être celui de la présentation générale de Poseidonios. Non seulement ils placent les deux autres catégories avant celle des druides, mais ils indiquent leurs fonctions respectives. À la suite de César, la plupart des historiens modernes ont oublié les bardes et les *vates,* au mieux ils considèrent les premiers comme des sortes de troubadours et les seconds comme de vulgaires magiciens et prophètes. Nos historiens antiques nous ont laissé un témoignage tout différent.

Ainsi les bardes, qui, comme les druides, ont suscité l'attention des poètes romantiques aux yeux desquels ils passaient pour de lointains ancêtres, sont en réalité de véritables chantres sacrés. Strabon, toujours concis, dit qu'ils sont « des panégyristes et des poètes ». Ammien Marcellin ne retient qu'une de leurs fonctions : « [Ils] chantaient aux doux accents de la lyre les actes les plus remarquables des hommes illustres, dans des compositions aux vers héroïques ». Diodore est le plus précis : « Il y a chez eux des poètes lyriques qu'ils appellent « bardes ». Ces derniers, avec des instruments semblables à des lyres, évoquent ceux qu'ils louangent ainsi que ceux qu'ils raillent. » De ces témoignages on pourrait conclure que les bardes avaient pour mission quasi exclusive d'évoquer dans des chants les grands personnages pour en faire soit le panégyrique soit la satire. Un tel tableau les ferait passer pour des sortes de troubadours attachés à quelque cour. Or ils sont tout le contraire. Leur parole est sacrée. C'est elle qui fixe les actes des hommes dans la mémoire collective, qui leur donne un sens positif ou négatif s'adressant non seulement aux vivants mais aussi directement aux dieux. Lucain a gardé un exemple de leurs pouvoirs incommensurables (« par vos louanges vous [les bardes] sélectionnez les âmes vaillantes de ceux qui périrent à la guerre pour les conduire à un séjour immortel »). En fait, **la place des bardes dans la société est comparable à celle des druides.** Georges Dumézil la décrit de cette manière : « Chefs d'école, dépositaires et administrateurs de la tradition épique, …juges du mérite et du démérite des vivants et des morts qu'ils fixent dans leurs chants, magiciens habiles aux bénédictions et aux malédictions, ils forment à côté des druides une corporation non moins prestigieuse et souvent rivale. » Les bardes, qui vantaient la vertu guerrière et prônaient des valeurs héroïques, étaient installés dans la société celtique depuis fort longtemps, si ce n'est depuis toujours, parce qu'ils en étaient une composante indispensable. Ils durent être tout d'abord ceux que Marcel Détienne appelle des « fonctionnaires de la souveraineté », des individus situés à mi-chemin entre les prêtres et le peuple, qui seuls pouvaient légitimer l'exercice du pouvoir par quelques-uns.

Vate, mot « italo-celtique » commun au latin et au gaulois, désigne des personnages dont l'origine est aussi ancienne que celle des bardes. Leurs fonctions paraissent assez proches de celles que César assigne aux druides, et avec eux aussi on peut imaginer qu'il y a eu conflit. Strabon indique que « les *vates* s'occupent des cérémonies religieuses et pratiquent les sciences de la nature ». Comme toujours, Diodore est beaucoup plus disert et rapporte des faits plus précis : « [Les Gaulois] recourent également aux services de devins [les *vates*] qu'ils tiennent en grande faveur. Ces derniers prédisent l'avenir d'après l'observation des oiseaux et la mise à mort de victimes sacrificielles ; c'est ainsi que toute la populace est soumise à leurs oracles. » Ce témoignage suggère que **les *vates* sont à la fois des sacrificateurs et des devins**, il semble même que leur pratique du sacrifice soit essentiellement justifiée par la mantique. On verra plus bas les formes étonnantes que celle-ci peut adopter. C'est l'examen des viscères des animaux et des hommes, et l'attention portée à tous les phénomènes naturels et célestes, qui font écrire à Strabon et Ammien Marcellin que les *vates* ont des compétences dans les sciences de la nature. Mais il y a certainement chez eux également une propension à l'inspiration divine, à la prophétie que les druides n'arriveront pas à juguler et qui se manifestera à nouveau dans les premières décennies qui suivent la conquête romaine. Selon toute probabilité, les *vates* sont les descendants des premiers prêtres qui officiaient auprès des rois quand ceux-ci, à date très haute, perdirent leurs prérogatives cultuelles.

Sur les druides, grâce à César, les informations sont plus substantielles, mais on peut craindre que parfois elles ne se rapportent plutôt aux bardes et aux *vates*. Si l'on en croit le conquérant des Gaules, les druides auraient en charge non seulement toutes les tâches afférant aux cultes, mais aussi toutes les activités intellectuelles. On vient de voir que ce n'était pas exactement le message original de Poseidonios. Ainsi les affaires religieuses ne paraissent pas ressortir des seuls druides. S'ils les contrôlent ou tentent de le faire, à l'évidence la divination leur échappe. De même ne pratiquent-ils pas eux-mêmes les sacrifices dont l'effusion de sang paraît contraire à leur philosophie. Ils les surveillent et les légitiment par leur présence qu'ils ont rendue obligatoire. Le droit et la justice sont, en revanche, leur domaine exclusif. Ils y exercent une sagesse reconnue de tous et sont soucieux de l'équité, si chère aux Gaulois. C'est pour eux l'occasion de moraliser le sacrifice humain, en remplaçant des victimes innocentes par des criminels punis de la peine capitale. Diodore rapporte que ces derniers sont emprisonnés en l'attente d'un grand sacrifice qui a lieu lors d'une fête religieuse revenant tous les cinq ans. Les connaissances en général, et plus particulièrement les sciences et les mathématiques, sont également leur apanage. Mais ils disputent aux bardes le contrôle des connaissances historiques, celles des peuples et des hommes, objets de longues épopées orales que la forme versifiée et l'accompagnement de mélodies aident à mémoriser. Ils ont cependant un avantage sur les bardes, celui d'une pratique de l'écriture qu'ils se sont appropriée et qu'ils refusent de divulguer. Cette dernière leur sert à confectionner des calendriers, à y archiver les évènements mémorables. Probablement conservent-ils par écrit aussi les constitutions des États, les accords diplomatiques, les contrats publics et privés. Ce large éventail des savoirs leur permet également de prendre le contrôle de l'éducation de la jeunesse qui autrefois était du seul ressort des bardes.

Poseidonios donnait également des informations très précises sur le mode de vie des druides, ce qui laisse penser que lui ou son informateur avaient pu s'entretenir directement avec l'un de leurs membres. César les reproduit. Il indique que l'apprentissage des futurs druides auprès de leurs aînés dure vingt ans, période pendant laquelle ils apprennent un nombre considérable de vers. Une fois reconnus aptes à assumer leur fonction, ils jouissent de conditions de vie exceptionnelles : ils ne paient pas d'impôt, ils sont dispensés du devoir militaire et de toute autre obligation civique. Évidemment ils ne travaillent pas, et la communauté leur assure une existence confortable, selon des modalités qui nous échappent. Comme les lamas du Tibet, ils se reconnaissent un chef unique qui leur sert de référent théologique et moral. Son mode de désignation habituel est la cooptation. Mais il arrive que plusieurs prétendants présentent des qualités similaires. Dans ce cas, ils recourent par les armes au jugement des dieux.

Les druides forment une grande confrérie dont les représentants se trouvent répartis sur une grande surface du territoire gaulois. Leur lieu de réunion se trouve chez les Carnutes, pays qui est censé occuper le centre de la Gaule. C'est là que chaque année, à la même date, ils se réunissent pour une session qui a deux objectifs, exa-

miner les questions de religion proprement dite et donner un jugement dans des controverses qui leur sont exposées par chacune
des parties adverses. Ceux qui font confiance à leur sagesse unanimement reconnue, et qui d'avance acceptent leur jugement, viennent
de toute la Gaule.

Dans de nombreux domaines, donc, **bardes, *vates* et druides
se concurrencent.** Cependant les derniers apportent aux Gaulois
un type de croyance nouveau et bientôt irremplaçable. Alors que
les bardes glorifient l'ordre établi à travers l'histoire des hommes
célèbres, c'est-à-dire des puissants, et que les *vates* prophétisent des
évènements inéluctables, les druides proposent aux hommes un
avenir moins figé. Pour eux, on le verra, les âmes sont immortelles
et appelées à revivre dans d'autres corps. Mais surtout ils moralisent
une religion où l'homme n'était que le jouet des dieux ou de ses
représentants sur terre. Désormais l'homme peut gagner le paradis
à la seule faveur d'une conduite irréprochable et de l'exaltation de
sa vertu.

L'ACTION DES HOMMES ENVERS LES DIEUX

Le discours de Poseidonios est assez formel : **le principal moyen
d'expression de la piété est le sacrifice.** À tel point qu'il n'y est
quasi exclusivement question que de celui-ci. L'omniprésence du
sacrifice dans la Gaule des IIIe et IIe siècles av. J.-C. ne doit pas étonner : elle se vérifie dans les principales religions du Bassin
méditerranéen et paraît une pratique ancienne, profondément enra-
cinée, et à laquelle le fidèle tient beaucoup. Mais ce qui fait la
particularité de l'usage du sacrifice par les Gaulois, c'est la multi-
plicité des objectifs qu'il est censé permettre d'atteindre. On sait que
le fonctionnement du sacrifice repose sur le principe du « *do ut des* »
et que ce que l'on compte recevoir peut être infiniment plus varié
que ce que l'on donne. Les Gaulois n'échappent pas à cet échange
contractuel qui doit permettre d'obtenir de bonnes récoltes, de voir
grossir les troupeaux mais aussi de gagner une guerre ou un procès.
À la différence d'autres peuples voisins cependant, ils en font un
usage beaucoup plus large. On a très souvent recours à lui pour la
divination. On l'utilise également sous une forme quelque peu paro-
xystique : des individus suffisamment riches offrent des sacrifices

humains pour obtenir une guérison, pour échapper à la mort au combat. Dans ce cas, ce n'est plus le sacrifice traditionnel qui veut qu'un don symbolique ou sans rapport direct avec le but recherché soit à lui seul efficace, mais c'est bien un échange ou, mieux, une substitution qui est proposée aux dieux.

À l'évidence, cet état des choses n'est pas le produit de l'activité des druides, mais le résultat de la coexistence de traditions d'origines diverses. La description des différentes formes de sacrifice figurant chez Poseidonios appartient à une époque ancienne (fin IVe-début IIIe s. av. J.-C.) où l'influence des *vates* est encore très grande. Ce sont eux certainement qui répandent les pratiques des sacrifices divinatoire et magico-médical. On voit bien une réelle contradiction entre la mise à mort d'un humain pour que le guerrier échappe à sa propre mort et la croyance en un paradis réservé à un même guerrier tombé au champ d'honneur. La première est certainement d'origine très ancienne, la seconde peut, sans aucun doute, être attribuée aux druides. On a vu plus haut que ceux-ci, à la même époque, commencent à contrôler rigoureusement une pratique qui auparavant était anarchique et peut-être mise en œuvre par n'importe quel chef ou individu suffisamment fortuné. En imposant leur présence lors de ces cérémonies, ils en vérifient la légitimité mais surtout prennent la place du prêtre, le sacrificateur n'étant plus qu'un boucher spécialisé. Ce sont eux désormais les véritables intermédiaires entre les fidèles et les dieux qui sont honorés de cette manière.

Les fouilles récentes confirment l'utilisation à grande échelle de cette pratique cultuelle. Les lieux de culte révèlent leur identité aux archéologues avant tout par des restes sacrificiels qui se comptent en milliers ou dizaines de milliers d'ossements. Il va sans dire que ce sont dans une écrasante majorité des os animaux (les os humains demeurent rares et leur interprétation est souvent problématique) et que, parmi ces restes animaux, la part de ceux d'origine domestique n'est pas moins importante. Pour l'essentiel ce sont des bovidés, des ovins, des porcs et, dans une moindre quantité, des chiens et parfois des volailles. Sur le sanctuaire de Gournay-sur-Aronde, dans le département de l'Oise, archéologues et zoologues ont pu restituer le déroulement de ces sacrifices animaux. Ils se répartissent en deux types bien distincts. Le premier, le plus spectaculaire, procède d'un culte comparable à celui dit « chthonien » en Grèce, parce qu'il s'adresse à des dieux souterrains par l'intermédiaire d'une grande fosse creusée dans le sol. Seuls des bovidés sont sacrifiés dans ce cadre. Ils sont offerts dans leur totalité à la divinité ; pour cela, une fois abattus on les dépose dans la fosse et on les laisse s'y putréfier pendant six ou huit mois. Les animaux sélectionnés pour ce sacrifice sont choisis parmi les trois sexes (vaches, taureaux et bœufs) quasiment à parts égales et sont tous très âgés, au point qu'ils ne sont plus comestibles par l'homme mais sont censés convenir encore aux dieux. L'autre type de sacrifice est plus habituel. Il est dit « de commensalité » parce que les animaux abattus sont divisés en deux parts, l'une pour les hommes, qui la consomment sur place dans une sorte de grand banquet, et l'autre pour les dieux, que l'on brûle généralement sur place. Là les morceaux destinés aux hommes sont de la meilleure qualité et proviennent de bêtes jeunes (agneaux et jeunes porcs). L'âge des premiers permet de situer l'époque de ces sacrifices en juillet ou en août. Ces sacrifices, tant ceux des bovidés que ceux suivis d'un banquet, se sont déroulés très régulièrement et à date fixe pendant un siècle et demi.

La pratique du sacrifice humain en Gaule est aussi courante dans la littérature antique que ses vestiges archéologiques en sont rares. C'est dire que la question de sa réalité est avant tout de nature idéologique, et qu'avant d'agiter les historiens français elle fut un poncif de la xénophobie des Romains. Le champion en cette matière n'est autre que l'un des plus grands écrivains de la littérature latine, Cicéron lui-même qui, dans plusieurs de ses plaidoiries, traite les Gaulois d' « horribles barbares n'hésitant pas à souiller leurs autels du sang des victimes humaines ». Ces effets de manche, excessifs et racoleurs, ont laissé des traces quasi indélébiles dans l'image qu'on se fait des Gaulois. Aussi est-il difficile d'avoir une idée juste d'une pratique sacrificielle qui existait chez bien d'autres peuples antiques contemporains, chez les Romains les premiers, qui ne l'abolirent officiellement que fort tard. Qu'on ait pratiqué le sacrifice humain en Gaule ne fait aucun doute, mais nos interrogations doivent porter sur sa fréquence et sa nature. Deux types de sacrifices sont bien attestés et leur existence ne peut être mise en doute parce qu'ils sont représentés dans de nombreuses civilisations antiques et parce que la description littéraire des exemples gaulois est tout à fait convaincante. Le premier a un but divinatoire, on y reviendra plus bas. Le second est un sacrifice d'action de grâces qui suit généralement une bataille. Selon Diodore de Sicile, il est l'objet d'actes précis et solennels qui le distinguent de l'habituel massacre des prisonniers. L'un des rares témoignages archéologiques pouvant être mis en rapport avec le sacrifice humain, sur le sanc-

L'HOMME GAULOIS

tuaire de Gournay, se rapporte peut-être à ce type. Les ossements d'une douzaine d'hommes et de femmes y côtoient des panoplies d'armes, probablement prélevées sur un champ de bataille. Les autres formes de sacrifice humain paraissent plus douteuses, notamment le sacrifice de substitution qui voudrait qu'on puisse être guéri ou, d'une façon plus générale, échapper à la mort en offrant la vie d'une autre personne qu'on achèterait en quelque sorte pour sauver la sienne. Celui-ci, plus encore que les autres sacrifices humains, paraît contraire aux idées professées par les druides. Il est probable que César, pour des raisons purement politiques, en ait exagéré l'importance, en laissant croire qu'elle se pratiquait encore au Ier siècle av. J.-C.

L'offrande de biens matériels est l'autre façon d'honorer les dieux. Elle est aussi ancienne que les premières conceptions du sacré. Elle s'est donc généralisée et a pris les formes les plus diverses qui en font l'un des actes les plus répandus des cultes privés comme des cultes publics. La littérature antique ne mentionne que deux sortes d'offrandes, celle des armes, qui est un rite guerrier et que l'on étudiera plus bas comme tel, et celle d'objets en or. Poseidonios indique que, « chez les Gaulois d'en haut » (c'est-à-dire « du Nord », probablement la Celtique et la Belgique), les enclos sacrés regorgeaient d'offrandes en or, auxquelles, malgré l'excessive passion des Gaulois pour ce métal précieux, personne ne touchait, autant par crainte des dieux que par celle des terribles châtiments réservés aux sacrilèges. L'archéologie confirme partiellement ces faits. Les enceintes sacrées ont bien été retrouvées, mais l'or ne s'y trouve plus, ce qui n'a rien que de très normal. Cependant des indices prouvent bien qu'il y a séjourné. Chez les Belges de l'île de Bretagne, à Snettisham, d'innombrables dépôts de bracelets et de colliers d'or et d'argent ont été découverts dans une semblable enceinte. À Ribemont-sur-Ancre a été exhumé un torque massif en or qui avait, de toute évidence, échappé au ramassage de toutes les offrandes au moment de la fermeture définitive du lieu de culte. Mais l'archéologie montre aussi que les Gaulois offrent à leurs dieux d'autres biens, des aliments, des liquides, des bijoux et, à partir de la fin du IIe siècle av. J.-C., des monnaies. On ne sait ni qui sont les donataires ni au cours de quels rites ces offrandes sont faites. On constate cependant que cette pratique s'intensifie et se diversifie par la nature des cadeaux faits aux dieux assez tardivement et sur des lieux de culte qui paraissent s'ouvrir à un plus grand nombre de fidèles.

Des rites dits oraux, tels que les prières, les données littéraires ne nous disent rien. Nous savons seulement que les Gaulois ont des attitudes et des comportements propres pour honorer leurs dieux. En guise de prosternation, ils tournent autour du dieu ou plus exactement autour de son symbole ou même du lieu sacré de gauche à droite, ainsi que le font les hindouistes autour de leurs pagodes, c'est-à-dire en gardant le côté droit du corps contre ce qui est sacré.

LES LIEUX DE CULTE

Pour désigner les lieux où les Gaulois pratiquent leurs cultes, les historiens grecs et latins n'utilisent, d'une façon générale, que quatre termes, deux grecs (*hiéron* et *téménos*) et deux latins (*locus consecratus* et *lucus*). *Hiéron* comme *locus consecratus* signifie « lieu sacré » sans autre spécification. *Téménos*, comme le latin *templum* parfois employé, est plus précis, c'est un espace de plan généralement quadrangulaire délimité par une enceinte. Enfin *lucus* est un mot très spécifique employé, comme le mot grec *alsos* (également parfois utilisé à propos des lieux de culte gaulois), pour un « bois sacré », un lieu de culte dont la principale caractéristique est la présence d'un bosquet, représentation ou émanation de la divinité. Le choix de ces mots n'est évidemment pas anodin, et il est remarquable que ne figurent jamais les termes latins *aedes* ou *fanum* et le grec *abaton* qui signalent tous trois la présence d'un bâtiment sacré, ce que le français exprime par le mot « temple ». Nos auteurs antiques étaient donc bien conscients des spécificités du culte gaulois et des lieux qui étaient mis en œuvre pour le pratiquer. Nos prédécesseurs des XVIIIe et XIXe siècles n'ont pas pris conscience de ces subtilités de langage et, s'appuyant abusivement sur le mot *lucus* qu'ils traduisaient mal par « bois » ou « forêt », en ont conclu que les Gaulois ne possédaient pas de lieux aménagés pour le culte mais qu'ils honoraient leurs dieux au cœur des forêts. Les découvertes archéologiques des trente dernières années leur donnent tort et rendent justice aux historiens de l'Antiquité qui avaient décrit si soigneusement ces lieux à l'aide de termes choisis.

Cependant les données de l'archéologie ne concernent qu'une période (du IIIe siècle à la conquête romaine) et qu'un type de culte, celui qu'on peut qualifier de « public ». Où se pratiquaient les cérémonies religieuses au premier âge du fer ? Il est pour l'instant impossible de répondre à cette question. On présume seulement qu'à partir du VIᵉ siècle av. J.-C. ont pu apparaître, auprès des tumulus princiers, des petites enceintes cultuelles, telles que celle de Vix où le culte funéraire rendu en l'honneur des plus hauts personnages de la communauté a pu prendre une forme publique et inspirer la conception d'aménagements assez semblables, mais plus imposants, qui se développeront surtout aux IVᵉ et IIIᵉ siècles, ce qu'on appelle des « sanctuaires » proprement dits.

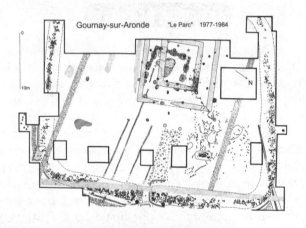

Le sanctuaire de Gournay-sur-Aronde (Oise). Plan, reconstitution de l'ensemble.

Ce mot de sanctuaire est préféré à tout autre parce qu'il suggère bien un lieu de culte important, créé par une communauté assez nombreuse, sans évoquer pour autant un quelconque temple dont les Gaulois n'ont la conception que très tard. Le sanctuaire, tel que les fouilles d'une trentaine d'exemplaires en Gaule le révèlent, présentent bien les deux caractéristiques que sous-entend le vocabulaire antique qui le désigne. Ce sont de grandes enceintes au plan quadrangulaire dans lesquelles se trouvait, dans la plupart des

cas, un espace végétal ou artificiellement végétal (des représentations d'arbres, comme celle découverte sur l'oppidum de Manching
en Bavière).

La conception mentale et symbolique de ces lieux est de même
nature que le *temenos* en Grèce ou le *templum* à Rome. C'est avant
tout **un morceau du sol découpé, réservé aux dieux et séparé
du monde profane**. Partout, un fossé demeuré ouvert marque cette
coupure dans la terre. Il est doublé en élévation par un mur qui
sépare ceux qui peuvent avoir un contact avec les dieux (prêtres et
hommes admis à participer au culte) de ceux qui n'y ont pas accès
et ne doivent même pas savoir ce qui se passe à l'intérieur (esclaves,
bannis et animaux). Aussi, comme dans les grands sanctuaires grecs,
l'accès à l'enceinte fait-il l'objet d'un aménagement particulier, un
véritable bâtiment faisant office de sas, de fait un propylée. C'est
bien souvent l'édifice le plus important du sanctuaire, en tout cas
le plus remarquable. Il s'agit d'un porche couvert, parfois muni d'un
étage et ressemblant aux portes des *oppida*. Celui du sanctuaire de
Gournay, le mieux connu, était décoré de panoplies guerrières ainsi
que de crânes humains. À l'étage devait être stocké l'ensemble des
dépouilles guerrières qui furent découvertes de chaque côté de ce
bâtiment, soit deux mille armes et des restes de chars de guerre.

L'intérieur de l'enclos sacré est un espace relativement vide, il n'est
occupé que par l'autel et le bois sacré. Ce dernier, on l'a dit, est symbolique, comme il l'est en Italie ou en Grèce. Il peut être matérialisé
par un bosquet soigneusement entretenu ou seulement par quelques
arbres, voire par des perches sur lesquelles étaient fixées des feuilles
de métal. Il n'est pas réellement la représentation du dieu mais plutôt
son émanation, puisque ce dernier est censé résider sous le sol. Il
peut être aussi son lieu de séjour occasionnel, au moment du sacrifice
et du banquet par exemple. L'autel, sur tous les sanctuaires fouillés
jusqu'à présent, occupe précisément le centre de l'espace. C'est
généralement une fosse creusée dans le sol, plus ou moins cylindrique
et plus ou moins vaste (de 1 à 3 m de diamètre pour une profondeur
qui est généralement proche de 2 m). Dans le langage religieux grec,
on pourrait qualifier cet autel de « chthonien », c'est-à-dire s'adressant à des dieux souterrains, dont on cherche grâce à lui à se rapprocher.
Sur quelques sanctuaires cet autel creux est associé à un foyer aménagé sur le sol et sur son bord. Mais on ne peut affirmer que cet
aménagement est systématique. En tout cas, il permet la réalisation
des deux types de sacrifices évoqués plus haut. La fosse reçoit le sang
des victimes qui s'écoule sur ses parois et le fait descendre jusqu'aux

divinités souterraines, mais exceptionnellement (à Gournay par exemple avec le sacrifice des bovidés) elle peut accueillir la dépouille entière des bêtes. Le foyer permet de griller les viandes réservées aux hommes mais aussi les parties moins nobles, la fressure, pour les divinités résidant dans les cieux.

L'autel est l'aménagement central du sanctuaire, celui vers lequel convergent tous les regards et toutes les activités rituelles. Il fut longtemps (du premier âge du fer jusqu'à la fin de La Tène ancienne au IVe siècle) une simple fosse creusée dans la roche et parfois cuvelée quand le terrain était trop meuble. Cette installation rudimentaire ne permettait cependant pas la pratique du culte par tout temps. C'est pourquoi assez tôt les autels creux ont été protégés par une toiture reposant sur des poteaux disposés autour de la fosse. Ces bâtiments, ouverts en façade vers l'est et parfois dotés de murs sur les autres côtés pour abriter du vent et de la pluie, ressemblent par l'allure générale aux temples du monde gréco-romain. Ils n'en ont cependant pas la caractéristique essentielle, celle de servir en quelque sorte de maison à la statue de la divinité. **Les Gaulois, comme les Celtes en général et beaucoup d'autres peuples antiques, ne représentent pas les dieux sous les traits des humains, et les statues divines n'apparaissent qu'à la fin de la période de l'indépendance**, sous l'influence de Rome. L'autre différence importante entre l'autel couvert des Gaulois et le temple des Grecs et des Romains est que chez les derniers l'autel se trouve à l'extérieur du temple, devant lui, comme si on venait faire les offrandes devant la maison du dieu, tandis que chez les Gaulois l'autel est à l'intérieur et se confond avec la divinité elle-même qui réside sous lui. L'espace intérieur de l'enclos est, hormis l'autel et le bosquet tenant lieu de bois sacré, vide de toute installation. Il permet la réalisation des rites liés au sacrifice et surtout la tenue du banquet qui lui fait suite. Cet espace, malgré tout assez restreint, de 1 000 à 1 500 mètres carrés, ne pouvait accueillir que cent à deux cents personnes.

La situation topographique des sanctuaires est originale. Ils se trouvent toujours éloignés des habitats, isolés, occupant le plus souvent un point assez haut du paysage d'où ils peuvent être vus de très loin. Quelques-uns se trouvent au centre d'un enclos beaucoup plus vaste, d'une dizaine d'hectares de superficie, ceint de fossés quasi défensifs ou, au contraire, symboliques. Ces lieux ont permis d'immenses rassemblements, des assemblées politiques et judiciaires qui se déroulaient sous une égide religieuse. Le plus remarquable exemple est celui de Fesques en Seine-Maritime. Le sanctuaire se trouve au sommet d'une colline de douze hectares de superficie, entourée d'un petit fossé où furent rejetés les restes de gigantesques banquets. Au cours des assemblées qui se tenaient en ce lieu devaient être jugées des criminels dont les restes d'une trentaine ont été retrouvés à l'extérieur de l'enceinte, dans une situation qui indique qu'ils furent pendus ou crucifiés, la tête tournée vers l'intérieur de l'enclos d'où ils avaient été définitivement exclus.

Il existe aussi des lieux de culte, plus modestes, dans les habitats. Mais ils ont fait l'objet, jusqu'à présent, de peu d'investigations archéologiques. Ils se rencontrent au centre de résidences aristocratiques rurales, comme dans celle de Montmartin, dans l'Oise, au cœur de petits habitats groupés (Estrées-Saint-Denis dans l'Oise, Saumeray en Eure-et-Loir par exemple) ou même à l'intérieur d'*oppida* (celui du Titelberg au Luxembourg). Dans tous les cas, les témoins architecturaux et les vestiges sacrificiels sont beaucoup moins spectaculaires que ceux des sanctuaires précédents, parce qu'ils ont eu à souffrir de la proximité des activités domestiques, artisanales ou agricoles. Aussi est-il impossible de savoir si ces lieux de culte sont contemporains de la création de l'habitat ou si ce sont eux qui ont attiré à leur périphérie les habitations.

Enfin, au second âge du fer, pendant la période gauloise proprement dite, subsistent des installations cultuelles d'une tradition beaucoup plus ancienne qui peut parfois remonter jusqu'au Néolithique. Ce sont **les grottes, les avens, les failles dans lesquels des dépôts votifs ont été effectués**. Souvent, parmi des vestiges des époques antérieures (Néolithique et âge du bronze), gisent des céramiques, parfois des armes, des bijoux ou des crânes humains datant des trois derniers siècles précédant notre ère. L'une des ces découvertes, la plus exceptionnelle, est un casque entièrement recouvert d'or et d'incrustations de corail dans la grotte d'Agris, en Charente. Il n'est pas aisé de savoir à quelle divinité ces offrandes étaient destinées, ni dans quel type de culte elles étaient effectuées, notamment par quels individus.

L'HOMME GAULOIS

LES RITES GUERRIERS

Cicéron l'écrit dans une formule aussi ramassée que caricaturale (« Les Gaulois vont en armes moissonner les champs de leurs voisins ») : les Gaulois sont avant tout des guerriers. Étant également l'un des peuples les plus religieux de l'Antiquité, il n'est pas étonnant qu'ils consacrent à leur principale activité le meilleur de leurs connaissances religieuses. **Les rites qui s'attachent aux différents moments de la guerre sont nombreux et spectaculaires.** Parce qu'ils ont marqué l'esprit de leurs voisins grecs et latins, quelques-uns ont fait l'objet de descriptions substantielles et sont parvenus jusqu'à nous.

L'initiation guerrière de l'adolescent n'est qu'implicitement attestée par une remarque étrange de César, selon lequel « il est honteux qu'un fils qui n'a pas encore l'âge de porter les armes paraisse en public auprès de son père ». Les rites qui accompagnent obligatoirement ce passage si important de l'état d'enfant à celui de guerrier ne nous sont pas connus, mais ils s'attachent forcément à la fabrication des armes, à leur décoration, enfin à la première fois où le jeune homme les revêt. Ces armes sont douées d'un caractère sacral qui se révèle dans l'attachement que le guerrier a pour elles et dans celui que son ennemi met à s'en emparer pour les offrir aux dieux. Les figures animales qui surmontent certains casques, qui sont peintes sur le plat des boucliers ou qui se dissimulent dans l'entrelacs savant des gravures ornant les fourreaux (cf. L'art décoratif, ch. 8), évoquent des divinités (la corneille par exemple) personnifiant la guerre. Ces représentations ont pour but de rassurer magiquement le guerrier, de lui signifier la présence à ses côtés de la divinité protectrice.

Mais lui-même, au moment où il se couvre de ses armes, se transforme en une sorte de demi-dieu. Il est saisi de ce que Georges Dumézil a appelé le *furor*, mot latin qui désigne la fureur guerrière, qui le transcende en lui faisant perdre toute notion de peur et en décuplant ses forces, une sorte de folie divine qui possède des bataillons entiers de Celtes et de Germains. Aussi **certains guerriers que l'on place en première ligne n'hésitent-ils pas à combattre nus**, ne redoutant pas d'affronter leur torse aux piques ennemies. La marche de ces hommes dépourvus de cuirasse, exhibant des corps musclés et s'accompagnant des cris de guerre et des sons métalliques des trompettes, est effrayante. Elle déstabilise l'ennemi souvent avant le premier choc des armes.

Au combat, ces hommes nus des premières lignes portent un insigne divin, le torque en or que les dieux partagent avec eux. Ces colliers prestigieux sont déposés dans les enceintes sacrées, parfois fixés sur des troncs d'arbres représentant la divinité. Les guerriers ne les portent qu'au combat, semble-t-il, et ne les conservent pas, après leur mort, dans la tombe. Qu'ils possèdent un caractère sacré ne fait aucun doute, qu'ils soient dotés de vertus magiques est probable. Ils rappellent en tout cas au guerrier que leur dieu est présent parmi eux et qu'il participe au combat, comme on le voit dans les batailles de l'*Iliade*.

La bienveillance des dieux pour les guerriers ne dispense pas les derniers de faire à ceux-là des promesses, des vœux qu'ils accompliront en cas de succès. Ce sont généralement les armes et le butin qui sont promis, en partie ou dans leur totalité. L'historiographie a retenu que les chefs insubres Arioviste et Viridomar (cf. biographies) avaient fait des vœux solennels à leurs dieux en 223-222 av. J.-C. pour obtenir la victoire sur Rome. Arioviste s'était engagé à offrir à l'équivalent gaulois du dieu Mars un torque, certainement en or, constitué avec le butin pris à l'ennemi. Viridomar, lui, s'était porté à consacrer les armes de ses adversaires au Vulcain gaulois. Cette pratique du vœu ne diffère donc guère de celle connue à Rome, aux époques royale et républicaine ; elle prend cependant des formes plus excessives puisqu'il ne s'agit pas seulement des dépouilles opimes mais souvent de la totalité des armes et du butin, comme le rapporte César d'après Poseidonios et comme cela est confirmé par les découvertes archéologiques.

Il n'y a donc rien d'étonnant à ce qu'un rite voisin, pratiqué par les Romains des temps les plus anciens, soit également connu en Gaule. C'est celui de la *devotio*, selon lequel, pour s'assurer la victoire et la clémence des dieux, le chef voue sa propre personne, généralement en recherchant la mort au combat. C'est en ce sens

que certains historiens, s'appuyant notamment sur une description très précise de Plutarque, interprètent la reddition très solennisée de Vercingétorix dont le but était clairement celui de sauver ses soldats et la population d'Alésia. Le chef gaulois sur sa monture accomplit ce qui ressemble au rite de prosternation autour des divinités : s'étant revêtu de ses plus belles armes et ayant paré son cheval de son plus beau harnachement, il s'en vient auprès de César qui l'attend

Reconstitution d'une statue d'Entremont représentant un guerrier exhibant des têtes coupées

L'HOMME GAULOIS

assis sur un siège ; il tourne autour de ce dernier à cheval puis en descend, dépouille le cheval de ses parures qu'il jette à ses pieds, il fait de même avec ses armes puis s'assied aux pieds du général romain sans dire un mot.

Mais **le rite guerrier le plus connu est assurément celui de la prise du crâne de l'ennemi.** C'est un poncif de la littérature gréco-latine auquel les récentes découvertes archéologiques permettent de donner cependant foi. Ainsi, sur le lieu de bataille de Ribemont-sur-Ancre (Somme), cette pratique paraît avoir été systématique et fut appliquée à plusieurs centaines de cadavres. Il convient de préciser qu'il ne s'agit pas, comme l'emploi courant de ce terme pourrait le laisser croire, d'une véritable décapitation : l'opération méticuleuse, pratiquée sur l'ennemi mort, étendu sur le sol, et avec l'aide d'un couteau, prend du temps, de quelques minutes à plusieurs dizaines. Les historiens antiques précisent que cette prise du crâne intervient immédiatement après la mort de l'ennemi, en plein combat donc, et que le vainqueur s'empresse d'accrocher ce trophée à son cheval. Nous savons aussi que la ou les têtes coupées sont, à l'issue de la bataille, rapportées au domicile, exhibées, conservées précieusement dans un coffre, après avoir subi un traitement de conservation (avec de l'huile de cèdre, dit-on). Qu'il s'agisse d'un rite, son usage généralisé pendant plusieurs siècles le confirme. Cependant on ne saurait affirmer qu'il est, exclusivement ou non, religieux. S'il s'agit d'un trophée, il a la même valeur que celui que rapporte le chasseur, il témoigne de sa vaillance. En l'occurrence, le nombre de têtes coupées permet de situer le combattant dans cet ordre hiérarchique qui a une si grande importance chez les Gaulois et qui trouve sa plus belle illustration dans les places attribuées au banquet. Mais il paraît avoir également la fonction d'une unité de compte pour l'attribution de la part de butin ou de celle de la solde en récompense non pas d'un service mais bien d'un résultat. Comme le reste des dépouilles (les cadavres et les armes) est souvent entièrement consacré aux dieux, il importe que le guerrier conserve un témoin de ses actes de bravoure. Rien ne prouve que cette pratique chez les Celtes, et chez les Gaulois en particulier, ait possédé un sens magique, celui par exemple de s'approprier l'âme de l'ennemi qu'il a tué.

Lié directement à la prise du crâne de l'ennemi, le trophée n'apparaît pas d'emblée comme un rite aussi répandu en Gaule qu'il ne l'est en Grèce par exemple. Pourtant Poseidonios et, à sa suite, César attestent clairement sa généralisation : « Mars préside à la guerre. Quand ils ont résolu de livrer bataille, la plupart du temps c'est à lui qu'ils promettent le butin qu'ils feront. Une fois vainqueurs, ils immolent les êtres vivants et entassent le reste en un même endroit. On peut voir dans bien des cités en des lieux consacrés des tertres élevés avec de telles dépouilles. » Un encyclopédiste grec du Bas-Empire, Élien, précise le sens de telles offrandes et leur aspect : « Les Celtes érigent des trophées à la façon des Grecs, autant pour célébrer leurs hauts faits guerriers que pour laisser derrière eux des monuments de leur vertu guerrière. » De récentes découvertes archéologiques confirment ces témoignages. Des armes découvertes en grand nombre dans des sanctuaires, tels que celui de Gournay-sur-Aronde, montrent que des panoplies prestigieuses prises à l'ennemi étaient offertes aux dieux, sur le lieu même où on les honorait habituellement. Mais les fouilles menées à Ribemont-sur-Ancre prouvent également que **des trophées pouvaient être érigés « à la manière grecque », c'est-à-dire sur le champ de bataille, là où l'ennemi s'était incliné.**

Précisément ces fouilles nous révèlent qu'après la bataille les Gaulois traitent rituellement le champ de bataille dans sa totalité. À Ribemont-sur-Ancre, tous les restes humains, animaux et matériels sont ramassés et rapportés en un lieu aménagé pour la circon-stance, un enclos d'une superficie de deux hectares, divisé en trois zones. La plus importante par ses aménagements et les dépôts qu'on y a faits, de plan carré, délimitée par un large fossé, ressem-ble à un lieu de culte. C'est là que sont rapportés les cadavres des ennemis, leurs armes mais aussi leurs chars et leurs chevaux. Les cadavres sans tête des ennemis, après un traitement de con-servation sommaire, sont exposés probablement debout dans de vastes halles qui entourent le lieu devenu sacré. Plus tard, une fois que ces restes seront presque totalement décomposés, les os seront finement broyés, incinérés pour être offerts aux dieux comme libations dans de curieux autels creux disposés dans les quatre angles de l'enclos. Ces autels se présentent comme des puits d'un mètre de profondeur dont les margelles cubiques sont constituées de membres d'hommes et de chevaux totalement décharnés. Au centre de l'enclos on a laissé se développer un espace boisé qui a le même rôle que les bois sacrés dans les sanctuaires. Au sud-est de ce trophée proprement dit se développe la deuxième zone, un grand espace cette fois entouré de palissades. On présume qu'il a permis de grands banquets pour les guerriers vainqueurs, en l'honneur des dieux mais aussi de leurs compagnons morts au com-

L'HOMME GAULOIS

191

bat pour lesquels un autre enclos, circulaire, occupe l'espace central, la troisième zone de cet ensemble. C'est dans ce dernier que sont exposés les corps de ces héros afin que les oiseaux charognards les dévorent et emportent leur âme vers le paradis qui leur est promis. Ce lieu de commémoration d'une bataille qui s'est déroulée aux environs de 260 av. J.-C. demeure en activité jusqu'à la conquête romaine, et son souvenir ne s'en efface pas. Dès le début de notre ère on y installe un temple puis un vaste sanctuaire, l'un des plus grands de la Gaule romaine.

Il faut donc croire que **les Gaulois cultivent eux aussi le souvenir des grands faits de leur histoire et la mémoire de leurs victorieux ancêtres.**

LA DIVINATION

L'esprit très religieux du Gaulois le pousse sans cesse à chercher à connaître la volonté des dieux. En cela son comportement est très proche de celui des Grecs et des Étrusques. Comme eux il multiplie donc les moyens permettant de deviner l'avenir ou d'obtenir l'accord des dieux dans toute entreprise dangereuse. Cette préoccupation religieuse est très ancienne et ne paraît pas avoir subi d'influence directe. On a vu qu'une catégorie spéciale de prêtres, les *vates*, se sont spécialisés dans la divination. Diodore rapporte la description que Poseidonios en fait : « **Ils [les Gaulois] recourent également au service de devins qu'ils tiennent en grande faveur. Ces derniers prédisent l'avenir d'après l'observation des oiseaux et par la mise à mort de victimes sacrificielles ; c'est ainsi que toute la populace est soumise à leurs oracles.** » On imagine bien quel pouvoir ils ont pu acquérir par leur don et surtout par des pratiques difficilement contrôlables. Les druides, défenseurs d'une religion plus morale, ne réussissent pas totalement à éliminer les *vates*, aussi doivent-ils proposer d'autres techniques de mantique, celle des nombres et probablement d'autres, issues de l'observation des phénomènes naturels et plus particulièrement des astres. À l'interprétation personnelle et souvent prophétique des *vates*, ils opposent une lecture quasi scientifique d'un univers qui est à la fois l'image et l'essence même de la divinité. Le meilleur exemple des observations astronomiques appliquées au cours de la vie des hommes nous est donnée par le calendrier de Coligny (cf. Le calendrier, ch. 5) qui répartit savamment sur de longues périodes jours fastes et jours néfastes.

Si les techniques pour prédire l'avenir présentent de grandes ressemblances avec celles que l'on voit en Grèce ou à Rome, la façon de faire et la situation des devins dans la société montrent de grandes différences. Ainsi l'informateur ancien que Pausanias utilisa pour faire le récit de l'expédition des Celtes en Grèce au début du IIIe siècle se demandait sérieusement si ces derniers connaissaient l'art de la divination parce qu'on avait remarqué qu'ils ne procédaient pas directement avant la bataille à une consultation, par l'examen des entrailles d'une victime sacrificielle. En réalité, cette observation prouve tout simplement que les Celtes demandaient leur avis aux dieux bien avant l'affrontement armé et qu'ils ne craignaient pas que ces derniers changent subitement d'avis. Les propos de Diodore sur **les** *vates* laissent également penser que, **avant l'organisation du corps sacerdotal sous l'égide des druides, les devins n'avaient probablement pas de place institutionnelle, ils agissaient de manière privée, certains auprès des rois et des nobles, d'autres au milieu de la plèbe.**

Comme tous les peuples anciens, et ceci depuis la plus ancienne préhistoire, les Gaulois scrutent tous les phénomènes naturels qui sont considérés comme l'expression de la volonté divine. Le tonnerre, un tremblement de terre, un raz de marée, une éclipse, sont tenus pour autant de présages, des signes que les dieux envoient aux hommes. Ainsi Polybe rapporte que les Galates Aegosages qui accompagnaient Attale en Éolide interrompirent tout à coup leur marche et refusèrent d'aller plus loin, parce qu'ils avaient observé une éclipse de lune. Frontin signale une ruse de guerre employée par César qui mettait à profit la croyance des Gaulois dans toutes sortes de présages. Celui-ci, chez les Cadurques, interrompit le débit d'une source. Le phénomène fut immédiatement interprété comme un signe de la désapprobation divine. Il n'existe en revanche aucun témoignage de la foi des Gaulois dans les prodiges qui préoccupaient tant les Étrusques et les Romains, des faits exceptionnels arrivant à des humains ou à des animaux : naissances monstrueuses, malformations, guérisons inexplicables, etc. Mais ce silence des textes ne signifie nullement qu'ils ne croient pas à ce qu'aujourd'hui des croyants un peu trop crédules désignent couramment comme des miracles.

Les oiseaux, dans le domaine de la divination ou dans celui plus général des rapports entre les hommes et les dieux, jouent

le plus grand rôle. Il faut certainement y voir une double influence, celle commune aux peuples méditerranéens chez lesquels le vol des oiseaux est porteur de messages et celle des peuples altaïques pour lesquels l'oiseau est aussi le transporteur de l'âme. Ainsi le poète Silius Italicus explique que c'est le vautour qui, après avoir déchiré les chairs du guerrier gaulois, emporte son âme au ciel auprès des dieux. Dans la mythologie celtique d'Irlande, c'est le corbeau qui conduit sur la lune l'âme du guerrier tué.

Mais les Gaulois développent un véritable art divinatoire, fondé sur l'observation de tous les faits et gestes des oiseaux et non pas seulement de leur vol. Diodore l'appelle *oïnoskopia*. Artémidore d'Éphèse rapporte qu'il existait sur la côte atlantique de la Gaule un port dit « des deux corbeaux ». Là se trouvait un sanctuaire où deux corbeaux rendaient des oracles. Tous ceux qui avaient des différends s'y rendaient, et les corbeaux les départageaient de cette manière : sur une planche on disposait deux tas de galettes aux deux extrémités, un pour chaque adversaire ; puis on lâchait les deux corbeaux qui se précipitaient sur celles-ci. Celui dont les galettes avaient seulement été éparpillées sans être mangées par le volatile obtenait gain de cause. Le corbeau semble être l'animal augural par excellence. Ainsi le Pseudo-Plutarque explique la fondation légendaire et le nom de la ville de Lyon, *Lugdunum* (« la colline des corbeaux »), par un présage communiqué par ces oiseaux : au moment où les deux nobles gaulois, Atepomaros et Mômoros, fondateurs de la ville, s'apprêtent à en fixer les limites sur une colline, des corbeaux paraissant venir de toutes les directions se perchent sur les arbres environnants ; Mômoros, qui a des connaissances augurales, y voit un heureux présage.

Une autre forme ancienne de mantique fait appel aux songes, qu'ils soient naturels ou provoqués. Le songe est, en effet, considéré comme l'expression de l'âme conçue comme indépendante du corps et qui s'en libère à deux moments, lors des rêves ou quand la mort survient. L'historien Trogue-Pompée relate l'un de ces rêves divinatoires, celui qui est arrivé au roi Catumandus. Ce dernier commandait les troupes gauloises qui assiégeaient Marseille lorsqu'il fit ce rêve : une femme à la figure menaçante se présente à lui comme une déesse, l'épouvante et lui donne l'ordre de faire la paix avec les Massaliotes. Le lendemain, il demande aux habitants de Marseille l'autorisation d'entrer dans la ville pour y honorer leurs dieux. Arrivé au temple de Minerve, il reconnaît la déesse qui l'avait visité en songe. Il décide immédiatement de faire la paix et offre à la déesse un torque en or. Cependant, à côté de ces rêves naturels et intempestifs, les Gaulois développent une oniromancie qui nécessite une production automatique des visions par des moyens plus ou moins artificiels. L'un des auteurs grecs qui évoquent les premiers les Celtes, Nicandre de Colophon, rapporte qu'ils pratiquent comme les Grecs « l'incubation oraculaire ». Il s'agit tout simplement de dormir sur la sépulture d'un ancêtre dont on attend qu'il prodigue ses conseils à travers les songes que la proximité du mort ne peut manquer de produire. On peut le faire également dans un temple si c'est la sagesse divine qu'on sollicite.

Les songes prennent l'aspect de délires tout aussi divinatoires quand ils sont provoqués par des plantes aux vertus hallucinogènes. L'un des scholiastes médiévaux du poème de Lucain *La Pharsale* note que les druides ont l'habitude de pratiquer la divination sous l'effet de la consommation de glands. Cette information pourrait paraître suspecte si elle n'était corroborée par deux autres faits. C'est, d'une part, une pratique assez similaire des Scythes dont on sait qu'ils eurent des contacts étroits avec les Celtes et qui consistait pour les chamans à inhaler les vapeurs et la fumée produites par des graines de chanvre rougies au feu. C'est, d'autre part, une mention de Pline le Naturaliste selon lequel les Gaulois utilisent la verveine dans un but divinatoire. Ce dernier ne précise malheureusement pas sous quelle forme la plante est consommée ou utilisée. Il est sûr en tout cas que les Gaulois, et plus précisément les druides, mettent à profit toutes les vertus des plantes non seulement pour guérir mais encore pour s'échapper de leur enveloppe corporelle et gagner des domaines où errent esprits et divinités.

Les druides ont une mainmise exclusive sur une autre forme de mantique, bien attestée par les sources antiques, c'est la divination par les nombres. Saint Hippolyte, dans ses *Philosouphomena*, rapporte que les druides sont des prophètes et pratiquent la divination par les chiffres et les nombres à la façon pythagoricienne. On ne sait évidemment pas en quoi précisément elle consiste. Et c'est certainement elle que désigne le mot latin *conjectura* qui est l'autre forme de divination, après les augures, que Cicéron dit être connue du druide éduen Diviciac.

De telles méthodes, reposant sur un savoir encyclopédique, s'opposent radicalement à des formes plus violentes, d'origine ancienne mais qui semblent n'avoir été abandonnées que tardivement. La mieux connue fait appel au sacrifice humain. Il est pratiqué par les *vates*. Diodore de Sicile reproduit la description très précise qu'en avait faite Poseidonios d'Apamée : « C'est quand ils ont à se prononcer sur des questions importantes qu'ils suivent un rite étrange et incroyable. Après avoir rituellement consacré un homme aux dieux, ils le frappent à l'aide du couteau sacrificiel dans la région située au-dessus du diaphragme ; quand la victime tombe sous le coup, ils cherchent des signes dans la façon qu'elle a de tomber, ses membres de s'agiter, le sang de s'écouler. C'est une forme d'observation ancienne, longtemps utilisée, en laquelle ils ont foi. » La remarque finale indique très clairement qu'à l'époque de la rédaction de Poseidonios, c'est-à-dire dans les années 100, ce **sacrifice humain divinatoire** est déjà tombé en désuétude. De toute façon son emploi, même à date haute, paraît exceptionnel. En 277 av. J.-C., les Galates s'apprêtent à affronter les troupes d'Antigone Gonotas ; ils prennent des auspices en sacrifiant des animaux dont ils interrogent les entrailles. Comme ces dernières leur prédisent une terrible défaite, ils procèdent à un rite exceptionnel, une véritable hécatombe de leurs femmes et de leurs enfants, afin de calmer les dieux. Ces faits terribles suggèrent qu'habituellement, même face à un péril guerrier, les Gaulois ont recours aux auspices habituels, ceux que donnent les entrailles des animaux sacrifiés.

LES FÊTES RELIGIEUSES

Les sources antiques ne mentionnent pas explicitement l'existence de fêtes religieuses chez les Gaulois. On doit cependant croire qu'elles jouent en Gaule un rôle aussi important qu'elles le font en Grèce ou à Rome. **Tous les grands sacrifices exécutés à date fixe et régulièrement s'inscrivent dans de telles fêtes** qui rassemblent largement la population et comprennent d'autres temps forts, parmi lesquels le banquet tient assurément la plus grande place. Ainsi en est-il du sacrifice des malfaiteurs, évoqué par Diodore de Sicile. Ceux-ci sont, on l'a vu, gardés prisonniers jusqu'à ce que revienne, tous les cinq ans, la date de leur mise à mort. Les assises des druides qui se tiennent tous les ans dans le pays des Carnutes ne sont rien d'autre qu'une fête religieuse, au cours de laquelle le tribunal siège, des verdicts sont rendus, des sacrifices accomplis et des festins forcément organisés. Les fouilles archéologiques des dernières décennies confirment amplement la tenue de ces festivités au caractère mixte, religieux et convivial, au cours desquelles des quantités étonnantes de viande sont mangées et des capacités non moins remarquables de boissons (vin, hydromel, bière, etc.) sont ingurgitées. Le site de Fesques, en Seine-Maritime, en est le meilleur exemple. Quant au sanctuaire de Gournay-sur-Aronde, les dépôts de carcasses des animaux sacrifiés montrent un empilement régulier qui correspond à des durées régulières, alors que les restes des agneaux consommés indiquent une date d'abattage, toujours la même, qui se situe à la fin du mois d'août ou au début de septembre.

Un autre argument pour prouver l'existence de ces fêtes est habituellement avancé. C'est la mention sur le calendrier de Coligny d'un mois appelé *Samonios* qu'on rapproche de la fête celtique de Samain en Irlande. Ainsi les quatre grandes fêtes celtiques introduisant chacune des saisons, Samain, Imbolc, Belteine et Lugnasad, semblent trouver leur équivalent dans le calendrier gaulois.

LES DIEUX

De façon tout à fait paradoxale, les divinités gauloises suscitent depuis la Renaissance une littérature abondante et enthousiaste. **Or les sources antiques sur les dieux gaulois sont à la fois indigentes et contradictoires** ; quant aux données épigraphiques et aux représentations statuaires, elles sont non seulement tardives mais souvent empreintes d'un esprit romain plus ou moins marqué. L'étude des dieux gaulois achoppe sur deux problèmes majeurs. Le premier tient à l'absence quasi absolue de toute documentation indigène antérieure à la conquête romaine. Le second est la conséquence directe d'un défaut consubstantiel à toutes les informations antiques concernant les religions étrangères, celui qui consiste à traduire systématiquement le nom et par conséquent l'identité des dieux indigènes par des correspondants issus du panthéon gréco-romain. Ainsi César parle d'un Mars, d'un Mercure, d'un Jupiter gaulois, comme s'il s'agissait des copies plus ou moins conformes des grands dieux grecs adoptés par les Romains. La réalité doit être très différente, comme le suggère la confusion qui règne dans le panthéon gallo-romain, où un même dieu romain trouve plusieurs correspondants gaulois, l'inverse étant également vrai. À l'évidence, chaque

L'HOMME GAULOIS

divinité gauloise possède une identité propre qui varie certainement d'un peuple à l'autre ; les littérateurs puis les administrateurs romains n'ont retenu dans celle-ci qu'un caractère principal pour pouvoir la faire correspondre à Apollon, à Minerve, etc. C'est ce que les historiens romains eux-mêmes appellent l'*interpretatio romana*.

Il convient donc de rappeler avec une certaine insistance un élément que les historiens, tant de l'Antiquité que ceux plus récents des Celtes, ont sous-estimé voire ignoré : la représentation très particulière que ces derniers se font des dieux. Contrairement aux Grecs et aux Romains des époques républicaine et impériale, les Celtes et **les Gaulois ne se font pas une représentation anthropomorphique des puissances divines**. Longtemps les statues présentant les dieux sous une forme humaine leur furent inconnues. La meilleure illustration de l'ignorance qu'ils ont de cette forme d'art, on la trouve dans l'attitude étonnante et révélatrice du chef Brennus (cf. biographies) qui envahit la Macédoine et la Grèce. Trogue-Pompée raconte qu'il décide soudain de s'attaquer au sanctuaire de Delphes, parce que, dit-il, « les dieux n'ont pas besoin de trésors, puisqu'ils les prodiguent aux hommes ». Mais, étant entré dans le sanctuaire, rapporte cette fois Diodore, il ne s'intéresse même pas aux offrandes d'or et d'argent qui s'y trouvent, mais s'empare des statues divines, tout en partant d'un grand éclat de rire, parce que « les dieux sont montrés sous une forme humaine et qu'on les a dressés là en bois ou en pierre ». Cet étonnement mêlé d'un intérêt certain montre à la fois à quel point la conception celtique de la puissance divine est étrangère à toute forme de personnalisation, mais aussi l'impact que la découverte de cet anthropomorphisme divin va avoir sur le monde gaulois. Cependant il faut attendre la conquête romaine pour que les premières statues ou statuettes se répandent sur les lieux de culte. César, pour la période précédant son arrivée en Gaule, ne signale la présence que de *simulacra* du dieu Mercure. On imagine qu'il s'agit de piliers de bois ou de pierre, plus ou moins informes, qui personnifient le dieu.

Souvent sur les sanctuaires antérieurs au IIe siècle av. J.-C., un bois sacré, un bosquet voire un arbre ou sa représentation sous forme plastique, est censé fixer la présence du dieu ou témoigner de sa possible apparition, parce que la plupart des divinités qui y sont honorées sont de nature chthonienne : infernales, elles habitent le monde souterrain. Il est probable donc que le fidèle ne s'en fait qu'une idée très vague et qu'il a besoin d'exégètes qui lui décrivent la personnalité des dieux, ses attributions ou ses fonctions. Comme pour tous les autres domaines de la vie religieuse, **l'homme du commun n'a pas un accès direct au monde divin, il a besoin d'assistants.** Le secret qui règne autour de la divinité, qui concerne non seulement ses pouvoirs bénéfiques ou maléfiques, sa situation par rapport aux autres dieux, mais jusqu'à son nom qui ne doit pas être prononcé mais remplacé par une forme d'euphémisme, ne contribue pas à la diffusion de son image, relativement simple, admise par tous et dotée de quelques attributs la rendant facilement reconnaissable. Aussi ne doit-on pas s'étonner que les sculpteurs gallo-romains aient hésité à habiller ces divinités des apparences et des accessoires des dieux romains.

On peut donc douter de l'existence en Gaule, ou tout au moins chez un grand nombre de peuples, d'un véritable panthéon, une sorte de famille divine dans laquelle chaque membre se voit attribuer une fonction auprès des hommes et dans laquelle également les dieux sont interdépendants les uns des autres. La seule information générale se trouve chez César qui l'a lui même tirée de l'œuvre de Poseidonios. On ne doit croire ni à la valeur universelle ni à l'ensemble harmonieux qui s'en dégage : « Le dieu qu'ils vénèrent le plus est Mercure : ses images (*simulacra*) sont les plus nombreuses ; ils le tiennent pour l'inventeur de tous les arts, pour le guide des routes et des voyages, et ils pensent qu'il a une grande influence sur les gains d'argent et sur le commerce. Après lui ils honorent Apollon, Mars, Jupiter et Minerve. De ces dieux ils se font à peu près la même idée que les autres peuples : Apollon guérit les maladies, Minerve transmet les principes des arts et des métiers, Jupiter a le pouvoir sur les autres divinités célestes, Mars régit les guerres. » L'ordre hiérarchique qui est donné à ce petit groupe de divinités n'est pas celui qui règne à Rome, et depuis longtemps on soupçonne César d'avoir volontairement privilégié l'importance de Mercure, dieu protecteur du commerce, afin de rassurer les futurs colons romains qui se rendraient en Gaule. On s'étonne aussi des contradictions entre ces dieux et leurs homologues latins : pourquoi le premier caractère de Mercure est-il d'être l'inventeur des arts, alors que c'est aussi le rôle de Minerve ? pourquoi Jupiter, maître des dieux, ne se trouve-t-il qu'en quatrième position ? À l'évidence, Poseidonios devait seulement évoquer les figures de cinq grands dieux se rencontrant en Gaule, chez quelques peuples et pas forcément réunis de cette manière, et c'est César qui en a fabriqué ce pseudo-panthéon, très restreint et assez incohérent.

L'HOMME GAULOIS

Dans le texte de Poseidonios, César a recueilli des informations sur un autre dieu qu'il n'a pas réussi à replacer parmi le groupe précédent et qu'il a eu le plus grand mal à traduire à l'aide d'un théonyme romain. C'est une chance pour nous, car de cette manière il nous transmet la description la plus authentique d'un dieu gaulois. Il s'agit de celui qu'il fait correspondre à **Dis Pater**, un dieu de second ordre dans le panthéon romain, d'ailleurs fort mal connu, ce qui prouve l'effort qu'a fait César pour procéder avec lui à l'habituelle *interpretatio romana*. Le portrait tient en peu de mots, mais ils sont riches de sens : « Tous les Gaulois se vantent d'être descendants de Dis Pater et ils disent que c'est une croyance transmise par les druides. C'est pour cette raison qu'ils mesurent les longueurs de n'importe quelle durée non en nombre de jours mais en nombre de nuits. » Ce dieu est donc de nature infernale, du même type que le Pluton grec qui règne sur le royaume des morts. Il correspond aussi parfaitement aux divinités souterraines honorées sur la plupart des lieux de culte sous lesquels il est censé résider. Mais l'information la plus précieuse sur les croyances gauloises, et plus particulièrement sur la métaphysique qui sera évoquée plus bas, c'est l'idée que tous les hommes sont les descendants directs d'un dieu.

Le poète Lucain, dans son poème *La Pharsale*, est le seul qui nous livre les noms gaulois de quelques dieux : « … et ceux qui honorent le cruel **Teutatès** avec un sang terrible, l'épouvantable **Ésus** dans ses sanctuaires sauvages, et **Taranis** aux autels non moins sanglants que ceux de la Diane scythique… » Ces vers, dès le IXe siècle de notre ère, moment où ils furent copiés par les moines, suscitèrent d'abondants commentaires par les copistes eux-mêmes qui cherchèrent à faire correspondre à ces trois noms gaulois trois correspondants gaulois cités par César : « Teutatès, ainsi est appelé Mercure qui est honoré chez les Gaulois par des victimes humaines… Ésus Mars est honoré de cette façon : un homme est suspendu dans un arbre jusqu'à ce que ses membres se détachent… Taranis Jupiter est honoré chez eux de cette façon : quelques hommes sont brûlés dans un baquet en bois. » Ces commentaires de texte sont malheureusement parfois contradictoires, ainsi l'un d'eux assimile Ésus à Mercure. Mais surtout on se demande sur quelle base documentaire ils reposent, si ce n'est la simple volonté de faire coïncider la description de César avec les vers de Lucain.

Heureusement la linguistique celtique livre des informations plus fiables. Teutatès est formé sur le mot *teuta*, bien connu dans les langues celtiques, et qui signifie « la tribu ». Teutatès serait donc un dieu protecteur de la tribu, l'équivalent d'une divinité poliade en Grèce. Ce dieu, par nature présent chez chaque peuple, peut donc revêtir des identités assez diverses, jouir de fonctions assez variées, suivant la sensibilité, l'histoire de chacune de ces populations. Taranis est également issu d'un mot gaulois bien connu, *taranus* (l'orage, le tonnerre). Il s'agit donc de la divinité du ciel menaçant et grondant que les Gaulois peuvent interpréter de différentes manières, soit comme une sorte de Jupiter muni de son foudre, soit comme un dieu guerrier dont le tonnerre évoque le fracas des armes. Ésus est un mot moins bien connu mais qui pourrait correspondre au préfixe grec *eu*- et pourrait signifier « le Bon », certainement une antiphrase permettant de désigner un dieu terrible dont le vrai nom ne doit même pas être prononcé, de la même manière que les Grecs appelaient Euménides par euphémisme les terribles Furies.

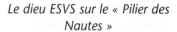

Le dieu ESVS sur le « Pilier des Nautes »

Ces différents éléments montrent **qu'aucun panthéon ne s'est imposé à l'ensemble des territoires gaulois.** L'idée qu'un peuple se fait du monde divin dépend largement de sa manière de vivre et de l'état de la société. Or, pendant les cinq siècles qui précèdent la conquête romaine, les mœurs, la politique et l'économie des différents peuples de la Gaule varient, parfois avec une grande amplitude. Les *civitates* de la Gaule centrale et du sud-est, installées depuis l'époque de Hallstatt, peuvent concevoir une sorte de famille divine dont chaque membre veille sur chaque aspect de la vie quotidienne. Au contraire, les peuples qui arrivent tardivement et occupent brutalement le nord ou l'est de la Gaule n'ont besoin que d'une divinité protectrice et guerrière. C'est elle qui ensuite dominera le groupe des nouveaux dieux si le peuple s'installe définitivement sur son nouveau territoire. Parce qu'ils se déplacent sans cesse et n'élisent que tardivement domicile, les Celtes et les Gaulois, dans une moindre part, ne façonnent pas leur territoire comme une terre sacrée qui serait une reproduction microcosmique de l'univers habité par les dieux. Aussi restent-ils plus sensibles que leurs voisins méditerranéens à tous les phénomènes naturels, à tous les cultes indigènes qu'ils rencontrent. Les uns et les autres ne sont que des versions différentes d'un même esprit divin. Des noms de dieux typiquement gaulois se superposent à des dieux d'origine plus ancienne, ligure, ibère par exemple. Plus tard ce seront les noms romains qui habilleront mal ces divinités, à l'identité vague et qui restèrent toujours assez insaisissables.

LES CROYANCES

L'une des particularités, peut-être la plus étonnante, de l'univers spirituel des Gaulois est l'existence d'un système élaboré de croyances, apparemment anciennes et connues d'une grande partie des populations. Cette spiritualité, paradoxale pour des sociétés dites barbares, est assurément le vecteur le plus puissant de la diffusion de la civilisation celtique en direction de ses voisins, les Ibères, les Bretons insulaires, les Germains et les Ligures de l'arc alpin. Ce sont en effet les croyances religieuses, métaphysiques et mythologiques qui se cachent derrière bien des motifs artistiques, pour nous aujourd'hui incompréhensibles mais qui ont connu le plus grand succès auprès de ces populations étrangères adoptant le message avec les objets qui le portaient. Néanmoins, même s'il peut être illustré par diverses formes d'art, l'essentiel de cet enseignement, comme tous ceux qui sont dispensés en Gaule, est de nature orale. La disparition des maîtres, la révolution culturelle accompagnant la romanisation l'ont fait disparaître presque totalement. Les quelques morceaux qui ont pu échapper à ce naufrage grâce à la sagacité de quelques auteurs antiques donnent cependant une bonne idée de son contenu et de la qualité des réflexions métaphysiques qui le sous-tendent.

Malgré l'absence de livres sacrés ou de notations profanes, ce système de croyances prend la forme d'un dogme au cours des trois derniers siècles qui précèdent la conquête romaine. Il faut y voir l'œuvre des druides, seule puissance spirituelle capable de l'imposer par l'unique moyen du discours oral. Ce sont certainement des éléments de cet ensemble fermé et harmonieux de théories qui ont été conservés par quelques historiens et voyageurs étrangers. Mais il ne fait nul doute que l'enseignement des druides s'est constitué sur un fonds plus ancien et qu'il n'a fait que rationaliser un imaginaire celtique fécond.

Contrairement à ses voisins romains, le Gaulois ne limite pas sa vision du monde à son environnement immédiat, le cercle des terres qu'il peut parcourir et le temps de sa propre vie. Il se situe dans un cosmos composé de trois parties, la terre domaine provisoire des hommes, le ciel peuplé de dieux, de héros et d'astres, les espaces souterrains où les dieux infernaux règnent sur les morts. La vie terrestre n'est donc qu'une étape médiane entre ces trois étages de l'univers. Tout individu est issu du monde des morts, domaine de l'équivalent de Dis Pater. Il est par conséquent le fruit d'autres vies passées et n'est pas une pure création. La vie sur terre n'est pas une fin en soi, mais une nouvelle étape qui se solde soit vers un retour dans le monde souterrain soit par la montée aux cieux pour un séjour éternel. On a rapproché ces théories de celle de la métempsycose. Voici les différentes versions qu'on en trouve chez les peintres habituels de la Gaule. César : « **Les âmes ne périssent pas, mais après la mort elles passent d'un corps dans un autre** et les Gaulois pensent que cette doctrine est le meilleur stimulant du courage, la mort n'étant plus redoutée. » Diodore : « Les âmes des hommes sont immortelles et, après un certain nombre d'années, chaque âme revient à la vie en entrant dans un autre corps. » Lucain : « … un même esprit anime nos corps dans un autre monde : la mort est le milieu d'une longue vie, si vous [druides] chantez des vérités. »

L'univers apparaît ainsi comme une sorte de construction pyramidale. Les abysses infernaux grouillants des âmes des morts portent la terre. Elle-même supporte le ciel conçu comme une voûte sur laquelle s'appuie l'univers infini. L'édifice est titanesque, mais la fragilité de la voûte du ciel inquiète (cf. L'espace et l'univers, ch. 5).

Cette croyance en la fin du monde, partagée dès le IVe siècle par des Gaulois migrants qui convoitent la Thrace et la Macédoine, semble donc déjà largement diffusée dans le monde celtique. On sait que les Germains, cousins des Celtes, et eux-mêmes « celtisés », se font la même représentation du ciel sous la forme d'une voûte fragile, mais cette fois soutenue par une divinité transformée en un arbre gigantesque. Ce sont là des croyances populaires où se ressentent encore les peurs les plus primitives. Les druides les combattent avec leur méthode habituelle, c'est-à-dire sans les détruire totalement mais en les

L'HOMME GAULOIS

remplaçant par des raisonnements plus scientifiques. Strabon a conservé la version druidique de la fin du monde : « **Les âmes et l'univers sont indestructibles, mais un jour le feu et l'eau prévaudront sur eux.** » La formule, quelque peu paradoxale, a l'intérêt de repousser cette fin du monde à sa plus lointaine extrémité qui est aussi la plus proche de son origine : quand l'univers se dissoudra en ses éléments premiers, il sera à nouveau dans la capacité de se recréer. Un cycle sera achevé au moment même où un nouveau commencera. Cette conception cyclique de la vie en particulier et de l'univers en général est l'une de ces doctrines avec celle de la transmigration des âmes qui font dire des druides qu'ils sont les disciples de Pythagore. La distinction de toutes les choses de la nature en éléments premiers (l'eau, le feu et l'air probablement) révèle également une influence de l'École milésienne. Mais de l'une comme des autres on ne saurait dire comment elles sont parvenues dans le corpus de l'enseignement druidique.

La croyance en l'au-delà connaît le même cheminement. Elle est profondément ancrée chez les anciens Celtes, et leurs sépultures à inhumation pourraient en être l'écho : le mort déposé tel quel avec ses bijoux et ses armes s'apprêterait à vivre une existence terne et symbolique dans un monde infernal mal situé. Les druides probablement lui substituent la foi en l'immortalité de l'âme qui connaît des destins diversifiés, récompense ou châtiment en réponse à une vie terrestre honorable ou condamnable. L'âme peut revenir à ce chaudron originel que constituent les enfers pour revenir, au bout d'une certaine période, sur terre dans un autre corps ; elle peut aussi gagner les cieux. Aussi, dès le IVe siècle av. J.-C., qui marque également le début de l'apogée des druides, les sépultures dans les territoires où ces derniers prospèrent se transforment-elles : le corps est incinéré et l'enveloppe humaine se dissout dans la fumée, dans la fosse sépulcrale n'est déposée qu'une poignée de cendres symbolique. Finalement l'âme pourrait n'être qu'un simple principe de vie, une sorte d'élément premier, et ne remettrait pas en cause les doctrines scientifiques plus générales.

LA MYTHOLOGIE

La mythologie n'échappe pas à l'entreprise générale de réformation menée par les druides. Les mythes, les légendes, les récits pseudo-historiques, les épopées nationales et les généalogies doivent servir de support à toutes les formes de savoir, aussi bien à celui élémentaire dispensé à la plèbe qu'aux traités savants réservés aux disciples et aux futurs maîtres. **Conservée en de longs poèmes versifiés** pour que leur apprentissage en soit facilité, **la mythologie gauloise, parce qu'elle n'a pu être recopiée par les historiens et géographes grecs, a presque totalement sombré dans l'oubli.** Or elle était riche et variée, au point que le philosophe Lucius Annaeus Cornutus, au début de notre ère, n'hésitait pas à la placer au même niveau que la mythologie grecque.

Elle a laissé quelques traces tangibles mais énigmatiques sur des œuvres d'art figurées dont la plupart sont malheureusement tardives. L'une des plus anciennes se trouve sur le plat du fourreau de Halstatt représentant une expédition guerrière et à l'extrémité duquel deux personnages font tourner une roue aussi haute qu'eux. D'autres fourreaux gravés, celui de Cernon-sur-Coole par exemple, des bijoux comme ceux d'Erstfeld (cf. Fig. p. 00) en Suisse, montrent des animaux fantastiques ou des êtres à demi humains aux visages grimaçants, se dévorant souvent les uns les autres et paraissant s'enfouir ou surgir au milieu d'une entrelacs végétal. Les œuvres tardives, parce qu'elles sont plus réalistes, montrent mieux leurs relations avec des récits mythiques dont elles pourraient représenter les scènes capitales. Le plus célèbre de ces objets est évidemment le chaudron de Gundestrup, composé de treize plaques historiées. Les cinq plaques constituant la bordure intérieure présentent de véritables scènes, énigmatiques cependant, mais parmi lesquelles on retrouve des éléments récurrents de la symbolique celtique : le personnage accroupi, les ramures de cerf, le torque, le serpent. Plusieurs situations paraissent se rapporter directement à des histoires ou des légendes : un homme combat une sorte de griffon debout, un personnage accroupi et coiffé d'une ramure de cerf tient un serpent dans une main, un autre personnage chevauche un dauphin, un géant semble plonger un homme tête en avant dans ce qui semble un baquet.

Le **pilier dit « des Nautes »**, dont les blocs ont été découverts dans le chœur de Notre-Dame de Paris, bien que datant du début de notre ère, montre au moins **deux scènes de la mythologie gauloise** où le rapport avec les divinités est cette fois clairement établi puisque sur chacune des faces de ces blocs le nom du dieu concerné est indiqué. Sur le premier (cf. Fig. p. 00), surmonté du nom Ésus, on voit un homme de profil en train d'élaguer un arbre. Cette scène a pu être un leitmotiv puisqu'on la retrouve, presque similaire, sur un bloc semblable découvert à Trèves. La seconde scène portant l'inscription gauloise TAR-VOS TRIGARANUS, c'est-à-dire « taureau aux trois grues », montre un arbre derrière lequel se voit, de profil, un taureau sur lequel sont posées trois grues qui se mêlent au feuillage de l'arbre, comme si la représentation sculptée cherchait à expliquer le nom de la divinité.

Le dieu TARVOS TRIGARANVS sur le « Pilier des Nautes ». Paris, début de notre ère.

D'autres **vestiges de la mythologie gauloise** ont été découverts récemment là où l'on ne s'attendrait pas à les trouver, **dans la propre mythologie romaine**. On sait, grâce à Georges Dumézil, que l'historien romain Tite-Live a enrichi l'histoire obscure des premiers siècles à l'aide de récits légendaires qui étaient, en fait, de véritables mythes. Parmi ceux-ci se cachent des thèmes typiquement gaulois qui ont été réinterprétés. Ainsi en est-il de la bataille de Sentinum où, juste avant l'affrontement, une biche apparaît entre les deux lignes ennemies, bientôt poursuivie par un loup. La biche se réfugie dans le camp gaulois où elle est tuée, tandis que le loup traverse sain et sauf les lignes romaines. Si on reconnaît sans peine la louve romaine, on a autant de facilité à découvrir dans la biche l'un des animaux sacrés des Gaulois. Un autre épisode, plus fameux encore, montre non seulement l'emprise du mythe sur l'histoire, mais aussi le détournement des héros mythologiques gaulois au service de la cause romaine : le corbeau qui vient sauver le jeune tribun Valerius en attaquant à coups de bec le géant gaulois auquel il est affronté n'est rien d'autre que l'un des animaux les plus sacrés des Gaulois, celui qui personnifie justement la victoire. Enfin, dernier exemple, celui du récit fantastique de l'affrontement entre le général Postumius et les Gaulois Boïens qui se sont réfugiés dans la forêt Litana. Le général et ses 25 000 hommes s'avancent dans un étroit sentier, quand soudainement tous les arbres qui bordent le chemin s'effondrent sur eux et les enfouissent. Dans les détails plus ou moins réalistes de cet affrontement peu ordinaire, on reconnaît un thème mythique, cher aux légendes celtiques insulaires, celui de la forêt combattante.

Stèle évoquant le combat entre Valerius Corvus et le géant anonyme gaulois

L'inverse est également vrai : **la mythologie gauloise emprunte ou partage avec ses voisins des héros qui sont censés avoir voyagé en Gaule.** Diodore rapporte qu'Héraclès était réputé avoir fondé la ville d'Alésia. D'une manière générale, on attribue à ce héros grec toutes les améliorations apportées aux mœurs barbares, l'abolition des sacrifices humains, la création de routes, le respect des étrangers, etc. Le même Diodore indique aussi que les Argonautes auraient visité les bords de l'Océan et y auraient installé des cultes en faveur des Dioscures.

Ces exemples quelque peu hétéroclites confirment les propos de Cornutus sur la richesse de la mythologie gauloise. Mais la meilleure preuve de la richesse de celle-ci, on peut la trouver aujourd'hui encore dans les légendes irlandaises qui sont de lointaines descendantes (mille ans plus tard) des mythes celtiques qui se sont largement diffusés dans les derniers siècles précédant le changement d'ère. Ces récits, d'une étonnante diversité, évoquent non seulement les épopées de héros de type grec, tel Cuchulainn, mais aussi tous les aspects de la vie quotidienne, les croyances, l'histoire des peuples et des royaumes, en fait un immense savoir.

LA MAGIE

En Gaule, comme à Rome ou dans les grandes civilisations antiques, **la magie ne se distingue aisément ni des techniques**

L'HOMME GAULOIS

207

L'HOMME GAULOIS

divinatoires ni des pratiques médicales. Il est vrai qu'une telle classification est déjà un exercice difficilement réalisable pour bien des sociétés indigènes contemporaines, observables avec les meilleures techniques de documentation. Aussi ne faut-il pas s'étonner qu'au début du livre XXX de *L'histoire naturelle*, consacré à la magie, Pline, citant abondamment les faits gaulois, évoque aussi bien les sacrifices humains que l'astrologie : « Les Gaules ont été possédées par la magie, et même jusqu'à nos jours », écrit-il. Il ne fait guère de doute que cette activité, intimement mêlée à la religion officielle mais se situant sur ses marges, règne dans la Gaule protohistorique. Et les témoignages littéraires suggèrent qu'**elle est surtout le fait de ces *vates*** (cf. Le corps sacerdotal, ch. 6) **qui paraissent la pratiquer à parts égales avec la divinatio**n. Pline, qui ne se soucie évidemment pas de telles subtilités, attribue la large diffusion de la magie à l'influence des druides. Il a tort évidemment, car ces derniers tentent, au contraire, de diminuer l'usage du sacrifice, humain notamment, et orientent la magie vers la médecine. C'est justement la quasi-disparition des druides après la conquête romaine qui redonne une importance aux mages et prétendus tels qui évoluent dans un chaos religieux qui leur est favorable.

Mais il faut rendre hommage à Pline de nous avoir conservé quelques-unes de ces pratiques. La précision des descriptions révèle que son informateur a vu les druides à l'action. Il faut donc croire que le secret des manipulations obscures avait cédé la place à une ritualisation toute religieuse. L'exemple le plus célèbre est celui de **la cueillette du gui. Cette plante est une véritable panacée qui donne la fécondité et sert de remède à tous les poisons ; le mot gaulois qui la désigne signifie « celle qui guérit tout ».** Les druides la recherchent longuement dans la nature car, pour être efficace, cette plante mythique, dont la graine est apportée sur les arbres par les oiseaux, doit se trouver obligatoirement sur un chêne rouvre, ce qui est assez rare. Quand ils l'ont trouvée, ils se rendent solennellement au pied du chêne. Un druide vêtu de blanc et muni d'une serpe d'or coupe le gui qui est recueilli dans un drap blanc. Au même moment, deux jeunes taureaux sont sacrifiés au pied de l'arbre pour le remercier du don qu'il fait aux hommes.

En réalité le gui possède des vertus médicinales qui sont encore aujourd'hui mises à profit par l'homéopathie. C'est le cas aussi d'autres plantes recherchées par les druides, la verveine, le *selago* qui est une sorte de sabine, le *samolus* qui est une plante des marais. Cependant, chaque fois la plante paraît dotée d'un double pouvoir thérapeutique et magique. Chaque fois, pour garder ses vertus, elle doit être cueillie par les druides eux-mêmes qui accomplissent pour chacune d'elles un rituel spécifique : avoir les pieds nus et fraîchement lavés, faire un sacrifice de pain et de vin, prendre la plante de la main droite sans utiliser le fer d'un couteau tout en faisant passer cette main par l'ouverture gauche de la tunique, comme le font les voleurs, ou au contraire se servir de la main gauche, être à jeun, ne pas regarder la plante, etc. L'usage exclusif des druides pour ces cueillettes et l'obligation de pratiquer des sacrifices indiquent que ces plantes sont toutes considérées comme sacrées et prodiguées aux hommes par leurs intermédiaires habituels, les druides, qui doivent veiller à préserver leur pureté originelle. Il s'agit donc d'**une magie bénéfique exploitant les vertus réelles ou supposées des plantes**. Si les vertus thérapeutiques des plantes sont mises à contribution, leur pouvoir nocif n'est pas pour autant ignoré. L'un des plus anciens textes concernant les Gaulois, remontant au IVe siècle av. J.-C., et compilé par Strabon, rapporte que les Gaulois tirent d'un arbre un poison mortel dont ils enduisent leurs flèches. Les botanistes ont réussi à identifier cette plante, il s'agit du *Datura Stramonium*, dont la toxicité est bien connue.

Il existe une autre forme de magie propice aux hommes, mais elle repose cette fois sur des mécanismes symboliques et fait peut-être appel au mythe. Pline en rapporte un curieux exemple avec la récolte de l'œuf de serpent. Cet œuf, qui en réalité doit être une coquille d'oursin fossile, est réputé être produit par des serpents qui s'entrelacent. L'œuf, issu de leur bave et de leur écume, est tout à coup projeté en l'air par la seule force des sifflements des reptiles. Celui qui veut le recueillir doit le faire lors d'une certaine lune en rattrapant l'œuf avant qu'il ne touche le sol et doit s'enfuir immédiatement à cheval. Obtenu de cette manière, le précieux objet est un talisman qui fait gagner les procès et facilite l'accès aux souverains.

La magie maléfique a certainement une existence parallèle et clandestine. Elle est le fait d'individus qui se tiennent en marge de la société et de ses institutions. Aussi **n'apparaît-elle au plein jour que plusieurs décennies après la conquête romaine**, quand toute la structure religieuse gauloise s'est effondrée et que le corps sacerdotal a totalement disparu. De prétendus *vates* ou druides, en tout cas des hommes suffisamment cultivés pour transcrire la langue gauloise à l'aide de l'écriture cursive latine, rédigent des formules d'envoûtement ainsi que d'autres destinées au contraire à désen-

L'HOMME GAULOIS

voûter. Le plus célèbre document de ce type est le « plomb du Larzac », une tablette de ce métal sur laquelle se trouve le plus long texte gaulois connu. Elle contient ce que les Latins appellent une *defixio*, c'est-à-dire une formule d'envoûtement dirigée vers un groupe de sorcières soupçonnées d'avoir détourné le cours de la justice par des pratiques magiques. De telles tablettes de *defixio*, généralement en plomb, ne sont pas rares en Gaule. Elles traduisent, à l'évidence, une forte influence romaine. L'écriture n'est en effet jamais utilisée en matière religieuse avant la conquête de César. Cependant le fait que ces objets soient trouvés sur des lieux de culte et demandent souvent l'aide de dieux gaulois laisse supposer que les pratiques de sorcellerie existaient depuis longtemps dans la mentalité gauloise.

VII

LES LETTRES ET LE SAVOIR

L'absence de tout document écrit avant la conquête romaine et la persistance, depuis l'Antiquité, des lieux communs sur leur barbarie ont persuadé peu à peu que les Gaulois étaient inaptes aux travaux de l'esprit, tant la création littéraire que l'exploration des divers domaines scientifiques. Pourtant les deux plus anciens découvreurs du monde gaulois, ceux qui se sont aussi attachés le plus à comprendre les hommes, à saisir leurs qualités tout autant que leurs défauts, Caton le Censeur et Poseidonios d'Apamée, nous livrent une tout autre image de leurs capacités intellectuelles. À leur suite, voici ce qu'écrivent des Gaulois nos principaux informateurs. « Ils sont une sorte d'hommes d'une extrême adresse et de la plus grande aptitude à imiter et à produire tout ce qui leur a été montré », écrit César qui se remémore les propos de Poseidonios concernant la technologie et les arts gaulois, quand il voit ses adversaires créer des outils de défense particulièrement adaptés à contrer les fabu leuses machines de siège romaines. Strabon et Diodore de Sicile, au contraire, résument un long passage que le philosophe d'Apamée avait consacré à la pratique des sciences par les Gaulois. « **Ils s'adonnent à la culture de l'esprit et à l'éloquence** », écrit Strabon. « **Leur intelligence est pénétrante et non sans disposition naturelle pour les sciences** », rapporte Diodore. Ces opinions précises et concordantes indiquent que le Gaulois possède une ouverture d'esprit, une curiosité toujours renouvelée, des capacités d'assimilation qui se révèlent dans de nombreux domaines, la philosophie, la technologie civile et militaire, mais aussi les institutions politiques et juridiques. Les découvertes archéologiques en matière d'outillage et de construction confirment non seulement l'ingéniosité mentionnée par César et une maîtrise de toutes les techniques, mais aussi et surtout un sens extraordinaire de l'innovation qui se manifeste autant dans le pur domaine de l'imaginaire que dans celui des réalisations matérielles.

Aussi convient-il de tenter de combler, autant que faire se peut, les vides de notre documentation ou, tout au moins, de donner une idée de l'étendue et des formes du savoir gaulois.

LA LANGUE GAULOISE

Dans le récit de *La guerre des Gaules* on peut voir les principaux acteurs se déplacer du Rhin aux Pyrénées, de l'Armorique aux Alpes, tenir des conciliabules, s'exprimer devant des assemblées, réunir leurs troupes sans qu'aucun problème de langage n'apparaisse. De la même manière, César, lorsqu'il s'adresse à un indigène, fait appel à un traducteur gaulois et non pas spécifiquement trévire ou éduen. S'ils ne permettent pas d'affirmer l'existence d'une langue gauloise parlée de la même manière par tous les habitants de la Gaule, ces faits prouvent l'existence **d'un langage commun à beaucoup de peuples mais pouvant présenter des différences dialectales**. Les auteurs antiques indiquent que ce parler commun a des limites. César précise que le Germain Arioviste a acquis une bonne connaissance du gaulois par une longue pratique. Strabon rappelle que les historiens et géographes antiques distinguent les Aquitains des autres Gaulois, à cause de leur langue différente. Tacite enfin nous apprend que le gaulois ne ressemble pas à la langue parlée par les Celtes de Pannonie. **Le gaulois se présente donc comme le français de l'ancien régime, avant qu'il n'ait été uniformisé par des lois et un enseignement généralisé. Il présente des différences de prononciation, de vocabulaire, mais il est compréhensible par tous les habitants de la Gaule centrale, occidentale et septentrionale.**

La connaissance de cette langue, plus que celle d'autres aspects de la civilisation gauloise, pourrait souffrir de l'absence de documents écrits, qu'ils l'aient été par les indigènes eux-mêmes ou qu'ils fussent copiés par leurs voisins. Paradoxalement ce n'est pas le cas : dès la Renaissance les humanistes se sont intéressés à elle, ont cherché à en rassembler tous les témoignages. Ces travaux n'ont jamais cessé. En 1918, Georges Dottin écrivait le premier ouvrage sur *La langue gauloise*. Un ouvrage au même titre est paru en 1994, doté des connaissances linguistiques les plus récentes. Enfin on dispose maintenant d'un *Dictionnaire de la langue gauloise*, fort de

950 entrées. Ces travaux, aussi brillants soient-ils, ne doivent pas faire oublier la pauvreté des sources sur lesquelles ils s'appuient. On ne dispose, en effet, d'aucun texte littéraire transcrit en caractères grecs ou latins par les Gaulois eux-mêmes ou par des voyageurs. Il n'existe aucune sorte de pierre de Rosette qui donnerait la traduction juxtalinéaire d'un texte même court. Les documents utilisables sont tout d'abord des inscriptions votives ou funéraires sur pierre, écrites en gallo-étrusque en Gaule cisalpine et en gallo-grec dans le sud-est de la France, ainsi que des inscriptions sur des objets ou des plaques de plomb en gallo-latin dans le centre de la Gaule. Les premières remontent au IIe siècle av. J.-C., les secondes datent du IIIe au Ier siècle av. J.-C., les dernières ont été rédigées au cours des décennies qui ont suivi la conquête. Le deuxième type de documents comprend tous les noms de personnes et tous les noms de lieux caractérisés comme gaulois par les auteurs antiques, et tous ceux dont on peut présumer qu'ils le sont parce qu'ils présentent des mots composés avec les mêmes radicaux. Enfin ce sont des mots gaulois empruntés par les langues latines et grecques ou conservés dans les langues romanes. Généralement des gloses antiques puis médiévales notent et expliquent ces emprunts.

La nature de ces documents conditionne celle de notre connaissance de la langue. Nous avons des informations conséquentes sur le vocabulaire, sur la phonologie et la morphologie. En revanche, la syntaxe apparaît comme un domaine quasiment inconnu. Les déclinaisons commencent à révéler leur mystère. Des premiers éléments de conjugaison se font également jour. Ils permettent des lectures encore aléatoires des premiers textes gaulois découverts au cours des dernières décennies, les tablettes de plomb du Larzac et de Chamalières par exemple.

Les travaux sur la langue gauloise bénéficient des progrès remarquables enregistrés par la linguistique au cours des deux derniers siècles. On sait depuis longtemps que **le gaulois est une langue indo-européenne**. Mais sa position par rapport aux autres langues de cette famille est désormais bien établie. Elle appartient au groupe celtique dont les différentes langues peuvent être situées sur une sorte d'arbre généalogique. L'ancêtre est le « celtique commun » qui a pu se former avant le premier âge du fer et dont découlent cinq langues sœurs, le celtibère, parlé en Espagne de 300 à 100 av. J.-C., le lépontique, dans la région des lacs italiens entre 700 et 400 av. J.-C., le gaulois, dans la plaine du Pô, en France, en Belgique et en Suisse de 300 av. J.-C. jusqu'aux environs de 200 apr. J.-C., le britonnique en Grande-Bretagne au début de notre ère, et le goidélique, en Écosse et en Irlande à des dates inconnues. Contrairement à ce qu'on a longtemps cru, le breton, langue encore parlée en Bretagne, n'est pas issu du gaulois mais du britonnique qui a donné également le gallois et le cornique. La connaissance de cette filiation est importante, car elle conditionne évidemment les recherches sur l'évolution de la langue. **Le gaulois n'apparaît plus comme un état du proto-britonnique qui le rendrait assez comparable au breton et au gallois** mais, au contraire, comme l'une des composantes du « vieux celtique continental », auprès du lépontique et du celtibère dont le déchiffrement ont connu parallèlement des progrès considérables. Il est donc raisonnable de penser que, à la faveur de la découverte archéologique de nouveaux textes, la connaissance du gaulois continuera de s'améliorer.

Une inscription celtique transcrite en alphabet lépontien. San-Bernardino en Italie

C'est en onomastique que les connaissances demeurent les plus riches. Elle comprend quatre domaines bien représentés, les anthroponymes, les théonymes ou noms de divinités, les noms de tribus, et les noms de lieux. Tous les noms qui se rangent dans ces catégories connaissent un même mode de formation qui fait appel à deux procédés, **la dérivation et la composition**.

Les anthroponymes utilisent des suffixes patronymiques propres, ce sont *-io*, *-icno*, *-aco*, par exemple Tarbeisonios (fils de Tarbeison),

Trutikni (fils de Drutos) ou le génitif qui indique la filiation, ainsi Martialis Dannotali (Martial, fils de Dannotalos). Ils utilisent également, sans retenue, la composition d'un préfixe avec un substantif (ande-camulos « grand valet »), d'un substantif avec un adjectif (dago-litus « à la bonne vigueur »), d'un substantif, d'un thème verbal et d'un suffixe d'agent (namanto-bog-ios « qui frappe les ennemis) ou tout simplement d'un substantif avec un autre substantif (dumno-rix « roi du monde »).

Les noms de tribus utilisent des suffixes de dérivation propres en -on (Redones « les conducteurs de char » sur le thème *reid- « aller en voiture »), en -eto-, -et- (Calètes, « les vaillants »), en -âko-, iko- (ex. : Aremorici, Bellouaci, Latobici, etc.), en -ati (Atrebati, Tolosates). Les éléments entrant dans les compositions comprennent des noms de nombre (Petrocorii, Tricorri, « aux quatre troupes », « aux trois troupes »), un élément verbal (Tectosages « qui cherchent un toit », Eburovices « qui vainquent les sangliers »), des prépositions, telles que are- (devant), ambi- (autour ou des deux côtés), au- (loin de), etc., et les autres éléments habituels, substantifs et adjectifs.

Les toponymes sont très souvent des composés utilisant les mêmes éléments qui viennent d'être évoqués, plus particulièrement des substantifs et des adjectifs. Les composés les plus courants sont les suivants :

benna, « pointe »
-bona, « source »
brîva, « pont, passage à gué »
briga, « point élevé, mont »
dûno-, et -dunum, « fort »
duro- et -durum, « forum, marché »
ialo- et -ialum, « clairière »
lano- et -lanim, « plaine »
mago- et -magus, « plaine »
nemeto- et -nemetum, « bois ou enclos sacré »
randa, « frontière »
rito-, « gué »

Un certain nombre de noms de rivières, tels qu'Axona (Aisne), Avantia (la Vence), Vârus (le Var), Isara (l'Oise, l'Isère) sont probablement plus anciens ou pré-celtiques, et il est probable que leurs composantes n'appartiennent pas au vocabulaire courant de la langue gauloise.

L'HOMME GAULOIS

LITTÉRATURE

La littérature gauloise, pour les raisons qui ont déjà été évoquées, n'est pas une littérature écrite. Elle n'en est pas moins cependant une véritable littérature, riche, variée et puissante. À cela il y a une explication : elle est le fait de professionnels, les druides et les bardes qui ont l'exclusivité de sa pratique. C'est ce que suggèrent nombre d'auteurs antiques, même parmi les plus anciens. Ainsi l'auteur anonyme d'une *Périégèse* qui fut écrite avant 110 av. J.-C. et dédiée au roi Nicomède de Bithynie, écrit : « Les Celtes ont des usages et des mœurs helléniques, et ils les doivent à leurs relations habituelles avec l'Hellade et à l'hospitalité qu'ils donnent souvent aux étrangers de ce pays. » Strabon confirme la prépondérance de **la culture grecque en Gaule** avant la conquête romaine, en puisant dans le témoignage de Poseidonios. « Massalia, écrit-il, servait tout récemment d'école pour les barbares, elle faisait des Gaulois des philhellènes, et ces derniers mêmes ne rédigeaient plus leurs contrats qu'en grec. » Une certaine proximité des deux langues, gauloise et grecque, prédisposait les Gaulois à se tourner vers la culture hellène.

De leur côté, les Latins ne disent pas autre chose. L'information la plus ancienne qu'ils enregistrent sur les Gaulois est due à celui qui en est en Italie leur meilleur connaisseur, Caton le Censeur. Écrite vers la fin de la première moitié du IIe siècle av. J.-C., elle indique que « la majeure partie de la Gaule pratique avec génie deux arts, celui de la guerre et celui de la parole ». Autrement dit, **dès le début du IIe siècle existait déjà en Gaule une véritable rhétorique qui s'apprenait dans les écoles** et faisait l'objet de démonstrations dans les assemblées. Poseidonios devait, dans son œuvre perdue, décrire avec réalisme ces orateurs, car on trouve chez Diodore cette description : « Leur voix a un son grave et des intonations tout à fait rudes ; dans la conversation, leur parole est brève, énigmatique, procédant par allusions et sous-entendus, souvent hyperbolique, quand il s'agit de se grandir eux-mêmes et d'amoindrir les autres. Ils ont le ton menaçant, hautain, tragique. » Cet art oratoire est d'autant plus développé qu'il est utilisé dans de nombreuses circonstances, dans les assemblées politiques, militaires et juridiques, à toute occasion qui requiert un certain cérémonial, mais aussi au cours des banquets où les joutes verbales précèdent le pugilat et le duel.

À côté de ces exercices ponctuels, spontanés, où la maîtrise de la langue s'appuie sur des formules, des images récurrentes, la poésie qui fixe le discours dans l'écrin du vers occupe la plus grande place. Elle seule permet une longévité au texte, de quelque nature qu'il soit. Par nécessité, elle est tout d'abord didactique. L'essentiel du savoir transmissible est coulé dans d'immenses poèmes qui sont appris par cœur par des élèves qui étudient pendant vingt ans. Le recours à des moyens mnémotechniques et l'usage de catalogues rimés permettent de mémoriser des milliers de vers. Elle est à la charge des druides qui dispensent de cette façon leurs connaissances historiques, géographiques et scientifiques et, pour ceux qui sont appelés à leur succéder, le bagage théologique et juridique nécessaire.

Les bardes (cf. Le corps sacerdotal, ch. 6) ne pratiquent pas leur art seulement dans les écoles ou dans les assemblées, mais en toutes circonstances et en tout milieu. Ils sont, comme les aèdes grecs, des « fonctionnaires de souveraineté », selon la formule de Marcel Détienne. Leur rôle est de glorifier le combattant valeureux et celui qui, par sa vertu, a conquis le pouvoir. Ils accompagnent le premier sur le champ de bataille, le second dans ses assemblées et ses ambassades. À l'inverse, ils ne répugnent pas au recours de la satire la plus virulente, car l'éloge des vertueux se nourrit aussi de la condamnation des lâches et des malhonnêtes. Les bardes et leur poésie quasi sacrée sont non seulement les garants des valeurs guerrières, ils en sont l'indispensable justification. Plus tard, lorsque le guerrier conquérant a cédé le pas à l'homme politique avide d'influence, les bardes ont quelque difficulté a conserver leur place dans cette société si clairement structurée. Leurs poèmes perdent tout caractère sacré, le solennel devient emphatique et sentencieux. Poseidonios nous a gardé le souvenir de l'un de ces malheureux poètes : « Un jour que Luern [père du roi Bituit] avait donné un grand festin à un jour fixé d'avance, un poète de chez ces barbares était arrivé trop tard. Il alla au-devant de Luern, avec un chant où il célébrait sa grandeur, mais en gémissant du retard dont il portait la peine. Le prince, amusé par ses vers, demanda une bourse d'or et la jeta au barde qui courait au côté de son char, lequel la ramassa et fit entendre un nouveau chant disant que les traces laissées sur la terre par le char du prince étaient des sillons qui livraient aux hommes de l'or et des bienfaits. » Une certaine vénalité avait remplacé le don de censure, elle n'avait pas fait disparaître totalement l'esprit d'à-propos et le sens de l'image.

La littérature la mieux diffusée dans la population est une poésie épique qui puise la plupart de ses sujets dans le monde de la guerre. « Les bardes chantaient, en s'accompagnant des doux

L'HOMME GAULOIS

accents de la lyre, les exploits des hommes illustres composés en vers héroïques », écrit Ammien Marcellin. Élien précise encore les choses : « Ils prennent pour sujet de leurs chants ceux qui ont trouvé dans la guerre une belle mort. » Il suggère à quel point, par leurs thèmes, par leur diffusion dans toutes les couches de la population, par la personnalité de leurs auteurs et interprètes, ces épopées gauloises étaient proches des deux longs poèmes homériques qui constituèrent pour les Grecs non seulement un condensé de toute leur littérature, mais aussi une sorte de Bible.

Il n'existe aucune mention dans les sources antiques de l'existence d'un genre littéraire plus populaire et plus vivant, l'art dramatique. Sa présence dans la Gaule protohistorique est cependant hautement probable, parce qu'elle est nécessaire aux esprits les moins cultivés qui ne peuvent assimiler par une seule audition des textes très longs et souvent difficiles, parce que sans cela il serait difficile d'expliquer le succès considérable que connaissent les théâtres ruraux dès le début de l'époque gallo-romaine.

LA PHILOSOPHIE

S'il est encore besoin de prouver le haut degré de civilisation des Gaulois, on trouvera l'argument le plus déterminant dans **l'existence d'une philosophie gauloise, attestée par les auteurs grecs depuis le IIIe siècle av. J.-C.** Certains auteurs – c'était le cas d'Antisthène de Rhodes – n'hésitaient d'ailleurs pas à situer l'origine de la philosophie chez les barbares, notamment chez les Celtes et les Gaulois. Cette position était évidemment extrême et abusive, elle a le mérite cependant d'avoir suscité de vigoureux opposants qui très tôt ont ainsi mentionné les sagesses des peuples non grecs. C'est ainsi que les druides et les « Semnothées » apparaissent pour la première fois dans la littérature. Des seconds, dont le nom est un hapax qu'on a rapproché du mot grec désignant les chamanes, nous ne savons rien, si ce n'est ce qui est indiqué par cette source, à savoir qu'ils sont associés voire assimilés aux druides. Jusqu'à l'époque de César, **tous les auteurs qui évoquent la philosophie en Gaule la considèrent comme la pratique exclusive des druides.** Sans eux il n'y aurait pas de philosophie gauloise, comme il n'y aurait pas de philosophie perse sans les mages.

Depuis l'Antiquité, l'origine des druides et de leur enseignement fait l'objet de controverses. Certains font des druides les
maîtres de Pythagore, d'autres, au contraire, en font les disciples.
La première hypothèse, pour des raisons de chronologie, n'est pas
acceptable, car les druides prospèrent aux IVe et IIIe siècles, bien
longtemps après la mort de Pythagore. La seconde hypothèse,
dans sa formulation, n'est pas plus crédible, car on n'imagine pas
que des Celtes aient pu avoir accès au cercle très fermé de Pythagore
et de ses disciples dès la seconde moitié du VIe siècle. En revanche,
il est tout à fait envisageable que les Gaulois qui ont envahi toute
l'Italie, et notamment la Grande Grèce, au Ve siècle av. J.-C., soient
entrés au contact des élèves de Pythagore et en aient été fortement marqués. Les idées que professent les druides sur l'âme, sur
son immortalité, sur la métempsycose, sur la pureté trouvent plus
que des échos, de véritables parallèles dans les théories pythagorici-
ennes. Au milieu du Ier siècle av. J.-C., des Gaulois rapportent à
César que la doctrine druidique est originaire de l'île de Bretagne,
que de là elle aurait été importée en Gaule, et que c'est la raison
pour laquelle ceux qui veulent la connaître dans la perfection se
rendent en Bretagne pour l'apprendre. Cette information – ou tout
au moins sa première partie – est forcément erronée, également
pour des questions de chronologie : les Celtes belges sont arrivés
dans l'île de Bretagne au milieu du IIIe siècle av. J.-C., c'est-à-dire
à un moment où la réputation des druides était si grande qu'elle
était déjà parvenue à la connaissance d'Aristote et de l'auteur du
traité *La magie*. La philosophie druidique formait donc déjà un
corps structuré de doctrines depuis quelques décennies. En fait,
cette croyance populaire cherchait à expliquer pourquoi ceux qui
voulaient devenir druides n'hésitaient pas à franchir la Manche
pour connaître la formation nécessaire en Bretagne, où effectivement les doctrines avaient pu garder leur fraîcheur première, en
bénéficiant de la protection de l'insularité. Elle livre une information supplémentaire intéressante, elle sous-entend, en effet, que
les envahisseurs celtes de la Bretagne comptaient avec eux des
druides, professant la doctrine qui parut ensuite à leurs semblables
comme la plus pure.

**La philosophie druidique, comme celle des présocratiques,
a la forme d'un savoir universel** où sont mises à contribution la
morale, la métaphysique, les mathématiques, l'astronomie et des
connaissances aussi diverses que la géographie, la botanique, la
zoologie, etc. Ces différents domaines d'étude ne sont pas cloison-

nés mais demeurent interdépendants, car aucun n'a pris encore le statut d'une science autonome. Ce sont des pistes, des voies de recherche que parcourt une pensée qui commence à revendiquer sa rationalité. Celle-ci provoque une profonde rupture dans un système de pensée, héritier des temps préhistoriques, qui faisait la part belle aux superstitions et à l'action obscure de divinités plus ou moins maléfiques. La croyance en des forces surnaturelles dominant le monde terrestre ne laissait place qu'au fatalisme des humbles ou à l'activisme religieux (avec force sacrifices) des fortunés. Les druides, au contraire, s'attachent à décrire le monde avec précision pour mieux le comprendre et en chercher les causes premières. Cette quête d'un savoir dans toutes les directions qui s'offrent à la pensée n'a rien de gratuit ; elle a un but, celui de rendre l'homme meilleur. Et pour cela le plus sûr moyen est encore de lui procurer des conditions de vie plus favorables. De telles préoccupations font des druides bien plus que des philosophes, ils sont les défenseurs d'une morale dont les principes n'ont rien à envier aux sagesses grecque et orientale. Mais il leur faut aussi être les éducateurs de la jeunesse qui perpétuera leur enseignement, ainsi que du peuple qui seul peut les soutenir dans la recherche d'un monde meilleur face à l'égoïsme des puissants. Cela suppose qu'ils pratiquent la justice, prérogative que l'ensemble de la communauté leur concède, parce qu'ils sont « les plus justes des hommes ». La politique est l'aboutissement logique de leur action. Ils contribuent d'ailleurs à en faire émerger la conception dans une Gaule où la puissance est la seule justification du pouvoir. Ils participent à l'élaboration des institutions et contrôlent leur bon fonctionnement. **La Gaule, sous la domination des druides, paraît à ses contemporains grecs un âge d'or**. Cependant ce pouvoir spirituel, si puissant dans ses applications à la vie quotidienne, brûle les ailes de quelques-uns de ses détenteurs. L'exemple de Diviciac, magistrat suprême des Éduens, est éclairant : sénateur, chef de guerre, leader du parti pro-romain, ce n'est que lors de conversations privées avec Cicéron qu'il se souvient encore qu'il est druide ; à César il n'est jamais apparu autrement que comme n'importe quel homme politique, avec ses qualités et ses défauts.

Les druides diffusent auprès de la population et de leurs élèves d'**authentiques doctrines sur la nature de l'univers, sa composition, la nature et l'immortalité de l'âme, l'au-delà**. D'après eux la matière est constituée d'éléments premiers dont les principaux sont l'eau et le feu. L'univers n'est ni fixe ni figé mais connaît des cycles. Un jour il connaîtra une fin, et l'eau et le feu règneront. L'âme est immortelle mais non en tant que simple partie de l'univers. Elle est individuelle, et son destin dépend de la vie de l'individu. Une existence vertueuse et une mort en héros peuvent conduire l'âme à un paradis céleste auprès des divinités. Sinon c'est le cycle perpétuel de la métempsycose qui lui est promis. Ces doctrines ont pu à un certain moment former un corps doctrinal homogène et structuré, sur lequel la plupart des druides et leurs écoles s'accordaient.

Elles sont accompagnées de préceptes ou de règles dont le respect doivent permettre à l'individu de gagner l'éden. Diogène Laërce indique que ces sentences sont prononcées de façon énigmatique par les druides, c'est encore une caractéristique qui les rapproche des pythagoriciens. Si l'on songe aux gestes mystérieux qu'accomplissent les druides lors de la cueillette des plantes médicinales ou sacrées, on peut avoir une juste idée de ces formules qui pouvaient ressembler à certains des *symboles* pythagoriciens, tels que « Ne tisonne pas le feu avec un couteau » ou « ne porte pas d'anneau ». Il est en tout cas significatif que les seuls préceptes druidiques conservés par les auteurs antiques soient justement des conseils moraux parfaitement compréhensibles. Ce sont « Il faut honorer les dieux », « il ne faut pas faire le mal », enfin « il faut s'exercer à la bravoure ». Les trois formules à elles seules résument assez bien l'enseignement des druides et situent bien la place de ces derniers dans la société. La priorité est donnée à la religion, à travers le respect des divinités et par conséquent de ceux qui les représentent parmi les hommes. Cependant l'homme lui même doit veiller à sa propre conduite qui doit être guidée par la recherche du bien. Mais cet objectif moral ne va pas jusqu'à remplacer totalement les anciennes vertus héroïques, celles des guerriers dont le rôle éminent dans la société est ainsi reconnu.

LES PRATIQUES SCIENTIFIQUES

Le calcul, la détermination de figures géométriques simples, l'observation des étoiles sont des activités quasi quotidiennes depuis les temps préhistoriques. Les connaissances en ces domaines sont maigres et entièrement empiriques, leur transmission est aléatoire. Ce sont les druides qui, ici comme en bien d'autres domaines, révo-

L'HOMME GAULOIS

221

lutionnent les façons de pensée. L'observation de la nature, de l'univers et la fascination des nombres sont directement liées à leur philosophie et à leur conception de la religion. Leur savoir reconnu par tous est le fondement de leur situation enviable dans la société. Il est donc un bien jalousement gardé, non divulgué par l'écriture et diffusé avec parcimonie aux disciples. C'est lui qui assure la prépondérance des druides dans toutes les activités humaines qui s'éloignent un tant soit peu de la quotidienneté : réalisation de grands travaux d'aménagement ou d'architecture, négociations diplomatiques, affaires de justice et de législation ; en fait, chaque fois qu'il est fait appel à des capacités intellectuelles supérieures à la moyenne. Cependant il ne constitue pas un capital sur lequel les druides peuvent s'appuyer indéfiniment. Le Gaulois, homme du peuple, probablement assez inculte, est curieux, avide de connaissances, toujours ravi de rencontrer des étrangers desquels il exige des récits de voyage, des descriptions de leur pays. Il dispose lui-même d'un autre type de savoir, de nature pratique, et qui s'exerce dans le domaine des technologies. Habile de ses mains, l'artisan est aussi un fin observateur, toujours prompt à imiter ou à copier tout objet nouveau. Les voyageurs grecs et romains sont très catégoriques à cet égard. Le Gaulois, même si ses dispositions intellectuelles sont peu développées, est donc exigeant envers ceux qui paraissent maîtriser le savoir.

Les Gaulois et particulièrement les druides ont une passion pour les nombres. Elle se révèle tout d'abord dans leurs connaissances en comptabilité qui s'exercent dans des domaines variés, comput, recensement des populations, comptabilité financière. Contrairement aux autres types de savoir, celui-ci bénéficie de l'aide de l'écriture. Les calendriers, bien que sacrés et remisés dans les sanctuaires, sont gravés sur des supports qui, par le jeu de repères mobiles, en font des calendriers perpétuels, tels que celui de Coligny (cf. Le calendrier, ch. 5). Le recensement des populations est noté sur des tablettes, régulièrement mises à jour, qui distinguent soigneusement les hommes, les femmes, les vieillards, et précisent probablement la situation financière de chacun. Les finances des familles sont l'objet d'un même souci de précision et de régularisation continue. Ces écrits ont valeur de pièces juridiques. On sait aussi que les reconnaissances de dettes sont portées par écrit. Tous ces documents sont confectionnés à l'aide de caractères grecs, ce qui signifie que leur usage est bien antérieur à la conquête romaine. Mais les nombres ont aussi d'autres vertus, ils sont l'expression du sacré et sont l'image même de l'harmonie de l'univers. On a vu que les druides les mettent à contribution pour une forme très savante de divination.

La géométrie, dont on sait l'influence déterminante qu'elle a eue sur la science naissante et la rationalité occidentale, est mise sans cesse à contribution par les Gaulois pour leurs constructions, pour la délimitation des parcelles et des enclos, mais aussi par grand nombre d'artisans qui créent des objets ou des machines suivant des plans aux formes normalisées. Les figures utilisées sont générale-ment simples (rectangle, carré, cercle, polygone régulier), mais leur mise en œuvre pour les édifices de grande surface exigent des outils autres que l'équerre, le cordeau ou des systèmes simples de visée ; il faut alors des instruments mathématiques, tels que le « tri-angle d'or » qu'a décrit Vitruve, c'est-à-dire doté de trois côtés mesurant respectivement 3, 4 et 5 unités. On ne sait s'il faut attribuer ces connaissances à l'influence des pythagoriciens, c'est-à-dire à des contacts entre Gaulois et intellectuels de Grande Grèce, car ces instru-ments théoriques étaient également connus des Égyptiens et des Mésopotamiens.

L'astronomie est probablement la science qu'on pratique le plus en Gaule. Le témoignage de César est formel : « Les druides dissertent abondamment sur les astres et leur mouvement, sur la grandeur de l'univers et sur celle de la terre... et ils transmettent ces connaissances à la jeunesse. » On ne peut évidemment pas se faire une juste idée des résultats auxquels sont parvenus ces observations et ces travaux. On sait seulement que leur qualité a été reconnue par Poseidonios qui lui-même est un savant en astronomie et en mathématiques, et chez qui César puise ses informations. L'archéologie donne des exemples des applications de cette science à la réalisation de certains édifices. Ainsi la situation et le plan des lieux de culte répond-il à des exigences d'ordre astronomique. Le sanctuaire de Gournay montre quatre côtés qui font face aux qua-tre points cardinaux, l'entrée ouvre vers le soleil levant, et l'axe précis de l'autel creux qui passe par cette entrée est celui du soleil levant au solstice d'été. Mais les applications les plus remarquables de la pratique astronomique gauloise sont celles qu'on pressent à travers la réalisation des calendriers.

La médecine n'est pas à proprement parler une science mais plutôt une pratique qui s'abreuve de connaissances scientifiques. Elle bénéficie en Gaule de l'influence rationnelle des druides qui à l'empirisme substitue l'observation du corps et de l'effet des plantes,

L'HOMME GAULOIS

et aux rites magiques la recherche des causes et celle de l'obtention d'authentiques guérisons. La chirurgie est pratiquée depuis longtemps par les compagnons des guerriers dont les blessures souvent terribles nécessitent des amputations, des incisions au scalpel, voire des trépanations et des sutures, audacieuses mais nécessaires. La réduction des fractures est une pratique fréquente. La connaissance anatomique a évidemment profité de la chirurgie militaire, mais elle est aussi le privilège des sacrificateurs qui, en des circonstances exceptionnelles, recourent à la mise à mort d'êtres humains, à l'ouverture de leurs corps et à l'examen de leurs entrailles pour y découvrir des signes divins. Elle bénéficie également de l'expérience de ceux qui pratiquent la thanatopraxie et toute forme de conservation des restes humains. Les druides introduisent une autre discipline médicale, la thérapeutique par les plantes. Si leur cueillette est soumise à des rites rigoureux qui font appel à la mansuétude des divinités, l'efficacité des plantes elles-mêmes n'est pas à mettre en doute. Le gui, la verveine, la sabine, plantes dont Pline mentionne qu'elles étaient cueillies par les druides, possèdent des vertus médicinales aujourd'hui reconnues.

La physique et la chimie ne sont évidemment pas connues comme des pratiques autonomes, mais des principes, des lois, sont observés et mis à profit dans les technologies de pointe que sont la forge et la mise en forme des métaux, l'orfèvrerie, l'émaillage. **La réalisation des bas-fourneaux, le contrôle de la chaleur, la maîtrise de la fusion, la réduction du minerai, la réalisation de soudure, etc. sont des techniques délicates qui ont lentement préparé l'émergence de ces sciences.**

VIII

LES ARTS

Longtemps l'art gaulois a été méconnu ou méprisé. Auprès des chefs-d'œuvre grecs de la sculpture et de l'architecture, les rares pièces découvertes en Gaule semblaient l'exemple même du manque d'esprit artistique des barbares. Encore en 1920, dans sa célèbre *Histoire de la Gaule*, Camille Jullian répugne à utiliser le mot et évoque seulement « cet amour des Gaulois pour les objets bien décorés ». Ce n'est que quelques années plus tard, lorsque les Occidentaux découvrent les arts indigènes, que l'on dit aujourd'hui « premiers », que l'art celtique acquiert un droit de cité plein et entier et qu'il prend place auprès des autres productions esthétiques majeures de l'Antiquité. Les surréalistes et Georges Bataille sont pour beaucoup dans cette réhabilitation tardive.

De fait, le corpus des œuvres issues de l'art celtique de Gaule est déroutant. Il ne correspond nullement à la conception de l'art qu'on se fait aujourd'hui, qui est l'héritière directe de la culture gréco-romaine. Les formes d'expression et leurs supports sont fondamentalement différents, tout autant que l'est le contenu sémiotique des œuvres. **Le Gaulois ne cherche pas à représenter la réalité, encore moins à la magnifier**. Il faut dire qu'il n'a pas été guidé dans une telle voie – comme le furent les Grecs au plus haut point – par la nécessité de donner une image humaine aux dieux et par conséquent de rechercher pour eux la perfection qu'ils pouvaient trouver dans le corps humain. Contrairement à ce qu'affirme Jullian, si les Gaulois aiment les beaux objets, ils attendent de l'artiste autre chose que le beau et le simple plaisir de l'œil. Que ce soit dans la décoration de pièces d'orfèvrerie ou de harnachement, dans celle des fourreaux d'épées ou la création d'images monétaires, il est remarquable que celui qui regarde ces objets, vingt et un ou vingt-cinq siècles plus tard, perçoive un message qui n'est pas celui du simple esthétisme. **L'art celtique est un véritable langage** qui redouble ou prolonge celui des « maîtres de vérité », druides et bardes, qui ont un accès direct au monde divin, et en témoigne par allusions, énigmes, métaphores et autres métonymies. Ces œuvres – c'est justement pourquoi elles sont au plus près du corps et prennent place au cœur de la vie quotidienne – fonctionnent comme le rêve : elles font voir à l'homme ce qu'on appelle aujourd'hui l'inconscient et qui, dans l'Antiquité, était interprété comme une émanation divine. Aussi l'émotion qu'elles provoquent demeure-t-elle intacte. Qu'elles échappent à toute explication rationnelle et qu'elles nous montrent cet indicible expliquent la fascination du spectateur contemporain et le dédain des amateurs d'art non formés à cet autre regard.

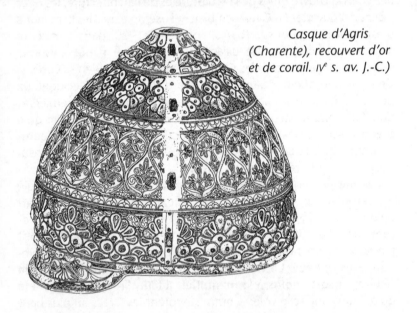

Casque d'Agris (Charente), recouvert d'or et de corail. IVᵉ s. av. J.-C.)

Trois périodes scandent la production artistique de la Gaule, elles correspondent à peu de chose près aux trois subdivisions chronologiques du second âge du fer. La plus ancienne (du Vᵉ au IVᵉ siècle av. J.-C.), qu'on peut qualifier de « **style décoratif** », prolonge, en en renouvelant profondément les thèmes iconographiques, l'art du premier âge du fer ou hallstattien qui utilisait à outrance les motifs géométriques. Les productions, relativement protéiformes, empruntent de nombreux motifs aux cultures voisines ou plus ou moins éloignées (Grecs, Étrusques, Scythes et Thraces). Ce sont la palmette, la fleur de lotus, le rinceau qui ne sont jamais employés

226

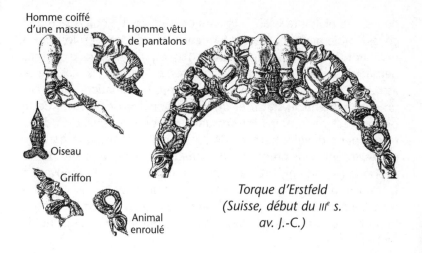

Homme coiffé
d'une massue

Homme vêtu
de pantalons

Oiseau

Griffon

Animal
enroulé

*Torque d'Erstfeld
(Suisse, début du IIIᵉ s.
av. J.-C.)*

seuls mais intégrés dans des compositions linéaires (**style dit « végétal continu »**) où la composition souvent savante fait presque disparaître les motifs initiaux. Apparaissent également des thèmes plus figuratifs, oiseaux, figures monstrueuses ou mythiques (griffon, serpent, être mi-humain, mi-animal, etc.). À ce style qui se cherche encore fait suite celui de l'épanouissement (milieu IVᵉ au début du IIᵉ siècle av. J.-C.) qui marque l'apogée de l'art celtique en Gaule. Désormais l'artiste se libère de toute contrainte de rythme et de logique figurative. Il ne se soucie plus des qualités pratiques des supports (surface suffisamment importante et plane), mais joue au contraire de toutes les difficultés qu'offrent les formes d'objets considérés comme inadaptés à la décoration : pièces de harnachement constituées d'anneaux, gaines de fourreau, arcs de fibule, etc. Sa virtuosité est la même dans le graphisme que dans la plastique, si bien que cette période est tantôt caractérisée par le « **style des épées** » (gravures en aplat) que par le « **style plastique** » marqué par des modelages audacieux exécutés à la cire perdue. Dans les deux cas, l'élément le plus remarquable est la présence de figures plus ou mois réalistes qui jouent avec notre regard : sur les gravures elles se perdent dans l'entrelacs des courbes et des contre-courbes ; sur les objets sculptés elles se métamorphosent suivant l'axe du regard (un masque humain grimaçant devenant, sous un autre angle, une paire de bourgeons parmi des terminaisons végétales). La troisième période (du IIᵉ siècle jusqu'au début de notre ère) est marquée par le déclin de cet imaginaire qui, dans la période précédente, semblait intarissable. La surface décorée des objets se réduit considérablement, les décors tendent à se standardiser, les motifs revenant à leur état pur (esses, triscèles, à nouveau formes géométriques). À l'évidence, la pauvreté du répertoire, la maladresse assez courante de l'exécution, l'absence d'imagination traduisent un changement du statut et de la personnalité de l'artiste. Cette période est néanmoins intéressante par deux nouveautés, l'extraordinaire développement de l'art monétaire marqué par une multiplication sans précédent des images et par la diversité de ses supports (or, argent, bronze frappé, bronze coulé) et l'innovation technologique que constitue l'émaillage, utilisé dès le IVe siècle, mais cette fois largement diffusé et qui bénéficiera, dans les derniers temps, de nouvelles couleurs (au rouge s'ajouteront le blanc, le jaune, le vert et le bleu).

L'ARCHITECTURE

L'indigence des vestiges archéologiques en ce domaine ne permet guère de se faire une idée juste de l'activité architecturale. Hormis les remparts des oppida qui font appel à la pierre et quelques bâtiments édilitaires ainsi que les soubassements des maisons du sud-est de la Gaule qui reposent sur de véritables murs et parfois sur des monolithes, toutes les constructions sont en bois. Ce matériau ne permet évidemment pas des réalisations aussi monumentales que celles du monde classique, elles ne se prêtent pas non plus à une aussi prestigieuse décoration sculptée et peinte. Cependant bien des plans de bâtiments, révélés par les trous de leurs poteaux et les empreintes des sablières, témoignent de constructions spacieuses, peut-être très hautes, ainsi que l'ont proposé quelques archéologues. La découverte de quelques pièces de bois sculpté (une représentant un magnifique cerf dans un puits à Fellbach-Schmiden en Allemagne), des fragments de revêtement de torchis portant des traces de peinture et de gravure (dans la villa aristocratique de Montmartin, par exemple) prouvent également que les maisons et les bâtiments cultuels, même s'ils sont promis à une existence relativement courte, peuvent faire l'objet des plus grands soins dans l'apparence extérieure.

La découverte d'innombrables pièces d'assemblage en fer indique que cette architecture de bois est beaucoup plus complexe qu'on ne l'imaginait jusqu'à présent et qu'elle fait appel, comme l'architecture de pierre, à plusieurs corps de métier. La nécessité de l'étude préalable, de la réalisation de plans géométriques tenant compte du relief du terrain, par conséquent de notes et de croquis, suppose que ce sont les druides qui jouent le rôle d'architectes pour tout bâtiment un peu inhabituel. Cette exclusivité est certainement la cause du faible développement de cette activité, tant dans ses réalisations que dans ses modes d'expression.

LA SCULPTURE

Le désintérêt pour la représentation humaine n'a pas favorisé cette forme d'expression qui connaît chez les voisins immédiats des Gaulois un succès considérable, les Grecs et les Romains bien sûr, mais aussi les Étrusques et les Ibères. Comme il a déjà été dit, ils n'ont pas été entraînés dans cette voie par le désir fort, car de nature religieuse, de représenter leurs dieux comme les plus parfaits des humains. Une telle conception de la divinité leur paraît une incongruité mais suscite cependant leur étonnement et probablement une réelle admiration, comme en témoigne l'anecdote de Brennus à Delphes, moquant les dieux mais prenant soin d'emporter leurs statues. De ce fait, le destin de cet art dans le monde celtique est doublement influencé par les modèles prestigieux offerts par les civilisations proches et par les contraintes d'une idéologie religieuse toute-puissante ; il ne suit pas une évolution linéaire mais un parcours heurté.

À la fin du premier âge du fer, les relations étroites qui rendent solidaires les princes hallstattiens des mondes grec et étrusque initient ceux-là à des formes d'art qui leur étaient jusqu'ici inconnues, principalement la peinture et la sculpture. Dans la mise en scène de leur pouvoir à travers l'exaltation de leur personne, la statue grandeur nature joue un rôle de première importance, car la grande majorité de la population n'a encore jamais vu de telles réalisations humaines. Les tumulus princiers d'Allemagne ont livré de semblables statues en position hiératique qui rappellent les *kouroï* grecs. En France, sur le site de Vix ont été découvertes récemment deux statues, un guerrier et une femme portant un torque assez similaire à celui en or découvert dans la célèbre tombe. Elles ont la particularité de représenter ces deux personnages, assurément princiers, en position assise, comme s'ils participaient en personne au banquet funéraire donné en leur honneur dans la petite enceinte où ont été retrouvées les statues gisantes. Ces œuvres, pleines de promesses, n'ont cependant pas l'expressivité de leurs homologues contemporains du monde italique. Les visages surtout ne présentent aucun signe distinctif : à l'évidence l'artiste n'a pas cherché à reproduire le visage du défunt, comme si l'identité de celui-ci s'imposait à travers le projet exceptionnel que représentait la réalisation d'une œuvre plastique de cette taille.

Restitution d'un ensemble comprenant une statue et des stèles. Glanum (St Rémy de Provence), IVe s. av. J.-C.

À la même époque **dans le sud de la France, de chaque côté du Rhône, la statuaire en pierre connaît une faveur particulière.** La production est importante, de qualité très diverse, mais surtout les modes de représentation sont plus variés. La sculpture est employée aussi bien pour des statues de grande dimension en ronde bosse que pour des bas-reliefs ou des éléments architectoniques. Mais la différence avec les autres productions du monde celtique tient à la représentation d'animaux, chevaux et oiseaux surtout. De même les humains sont parfois personnifiés dans des poses moins figées (les plus célèbres œuvres sont celles d'individus en position accroupie à **Roquepertuse, Entremont, Glanum**, etc.) et avec plus de réalisme. Les vêtements, les éléments de harnachement, les bijoux sont reproduits avec un évident souci du détail mais qui ne gagne cependant jamais les traits de la figure qui, bien que représentés de manière moins archaïque, continuent d'obéir à des conventions de simplicité et d'uniformité.

Il est vrai que bien souvent l'utilisation de la peinture devait donner non seulement de la couleur mais aussi beaucoup plus d'expression à ces supports de pierre (calcaire dur, grès) dont la taille demeurait relativement rudimentaire. Beaucoup de ces œuvres doivent, comme celles plus septentrionales, évoquer les défunts, mais il semble qu'elles n'aient pas été cantonnées aux seuls lieux de sépulture et qu'elles pouvaient prendre place dans les maisons ou dans des édifices publics. C'est pourquoi certains archéologues proposent de reconnaître dans ces statues la représentation d'ancêtres ou de membres de la famille. C'est une hypothèse que rien pour l'heure ne permet d'accréditer mais qui, si elle se vérifiait, ouvrirait de nouvelles perspectives sur la psychologie du Gaulois et sur sa conception de la famille.

La statuaire en pierre disparaît de l'ensemble des territoires gaulois dès le début du IVe siècle pour ne reparaître qu'après la conquête romaine. Sa disparition brutale, alors qu'elle se trouve en plein développement, dans le sud-est de la Gaule notamment, ne peut s'expliquer que par une interdiction religieuse, du même type que celle qui frappe l'écriture. On doit y voir la marque des conceptions druidiques qui connaissent alors une expansion remarquable. L'interdit est si fort qu'il met non seulement un coup d'arrêt à la réalisation des statues mais qu'il s'accompagne également de la mise au rebut de celles existantes dont certaines étaient déjà en place depuis un siècle ou deux. Il n'est donc pas certain, comme le proposent quelques historiens, que le bois ait alors remplacé la pierre. L'hypothèse est d'autant moins crédible que les deux matériaux exigent des techniques de taille très différente. On ne voit pas pourquoi le savoir-faire des tailleurs de pierre aurait été délaissé, tandis que les premières œuvres en bois (datables du Ier siècle av. J.-C.) ne témoignent pas – loin s'en faut – d'une pratique déjà longue. Les troncs sculptés qui apparaissent en Gaule, surtout après la conquête romaine, aux sources de la Seine ou à Chamalières, par exemple, ne montrent aucune filiation avec les œuvres des VIe et Ve siècles av. J.-C. : les arbres ont été seulement équarris, et les individus représentés obéissent à la posture rigide que leur impose la forme longitudinale du grume. **La seconde période de la statuaire gauloise, entre le début du IVe siècle et le Ier siècle av. J.-C., se caractérise donc par sa disparition quasi complète, ce qui est un phénomène assez exceptionnel dans l'histoire de l'art.**

La troisième période est par conséquent tardive, elle est plus l'introduction à un art « gallo-romain » que l'aboutissement de l'expression celtique. Il n'est même pas sûr qu'elle prenne naissance avant la conquête romaine. Le seul argument en ce sens sont les vers de Lucain décrivant un bois sacré que César fit abattre : « Les sinistres simulacres des dieux manquent d'art et se dressent informes sur des troncs coupés. » Lucain, d'origine espagnole, écrit aux environs de 50 apr. J.-C. ; il est probablement influencé par la production exubérante qui accompagne les premiers temps de la romanisation. La sculpture, marquée par des modèles romains, est pratiquée alors autant par les artisans besogneux installés près des sanctuaires que par des artistes, peut-être d'origine romaine, qui maîtrisent parfaitement le travail sur le bronze. Les œuvres d'inspiration celtique, tel le dieu d'Euffigneix, aussi intéressantes soient-elles, ne montrent aucun progrès par rapport à leurs lointains antécédents de la fin du premier âge du fer.

L'ART DÉCORATIF

La décoration des objets les plus divers, du bijou à la pièce de char, en passant par les armes, la poterie et les accessoires domestiques, est un domaine où la créativité des Celtes s'est exprimée avec le plus de succès et pendant la période la plus longue. Cette pratique trouve ses origines dans les premiers temps des âges des métaux et se prolonge, en conservant ses caractères et ses traditions, jusque sous l'empire romain. Les raisons de cet engouement pour un art qui a semblé mineur parce qu'il ne

Décors gravés sur des fourreaux.
A : Gournay-sur-Aronde.
B : Cernon-sur-Coole

A   B

s'occupe que de petites surfaces sont assez simples. Les Celtes furent longtemps nomades ou semi-nomades. Ils n'avaient donc aucun goût pour des œuvres nécessairement fixes mais se souciaient de pouvoir transporter sur eux ou avec eux des objets luxueux qui, comme l'or et les troupeaux, témoignaient de leur richesse et de leur pouvoir. Les Gaulois, plus sédentaires, gardent cette habitude et l'amplifient même en ne se contentant plus de porter des bijoux mais en cherchant à embellir tous les objets de la vie quotidienne. Cette décoration obéit, avec quelques variantes imposées par les supports, aux trois grandes périodes qui caractérisent l'art celtique de la Gaule.

L'art décoratif est autant le fait d'habiles artisans que d'authentiques artistes. C'est certainement dans le domaine de l'orfèvrerie au sens large (bijoux en or, en argent et en bronze) qu'exercent les plus habiles techniciens. Les méthodes demeurent assez simples (fonte à cire perdue, feuille d'or, travail au repoussé, soudure), mais produisent de véritables chefs-d'œuvre par l'inspiration, la qualité de l'exécution et la finesse des motifs. L'un des meilleurs exemples est l'ensemble de quatre torques et trois bracelets en or découverts à Erstfeld en Suisse. Ces pièces, datées de la fin du Ve siècle av. J.-C., montrent une décoration figurée mêlant des représentations d'animaux et d'humains aux habituels motifs celtiques (palmettes, rinceaux et nodosités en forme de bourgeons), le tout **dans un incroyable enchevêtrement autorisant de multiples lectures**. C'est cependant aux deux siècles suivants que l'apogée est atteinte avec des bracelets, des anneaux, des pièces de char, réalisés en bronze au moyen de la technique de la cire perdue. Là les décors, contrairement aux bijoux d'Erstfeld montrant une figuration encore plane, jouent autant avec la forme ingrate de l'objet, souvent torique, qu'avec les différents points de vue du spectateur. Renflements aux versants alternativement convexes et concaves, excroissances sphériques rythmées de rides et de hachures créent des formes où le végétal, l'animal et l'humain s'affrontent, tantôt les masquant tantôt les faisant naître. Jamais ces réalisations n'ont aussi bien mérité leurs deux appellations les plus courantes : « style plastique » pour des reliefs où l'œil croit bénéficier d'une quatrième dimension ; « style du chat du Cheshire » pour les compositions où les sujets jouent à un étrange jeu de cache-cache.

Les potiers, d'une façon générale, décorent eux-mêmes leurs produits avec une plus ou moins grande habileté. Pour cette raison, les motifs géométriques ne faisant guère appel à l'imagination créatrice sont omniprésents. On note cependant des exceptions remarquables à travers des céramiques décorées avec des thèmes habituellement réservés aux supports de métal, les vases de Saint-Pol-de-Léon et de Kelouer Plouhinec, sur lesquels sont gravées de grandes palmettes ou des esses subtilement enchaînées, les vases de Champagne (Prunay, Puisieulx) où les mêmes motifs sont réalisés à l'aide de grands aplats de peinture rouge jouant avec des réserves laissant apparaître la couleur chamois de la terre cuite. Les décors plastiques sont très rares ; un exemplaire est cependant connu, qui n'a rien à envier à certaines pièces de bronze : c'est une grande écuelle découverte à Bouqueval (Val-d'Oise) dont la panse est entièrement recouverte par un enchaînement de quatre grandes esses dont les extrémités, se chevauchant, forment un yin-yang. À partir du IIe siècle, le mouvement figuratif touche également la céramique. Dans le centre-est de la Gaule sont produits en grand nombre des vases dont la panse est entièrement peinte et sur laquelle sont figurées **des représentations zoomorphes de la plus grande qualité graphique** (Aulnat). Celles-ci, fortement influencées encore par le style plastique dont elles gardent la construction très étrange des figures, à partir des motifs habituels assemblés subtilement (esses, enroulements composant des chevaux, des oiseaux et des monstres d'une grâce toute nouvelle), forment la transition avec l'art des monnaies où les mêmes thèmes seront traités plus simplement et comme écrasés sur l'avers et le revers des pièces.

Céramiques peintes du centre-est de la Gaule

La figuration touche également les objets de la vie quotidienne, qu'ils soient en matériau de qualité ou plus simplement en fer et en terre. Les accessoires du foyer sont privilégiés. Les chenets (cf. Fig. p. 261) en terre cuite ont forme d'ovins à l'encolure très haute et garnie de volutes imitant la laine. Les landiers de fer prennent, au contraire, la forme de têtes de bovidés par l'adjonction de cornes sur les extrémités supérieures. Les seaux montrent des bandages décorés, qu'ils soient de cuivre ou de fer. Mais il faut dire que ces objets de la maison sont les seuls à laisser des traces tangibles. Les tables, châlits, meubles et autres pièces de bois ont totalement disparu. Mais on a vu, avec l'exemple des représentations d'un magnifique cerf et de deux bouquetins à Fellbach-Schmiden, que les éléments en bois peuvent être décorés dans un style assez proche des figurations animales d'Aulnat.

L'ART DES MONNAIES

La monnaie offre à l'art gaulois la meilleure occasion de s'affranchir de son ascendance celtique. En Gaule, types monétaires et exemplaires abondent, mais c'est là surtout que fleurit une forme d'expression aboutie qui ne se rencontre nulle part ailleurs. Paradoxalement la petitesse du support et les contraintes qu'impose la fonction de la pièce suscitent une liberté dans la forme et dans le répertoire imaginaire jamais égalée sur aucun autre objet. Au IIIe siècle av. J.-C., au moment où règnent en Gaule le style plastique et celui du « chat du Cheshire », apparaissent les premières monnaies de Macédoine et de Grande Grèce. Les artistes gaulois n'éprouvent aucun goût à les recopier mais déploient une imagination sans bornes pour déstructurer leurs images, les plier aux canons de leur art. Surgissent ainsi des figures étonnantes. Le profil de Philippe de Macédoine est réduit à sa plus simple expression : nez, yeux, menton schématisés disparaissant sur les bords de la monnaie, tandis que la chevelure exubérante couvre la totalité du flan. Ou bien cette même chevelure se garnit d'éléments étrangers, un sanglier-

Monnaie de billon (cuivre et argent) des Coriosolites

L'HOMME GAULOIS

enseigne, des crânes coupés reliés par des branches couvertes de feuilles, etc. Le revers n'échappe pas à ces métamorphoses : le bige majestueux est remplacé par un cheval stylisé, le char ne garde qu'une roue qui le symbolise ou disparaît, dans ce cas l'aurige est juché sur le cheval, il prend parfois l'apparence d'un oiseau, le cheval lui-même peut devenir androcéphale, tandis que le champ périphérique s'encombre de motifs et d'objets hétéroclites (chaudron, épée, lyre, marteau, navire, etc.). Ces constructions, qui pourraient être maladroites, attirent et retiennent le regard, nous interrogent plus qu'elles nous enseignent.

Les graveurs de poinçons monétaires inventent même un traitement de l'image, mêlant profil et face, qui ne sera redécouvert que longtemps plus tard par les artistes surréalistes, tels que Picasso. L'utilisation de métaux moins faciles à travailler que l'or, le bronze frappé et le bronze coulé, ne permet plus l'abondance des détails et leur finesse qui caractérisent les premières monnaies. Le graveur doit alors réduire le nombre des éléments signifiants et les grossir. Les pièces obtenues ne perdent rien de leur caractère énigmatique et témoignent toujours de la liberté sans limite de leur créateur. Le répertoire des images s'agrandit : animaux et monstres pullulent, mais surtout d'authentiques Gaulois apparaissent sous la forme de portraits standardisés mais identifiés par une légende onomastique, ainsi qu'à travers des silhouettes réalistes (personnage marchant, courant, assis) munis d'accessoires soigneusement figurés, cuirasse, casque, épée, enseigne. Cependant **l'économie de moyens caractérisant ces pièces conduit l'expression dans une voie inédite dans l'Antiquité, celle de l'abstraction** : des profils humains ou divins ne subsistent plus ici qu'un œil à peine reconnaissable (un simple ovale), là une boucle de cheveux stylisée, ou encore un bandeau évoquant la couronne, un triangle pour le nez. Comme si le jeu de cache-cache des artistes du IIIe siècle se poursuivait ici, en un jeu de références vers des monnaies plus anciennes ou d'autres figurations qui ne sont pas parvenues jusqu'à nous.

LA MUSIQUE

Elle est en Gaule le seul art populaire, non par la pratique réservée aux bardes et aux musiciens militaires, mais par son audition dont bénéficie une grande partie de la population en de multiples occasions, dans les fêtes religieuses, au cours des expéditions guerrières, dans les assemblées de quelque nature qu'elles soient. Sa pratique est ancienne, déjà largement diffusée chez les Celtes du premier âge du fer qui représentent des joueurs de lyre sur leurs céramiques. Lorsque les premiers voyageurs grecs pénètrent en Gaule au IVe siècle av. J.-C., c'est l'une des particularités qu'ils prennent soin de noter, s'étonnant de voir les Gaulois tenir leurs assemblées en musique et expliquant cette coutume par une volonté d'adoucir leurs mœurs barbares. Cependant la documentation demeure partielle. Les informations sur les différents types de musique, les chants, les circonstances de leur mise en œuvre sont rares. Et l'archéologie n'est que d'un faible secours ; elle livre quelques représentations iconographiques et exceptionnellement des vestiges d'instruments de musique, des fragments de carnyx notamment.

Carnyx représentés sur le chaudron de Gundestrup (Danemark)

Dans l'état de nos connaissances qui peut n'être absolument pas représentatif d'un art naturellement populaire et qui a pu adopter les formes les plus diverses (des plus simples, le chant par exemple, aux plus abouties, nécessitant l'usage de notations), deux types de musique se distinguent. La première est rudimentaire et fait plus appel à la puissance des sonorités qu'à la mélodie. C'est la musique militaire qui accompagne les armées lors de leurs déplacements et au moment de l'assaut. Les instruments à vent sont utilisés. Le plus emblématique est une grande trompette verticale en cuivre dont le pavillon prend généralement l'apparence d'une hure de sanglier et qui permet au son de se diffuser au-dessus de la tête des guerriers. Les Grecs l'appellent *carnyx*, ce qui est certainement son nom galate. Une autre trompette est utilisée, plus habituelle ; elle est réalisée dans une corne de bovidé. On ne sait si le tambour ou tout autre instrument à percussion sont mis à contribution. En revanche, les Gaulois comme les

L'HOMME GAULOIS

Germains ont l'habitude de faire s'entrechoquer leurs armes pour produire un son métallique et effrayant. Lors de l'assaut, à ces sons puissants et rauques les Gaulois joignent leurs cris de guerre. Le résultat est saisissant par l'effroi qu'il provoque et par l'idée du nombre de guerriers qu'il suggère. Lorsqu'ils sont victorieux, les guerriers retournent chez eux en entonnant un chant que Poseidonios d'Apamée qualifie de *péan*. On ne sait si ce terme signifie seulement qu'il s'agit d'un chant de victoire ou s'il a la forme (avec des refrains où le mot « péan » est prononcé) et le but du chant grec, celui de rendre grâces au dieu Apollon que les Celtes révèrent également.

L'autre forme de musique est plus savante. Comme dans le monde grec, elle est intimement liée à la poésie chantée et fait l'objet de prestations publiques, peut-être également de concours. Sa pratique paraît en être quasi exclusivement réservée aux bardes qui font leurs panégyriques en musique, en chantant ou en s'accompagnant de la lyre, voire les deux. Poseidonios d'Apamée nous apprend que le mot « bardes » désigne des ensembles de musiciens et de chanteurs, que ces derniers accompagnent les guerriers dans leurs expéditions où ils donnent des représentations consistant en des éloges de leurs maîtres soit devant des assemblées nombreuses, soit dans des cercles plus restreints. Mais on sait que certains bardes ont un emploi plus spécialisé, toujours lié au monde de la guerre, celui qui consiste, nous dit Lucain, à trier parmi les âmes vaillantes celles qui gagneront le paradis et à les y accompagner. Cette pratique, proche de celles des chamanes ou des poètes orphiques, fait évidemment appel à la musique, un art qui, par sa subtilité et son immatérialité, est le plus propre à évoquer l'âme et en même temps à communiquer avec elle. Ce rapprochement avec ceux qui se réclament d'Orphée paraît encore plus évident si on compare les instruments utilisés. La lyre des bardes est en fait, comme le donne à voir la belle représentation découverte à Paule, une cithare en tous points comparable aux modèles grecs et, comme celle d'Orphée, munie de sept cordes.

Bien qu'aucun auteur ne le précise explicitement, il est vraisemblable que la musique, et notamment l'apprentissage de la cithare, fassent partie de l'éducation dispensée par les druides. La lyre et les poésies sont en effet indissociables, et l'application de thèmes musicaux sur certains passages poétiques facilite leur mémorisation tout en amplifiant leur caractère incantatoire.

La danse directement liée à la musique n'est attestée par aucun document littéraire ou iconographique. On sait seulement que les guerriers gaulois qui envahissent l'Italie se livrent à des parades précédant le combat, qui associent leur propre panégyrique, le chant et des danses guerrières, des pratiques qui sont bien connues également chez les peuples italiques.

La cithare à sept cordes de la statue de Paule.
IIᵉ s. av. J.-C.

L'HOMME GAULOIS

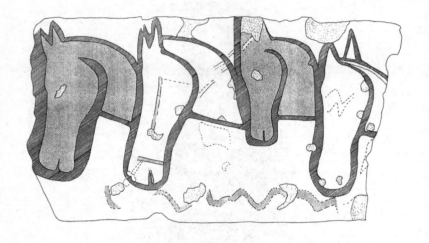

Roquepertuse. Linteau aux quatre chevaux

IX

LES LOISIRS

Les Gaulois ne se font aucune conception du loisir en général ou d'un quelconque droit au repos. Ils n'en boudent pas pour autant les plaisirs de la vie. Mais ces derniers demeurent, jusqu'à la conquête romaine, entièrement liés à leur condition sociale. De ce fait, si nous avons quelque idée des loisirs authentiques et souvent luxueux des riches et des puissants, nous avons une réelle difficulté à imaginer comment les paysans et les pauvres occupent le peu de temps qu'ils ne consacrent pas au travail. Strabon, reprenant les informations très raisonnées de Poseidonios, indique que « les Gaulois ont des mœurs frustes et sont sans vice », il faut entendre par là que leurs plaisirs sont simples et diffèrent radicalement de ceux des Romains que le philosophe grec observe au même moment avec le même regard d'ethnologue. Hormis la guerre, la seule passion qu'il leur reconnaisse est celle des apprentissages en toute matière, et de l'éloquence en particulier.

LES RASSEMBLEMENTS POPULAIRES

La seule distraction que les documents littéraires accordent au peuple est l'assemblée, de quelque nature qu'elle soit. Parce qu'ils habitent dispersés dans la campagne par familles plus ou moins élargies, et parce qu'ils travaillent souvent seuls aux champs ou parmi les animaux, sans possibilité de s'instruire à l'aide de livres, les Gaulois ont la passion des rencontres avec leurs voisins immédiats ou avec des étrangers arrivant de pays plus ou moins éloignés. Les prêtres et les législateurs mettent à profit le plaisir des hommes à jouir de cette expression de la communauté qu'il faut rendre vivante et sans cesse renforcer. Les fêtes religieuses, les sessions politiques et

241

juridiques sont l'occasion d'immenses rassemblements qui débordent largement les fonctions qui leur sont initialement assignées. Elles deviennent lieu de discussion, de foire, peut-être de spectacles, comme le laisse soupçonner l'engouement extraordinaire que connaîtront, au début de l'Empire romain, les théâtres installés auprès des sanctuaires.

Quelles sont précisément les distractions annexes qu'offrent ces rassemblements institutionnels ? On ne le sait pas. Mais on peut supposer que les bardes doivent y tenir la vedette, que c'est là qu'ils déclament les panégyriques appelés à être largement diffusés, qu'ils charment leur auditoire avec une musique qui a d'autant plus de pouvoir évocateur que son audition reste rare. Assurément aussi c'est là qu'on s'exerce à l'éloquence, qu'on en fait la démonstration voire qu'on s'affronte en des duels oratoires et peut-être en de véritables concours. Les banquets et la consommation de vin tiennent aussi une place importante, peut-être majeure. Il n'est aucun lieu de culte, d'exercice législatif ou juridique qui ne soit pas trahi au sol par les reliefs de ces agapes pantagruéliques. Mais l'une des distractions les plus courues est certainement l'affrontement physique, épreuves de force, joutes, duels avec des armes. Le but et la récompense sont dénués de toute vénalité : il s'agit d'obtenir un éloge public et de se voir attribuer la place d'honneur dans le banquet.

Auprès des assemblées régulières et fixées par les calendriers existent ce que César appelle des attroupements, en fait des réunions informelles sur les lieux publics et les places des agglomérations. C'est là que sont diffusées toutes les nouvelles. Les Gaulois, avides de connaissances en tous domaines, se précipitent dans ces rassemblements ponctuels qui se forment aussi rapidement qu'ils se dissolvent. C'est donc aussi, surtout peut-être, le lieu des fausses nouvelles, des rumeurs, voire des complots. C'est pourquoi certaines cités, craignant les conséquences dramatiques de ces bavardages, interdisent-elles qu'on y aborde les sujets politiques qui ne doivent être évoqués que dans les assemblées constituées. Cette seule interdiction suffit à nous convaincre que ces réunions spontanées et peut-être régulières sont une habitude fortement ancrée et difficile à combattre. Elles ne sont pas sans évoquer les attroupements vespéraux sur les places publiques, si chers à la plupart des sociétés méditerranéennes.

LA CHASSE

L'imagerie populaire laisse penser que la chasse est le loisir par excellence des Gaulois, une activité courante et largement répandue. La documentation littéraire autant que l'archéologie nous apprennent, au contraire, **qu'elle est un privilège des « riches et de ceux qui se donnent du bon temps »**, selon la formule de l'historien Arrien qui a consacré une œuvre entière à la chasse dans l'Antiquité, où il fait une part belle à celle que les Gaulois pratiquent. Les raisons sont multiples. La chasse nécessite beaucoup de temps libre, et la majorité de la population n'en dispose pas. Elle exige des moyens techniques (chevaux, armes, chiens) que seuls les nobles peuvent s'offrir. Mais surtout elle est une préparation à la guerre, une forme d'entraînement, ainsi que son substitut dans le temps qui sépare les campagnes militaires. **Chasser est non seulement le plaisir du guerrier, c'est aussi pour lui un exercice.**

L'archéologie donne parfaitement raison aux propos d'Arrien. Les restes d'animaux sauvages ne se rencontrent quasiment jamais parmi les restes d'habitat, sauf sur ceux des domaines aristocratiques. Ils sont absents des lieux de culte et des sépultures, à quelques exceptions près. Ces os appartiennent très majoritairement au lièvre et, dans une moindre mesure, au cerf, au sanglier et au chevreuil. Le texte d'Arrien permet de distinguer au moins trois types de chasses. La première est une chasse à courre avec des chiens courants : elle vise principalement le lièvre et s'exerce donc en plaine sur des terrains découverts. Elle peut aussi être utilisée pour le cerf dans les couverts forestiers. La seconde se fait uniquement à l'aide de chiens : un groupe de chiens lève le gibier et le pousse en direction de chiens courants qui font office de filet. Une troisième forme plus guerrière, fait appel aux capacités physiques de l'homme (course et endurance) et à son habileté à manier les armes. Une arme spécifique de chasse est mentionnée par Strabon, une sorte de pilum, autrement dit un javelot muni d'un fer que les Gaulois jettent sans l'aide d'un propulseur et avec lequel ils peuvent tuer des oiseaux. Ce type de tir, bien connu chez les Indiens d'Amazonie, exige la plus grande adresse visuelle et musculaire.

Les Gaulois pratiquent donc, peut-être exclusivement, une chasse collective, de nature aristocratique. Ils sont les inventeurs de la chasse à courre. Cette véritable passion exige des moyens onéreux, chevaux et chiens. Les deux animaux sont également utilisés à la guerre et font l'objet d'élevages prestigieux et d'un apprentissage approprié. Les chiens, de surcroît, sont sélectionnés, et des races sont créées spécifiquement pour la chasse : ce sont les chiens de nez, bien évidemment, et les chiens courants, mais aussi les lévriers qui chassent le lièvre seuls.

Le gibier, qui appartient au monde des animaux sauvages, est considéré, au même titre que les plantes, comme la propriété des dieux. Seuls certains individus peuvent se le faire leur et dans des conditions particulières (en fonction du calendrier peut-être). En tout cas, leur prélèvement s'accompagne d'une dette envers les dieux, dont il faut s'acquitter. Arrien explique avec précision les modalités du sacrifice annuel que les chasseurs doivent donner en l'honneur de la déesse gauloise équivalente d'Artémis, qui est en quelque sorte la maîtresse des animaux sauvages. Chaque animal tué a un prix dont l'équivalent monétaire est mis en réserve. Le lièvre vaut deux oboles ; le renard, parce qu'il est prédateur des lièvres, est estimé à une drachme ; le chevreuil, parce qu'il est plus gros, vaut quatre drachmes. La somme ainsi constituée permet d'acheter, à l'issue de la saison de chasse, une victime, une brebis, une chèvre, voire un veau, s'il y a assez d'argent. Le sacrifice accompli, hommes et chiens en partagent la chair. Et les chiens sont couronnés de fleurs parce que ce jour-là ce sont eux qui sont à l'honneur.

ÉQUITATION ET ENTRAÎNEMENT

Leur façon très physique de combattre, leur nudité partielle ou quasi complète obligent les Gaulois à faire reposer sur leur propre corps le principal espoir de survie dans les combats comme dans les déplacements, plus épuisants encore. Il leur faut pouvoir marcher des jours entiers, savoir courir aussi vite que leurs chevaux, se prêter même avec ceux-ci à des acrobaties qui stupéfient leurs ennemis. Ces prouesses ne sont accomplies qu'au prix d'un entraînement constant et d'une santé qui supposent une excellente hygiène de vie. Les os humains de guerriers, découverts par milliers sur le champ de bataille de Ribemont-sur-Ancre, appartiennent à des individus plutôt grands, parfois graciles, souvent très robustes, mais jouissant toujours d'une musculature développée et ne souffrant d'aucune maladie dégénérative, telle que l'arthrose. L'absence de travaux pénibles et répétés, une bonne alimentation et surtout la pratique continue d'exercices physiques peuvent seules expliquer cet excellent état sanitaire. Assurément les nobles guerriers, de retour chez eux, ne passent pas uniquement leur temps dans les agapes et les beuveries, comme le laissent souvent entendre les historiens anciens. Ils s'ingénient, au contraire, à garder un corps en parfait état et prêt à affronter les pires agressions. Cet entraînement, qui ressemble beaucoup à celui que les Grecs ont institué, n'a laissé que peu de traces littéraires. Cependant l'une des plus anciennes informations concernant les Celtes, due à Éphore au IVᵉ siècle av. J.-C., rapporte cette coutume étrange mais qui ne s'explique que dans ce cadre, celle de mesurer le ventre des jeunes hommes (forcément de futurs guerriers) à l'aide d'une ceinture étalon. Le dépassement de la mesure était alors sévèrement puni.

L'entraînement militaire est si poussé en Gaule qu'il génère un véritable art tactique qui s'apprend, fait l'objet de figures codifiées auxquelles sont données des appellations spécifiques dont beaucoup sont adoptées par les militaires romains. C'est dans le domaine de l'équitation que cet art militaire a obtenu ses lettres de noblesse. Arrien a sauvé de l'oubli quelques-unes des figures difficiles que le cavalier armé accomplit. Celui-ci, muni de son bouclier et de trois javelots, réalise des manœuvres d'une très grande difficulté dont chacune est caractérisée par un mot gaulois qui garde pour nous tout son mystère : le *petrinos*, le *xynema*, le *tolutegon*. On sait aussi que les cavaliers et les fantassins ne sont pas nettement dissociés dans l'entraînement et dans le combat. Le fantassin doit pouvoir courir aussi vite que le cheval et, au besoin, pouvoir monter sur lui en pleine course. Il doit aussi récupérer les chevaux qui ont perdu leur cavalier. Cette façon de combattre, qui paraît souvent désordonnée à l'observateur grec ou romain, n'a évidemment rien d'une improvisation et nécessite un apprentissage de plusieurs années.

LES BANQUETS ET LES JEUX HÉROÏQUES

S'il est une image caricaturale des Gaulois qui n'est pas usurpée, c'est celle qui les représente sous les traits d'insatiables banqueteurs. Nos meilleures sources littéraires évoquent ces grands festins dont l'existence est bien confirmée depuis quelques années par les fouilles archéologiques. Les banquets sont nombreux et concernent une grande partie de la population. Les Gaulois sont en effet des commensaux passionnés ; pour eux les repas collectifs représentent la principale activité sociale, elle est aussi la plus honorifique. L'histoire populaire n'a voulu retenir que les excès de table et de boissons et leurs habituels corollaires, vantardise, dispute voire pugilat. La réalité est tout autre : dans ces festins tout est rituellement codifié et prend un sens. Mais pour le Gaulois la signification première de sa participation au banquet est la reconnaissance de son appartenance à la communauté des citoyens, ceux qui ont une place réelle et fixe dans la société, aussi petite soit-elle.

Les banquets accompagnent tous les moments de la vie sociale. Ils sont, après le sacrifice, le moment le plus important des fêtes religieuses. Ils concluent les assemblées politiques et les assises judiciaires. Mais ils ont la vocation aussi de justifier les réunions édilitaires et corporatives. Poseidonios d'Apamée nous a légué une magnifique description d'un banquet de guerriers où la place de chaque convive reproduit la position de ce dernier sur l'échelle hiérarchique du groupe qui mesure la vertu de chacun. Cette place n'est attribuée qu'avec un consensus général. S'il y a contestation, les prétendants doivent argumenter, faire valoir leur droit. S'ils n'arrivent pas à se départager, seules les armes peuvent désigner le meilleur. Pour manger, les guerriers forment un cercle symbolisant la solidarité du groupe, qui prime sur l'ordre hiérarchique. Les servants d'armes, porte-lance et porte-bouclier, forment un second cercle derrière celui des maîtres, mais ils sont également assis, privilège qui marque la haute considération qu'on leur accorde. Des esclaves font circuler la boisson et les mets suivant l'ordre qui a été institué. On boit à la même coupe, usage habituel chez beaucoup de peuples guerriers de l'Antiquité.

Dans ces banquets, les convives s'installent sur des litières de paille ou de branchages déposés sur le sol. Les riches garnissent les litières de peaux ou de fourrures. On mange assis, au besoin on peut s'étendre. Les agapes peuvent donc s'éterniser. Le cercle formé par les guerriers laisse supposer que l'espace intérieur qu'il réserve est mis à profit pour des spectacles et des distractions qui accompagnent les repas, musique, chant, poésie. Mais le temps fort de tous les banquets – peut-être aussi de ceux de nature funéraire – est celui des jeux, au sens grec du terme, c'est-à-dire des joutes, des duels entre champions qui tiennent à la fois des compétitions chères aux

Grecs anciens et des tournois médiévaux. On se bat par pur plaisir du spectacle qu'offrent les corps virils qui s'affrontent suivant des règles propres à chaque type de combat, qui n'est lui-même que le décalque des pratiques militaires parfaitement régies par des figures imposées, telles que celles qu'Arrien nous a conservées pour l'équitation. Poseidonios indique très explicitement l'existence de ces joutes héroïques qui clôturent le banquet ou qui en scandent parfois la succession sur des périodes de plusieurs jours, comme le font encore les Germains que décrit Tacite. Mais ses propos, ou plutôt ceux de son informateur (car il est douteux que lui-même ait pu assister à de pareilles réunions), traduisent une évidente incompréhension de la nature réellement agonistique d'affrontements qui ne sont pas seulement ludiques mais peuvent (si l'honneur d'un guerrier est en jeu, si la prééminence d'un chef est contestée) prendre l'allure d'une ordalie, c'est-à-dire faire appel au jugement de Dieu, ainsi que les chevaliers au Moyen Âge le pratiquaient. « Les Celtes, écrit-il, parfois pendant leur repas organisent de vrais duels. Toujours armés dans leurs réunions, ils se livrent des combats simulés et luttent entre eux du bout des mains, mais parfois aussi ils vont jusqu'aux blessures ; irrités alors, si les assistants ne les arrêtent pas, ils en viennent à se tuer. »

Le plus souvent les banquets se tiennent dans le lieu même où se déroulent les réunions religieuses, politiques ou judiciaires auxquelles les convives viennent d'assister. Ainsi on en trouve les vestiges archéologiques, parfois abondants, dans les sanctuaires et sur des places aménagées pour les activités civiques. Mais il semble que cette passion du banquet ait conduit aussi les Gaulois à concevoir des lieux destinés à cette seule fonction. Isolés des habitats ou en marge des lieux de culte, ils utilisent le vocabulaire architectural habituel aux grandes installations religieuses et politiques : enceinte fossoyée, plan quadrangulaire de celle-ci.

L'IVRESSE ET L'INTOXICATION

On associe généralement l'ivresse celtique aux grands banquets, ce qui reflète assez mal la réalité. L'ivresse est en Gaule un phénomène beaucoup plus large qui a ses racines dans l'habitude qu'ont un certain nombre de peuples antiques de

L'HOMME GAULOIS

247

s'intoxiquer. La pratique est fort ancienne et a fait l'objet de l'étonnement puis des commentaires des premiers explorateurs grecs. Ainsi Platon, dans son traité *Les lois*, signale qu'elle est commune aux Carthaginois, aux Celtes, aux Ibères et aux Thraces. Alexandre Polyhistor précise que chez tous ces peuples, auxquels il joint les Scythes, « ce qui est pour nous un travers est considéré comme une belle et agréable institution ». De fait, l'intoxication, qu'elle soit due aux vertus hallucinogènes d'espèces végétales ou à la consommation de boissons alcoolisées, est une coutume indo-européenne qui a des raisons religieuses et divinatoires. Dans la perte de contrôle de son corps et de sa raison, l'individu peut croire que son âme quitte son enveloppe physique, qu'elle peut dès lors communiquer avec le monde divin ou avec les morts. Le Gaulois cherche ainsi des signes, voire des conseils. Il semble que les druides ne répugnent nullement à utiliser de tels procédés. Pline rapporte que la verveine est utilisée pour aider la divination. Un scoliaste de Lucain indique que les glands connaissent le même usage. Des poisons, tels que celui produit par le datura dont les Gaulois connaissent les effets, sont également des drogues à faible dose.

L'ivresse est également recherchée pour d'autres raisons. Platon avait déjà remarqué qu'elle est le propre des peuples guerriers. On peut penser que ceux qui vont combattre cherchent dans la boisson l'exaltation et un état d'inconscience, nécessaires l'un et l'autre pour affronter une horreur certaine. Dans ce cas cependant l'ivresse n'est pas conseillée, elle affaiblit, rend moins vigilant et peut se révéler mortelle. Les exemples précis d'ivresse générale des guerriers situent au contraire ce moment de relâchement après la bataille, ce qui paraît bien plus logique : il faut faire disparaître le stress et les visions de mort et de sang. L'ivresse est également le loisir privilégié de la vie dans les camps, lorsqu'il faut occuper les longues périodes de désœuvrement. Il est courant de voir l'ennemi des Gaulois pénétrer sans difficulté dans une forteresse et y découvrir des centaines de guerriers endormis sous l'effet de la boisson.

L'engouement pour les boissons alcoolisées est partagé par une grande partie de la population, ceci depuis longtemps, en tout cas bien avant que le vin italique ne soit largement diffusé en Gaule. Poseidonios, qui rapporte ces faits, semble les avoir présentés comme l'un des exemples des effets de la situation géographique sur l'aspect physique et le comportement des peuples, objet d'une théorie qu'il avait développée et qui connut un grand succès dans l'Antiquité. Selon lui, les hommes habitant les régions les plus septentrionales, donc les plus froides, ont une peau plus pâle, les cheveux plus clairs, leur corps est plus mou ; ils recherchent donc l'excitation et la chaleur dans des boissons alcoolisées qu'ils confectionnent eux-mêmes. Diodore indique que la plus courante est produite avec de l'orge. Pline nous indique son nom, *ceruesia*, qui a donné le français « cervoise ». Une autre boisson est obtenue avec des « rayons de miel qui sont lavés » ; il s'agit, de toute évidence, de l'hydromel.

L'une des plus grandes découvertes que les Gaulois ont faites lors de leurs premières invasions de l'Italie est celle du vin. Très tôt les Romains eux-mêmes ont répandu le mythe suivant lequel c'était par amour du vin que les Gaulois étaient descendus en Italie. Il est sûr, en tout cas, que très précocement les plus grands aristocrates gaulois ont organisé une importation du vin italique limitée à leur consommation personnelle, en utilisant les services de Massalia. C'est son utilisation au cours des grands banquets communautaires qui en a fait le succès, au détriment des boissons locales dès lors réservées aux agapes des pauvres. Diodore, recopiant l'œuvre de Poseidonios, écrit : « Adonnés au vin, c'est avec excès qu'ils absorbent tout pur celui qui est importé chez eux par les marchands, et, dans leur passion, avalant cette boisson à longs traits, ils tombent dans l'ivresse et de là dans le sommeil et dans un état qui ressemble à la folie. » C'est probablement pour le vin avant tout que les Gaulois ouvrent leurs frontières et leurs routes aux négociants grecs et romains. Les récents progrès de l'archéologie prouvent que, dès le IIe siècle av. J.-C., ces marchands se constituent dans tout le sud de la Gaule des marchés stables où ils écoulent une production limitée à quelques vignobles d'Étrurie et de Campanie.

LES VOYAGES

Pas plus que des loisirs en général les Gaulois n'ont une conception propre des voyages comme une distraction, un moment de la vie qui diffère radicalement du temps passé au travail ou à la guerre. Pour autant, ils sont beaucoup moins sédentaires qu'on ne l'imagine habituellement. Les habitudes de vie nomade de leurs ancêtres, la fréquence des expéditions guerrières et le goût pour l'inconnu et la nouveauté les rendent plus aptes aux voyages que bien de leurs contemporains. On connaît surtout les déplacements qui sont nécessités pour des raisons militaires. Ils se font à longue distance et sur des durées parfois très longues. Mais leur but militaire est souvent mis également à profit pour d'autres intérêts, commerciaux et relationnels. Le voyage involontaire sert de reconnaissance du terrain, il sera suivi par des visites plus pacifiques. Leurs motifs sont divers. Il y a bien sûr les expéditions commerciales sous forme d'échanges, parfois ponctuelles souvent plus régulières. Mais elles ne concernent qu'un petit nombre d'individus, les marchands et les convoyeurs qui accompagnent les négociants étrangers. La plus grande part des autres types de voyages sont le fait d'une même partie de la population, les nobles et les riches, les seuls qui disposent de moyens de locomotion personnels, véhicules et chevaux. Ces derniers se déplacent à de multiples occasions. Les hommes politiques vont rencontrer leurs amis du même parti dans d'autres cités, tiennent des réunions « internationales », doivent quelquefois accomplir des missions diplomatiques ; ils sont alors escortés d'une garde militaire et de chiens de guerre. Les druides se réunissent tous les ans dans des conciles qui se tiennent en des points centraux du territoire, tels que celui de la forêt des Carnutes. Leurs élèves viennent parfois de fort loin écouter leur enseignement. Eux-mêmes font de fréquents voyages par mer dans l'île de Bretagne pour se ressourcer auprès de leurs collègues insulaires. Enfin César, dans son récit de la guerre des Gaules, suggère d'autres types de voyages, ceux qui sont nécessités par les alliances matrimoniales qui, chez les nobles, se font souvent à longue distance, de façon à réunir plus solidement les familles dirigeantes de peuples voisins ou parfois assez éloignés.

On a vu (cf. Commerce, ch. 4) que **les voies en Gaule, qu'elles soient fluviales ou terrestres, permettent un transport relativement aisé et rapide**. César avec ses troupes réussit à parcourir une quarantaine de kilomètres en une journée. Cette distance peut être doublée, si une charrette dont on change régulièrement les chevaux transporte des voyageurs. D'autant que les Gaulois disposent d'une large gamme de véhicules, à la fois solides et légers. Sur des distances plus courtes, les femmes, si l'on en croit Clément d'Alexandrie, se font également porter en litière, comme on le fait à Rome. Les traversées sur mer, de la Manche notamment, ne sont pas moins aisées. De nombreux navires relient régulièrement la côte gauloise à celle de la Bretagne. La traversée est rapide, et des deux côtés de la Manche des ports sont installés.

L'infrastructure liée aux moyens de communication est mal connue. Si **l'existence des ports est bien attestée**, on ne peut être sûr qu'elle s'accompagne de l'habituelle hôtellerie. Il n'est pas non plus prouvé qu'elle existe au bord des routes, bien que la présence de relais pour les chevaux paraisse une évidence. Bien souvent les Gaulois xénophiles doivent accueillir chez eux les voyageurs, soit qu'ils entretiennent avec eux des liens de parenté ou d'amitié, soit qu'ils cherchent par ce moyen à apprendre des nouvelles de régions éloignées ou tout simplement à recevoir des cadeaux en remerciement.

Il est probable que les Gaulois, qui ne connaissent que tardivement la vie citadine, ne pratiquent pas la villégiature. Ils n'en éprouvent pas le besoin puisqu'ils vivent à la campagne et qu'ils peuvent à tout moment se faire héberger chez leurs amis ou leurs lointains parents lors de déplacements dans d'autres régions de la Gaule.

L'HOMME GAULOIS

X
LA VIE PRIVÉE

Le Gaulois est un farouche individualiste qui aime par-dessus tout sa liberté, même s'il est intégré à un réseau de communautés, celle des guerriers, celle des citoyens et celle des coreligionnaires. Sa participation à la vie sociale, si elle est fondamentale pour lui et s'il la vit intensément, n'occupe finalement qu'une part minime de son temps. En temps de paix, tout au moins, car lors des campagnes militaires il fait entièrement corps avec le groupe de guerriers auquel il appartient. Le Gaulois sait parfaitement séparer ces deux versants de sa vie, une vie privée qu'il revendique jalousement et une vie publique nécessaire non seulement à sa reconnaissance sociale mais aussi à son salut. Ces valeurs sont respectées jusqu'à la conquête romaine. Aussi voit-on encore en 52 av. J.-C. les guerriers de Vercingétorix « s'engager, par le serment le plus sacré, à ne point rentrer dans leur maison et à ne s'approcher ni de ses enfants, ni de ses parents, ni de sa femme, s'il n'ont pas traversé à deux reprises les rangs de l'armée ennemie ». Cet engagement méritoire est nécessaire, car on a vu peu de temps auparavant, dans cette même guerre, les Bellovaques abandonner la coalition à laquelle ils appartiennent et lui ôter toute chance de vaincre les Romains, pour aller défendre leur territoire et leurs propriétés menacés par les Éduens alliés à ces derniers. La formulation du serment des guerriers de Vercingétorix est également précieuse en ce qu'elle révèle un ordre hiérarchique dans l'attachement qu'éprouve le Gaulois pour les différents éléments de sa vie privée : sa demeure, ses enfants ensuite, puis ses parents, enfin son épouse.

Le mode de vie est à l'image de ces valeurs. La maison et le domaine qui l'entoure forment un espace d'indépendance où le propriétaire est maître absolu. Mais ils ont aussi mission de signifier à l'ensemble de la communauté la place qu'y occupe ce dernier. La grandeur du domaine, l'importance numérique du cheptel témoignent de sa richesse, c'est-à-dire de celle de ses ancêtres et de

253

LA VIE PRIVÉE

L'HOMME GAULOIS

sa propre réussite. Les têtes coupées qui ornent la maison ou qui sont resserrées en quelque coffre rappellent les faits d'armes. Si le propriétaire est chef de guerre, il peut disposer en son domaine de son propre lieu d'assemblée pour des cérémonies religieuses privées et des banquets de guerriers. Car l'**aura du Gaulois se mesure non seulement à la place honorifique qu'on lui accorde, mais aussi à sa richesse en biens parmi lesquels il faut compter les esclaves et les troupeaux, sortes de biens mobiliers, mais aussi les clients qui forment une petite cour qu'il faut pouvoir nourrir voire héberger.**

La même propension à l'individualisme a conduit très tôt le Gaulois à se séparer de ce que les Romains appellent *gens* et les Grecs *genos*, le vaste clan générique comprenant tous les descendants d'un lointain ancêtre, souvent unis par un même culte. En Gaule, pour l'essentiel, la filiation n'est conçue qu'en ligne directe, et le Gaulois honore ses parents et les ancêtres de son père. La famille est réduite à sa plus simple expression, la cellule qui habite la maison, parents et enfants. Le Gaulois est donc très attaché à ses ascendants directs dont il revendique les qualités guerrières qu'il prétend incarner à son tour. Il attend pareillement de ses enfants qu'il les reproduise. L'épouse est donc pour lui un élément extérieur qui n'est pas totalement assimilé : elle est issue d'une autre lignée, souvent une grande famille au moins aussi renommée que celle de l'époux ; elle jouit également d'une certaine indépendance.

Esprit d'indépendance, goût du paraître, refus de toute norme trouvent une expression idéale dans la mise en scène du corps. Celui-ci est plus que l'image des vertus du guerrier, il en est l'apparence physique et le moyen d'action. On cherche donc à le mettre en valeur par l'hygiène, la plastique musculaire, le traitement de la pilosité, la beauté des costumes et le luxe des parures.

NOMS GAULOIS

C'est évidemment dans la dénomination que les caractères qui viennent d'être évoqués se révèlent avec le plus d'évidence. **Le Gaulois n'est désigné que par un nom, le sien, qu'il rattache parfois mais pas nécessairement à celui de son père.** Ainsi Vercingétorix est dit « fils de Celtill ». Beaucoup d'inscriptions montrent le même assemblage : Frontu Tarbeisonios (Frontu, fils de Tarbeison), Andecamulos Toutissicnos (Andecamulos, fils de Toutissos), Martialis Dannotali (Martialis, fils de Dannotalos), etc. Les Gaulois ne connaissent donc pas le gentilice, l'homme est seulement désigné par son prénom et par celui de son ascendant direct. Ces deux noms doivent être suffisants pour individualiser chacun, au moins à l'intérieur de sa communauté. Hors de celle-ci, il faut remonter dans la généalogie et faire appel à un ancêtre connu de tous. C'est ce qui arrive souvent sur les champs de bataille où s'affrontent des ennemis parfois très éloignés géographiquement : avant d'engager le combat, il est nécessaire de rappeler à l'adversaire qui est en face de lui, à quelle lignée de grands guerriers il appartient.

Il est possible que des surnoms se soient accolés au nom propre ou l'aient même remplacé. Beaucoup d'appellations, descriptives et assez souvent emphatiques, n'ont pu être données qu'à des individus déjà adultes et révélant certaines qualités physiques ou morales. Assez souvent elles se terminent par le substantif -rix (roi), Cingétorix (roi des guerriers), Orgétorix (roi des tueurs), Boïorix (roi des Boïens). Certaines se rattachent à des animaux emblématiques : Luern (le renard), Boduognatus (fils de la corneille), Matugenus (fils de l'ours). D'autres évoquent des métiers ou des fonctions : Gobannitio (le petit forgeron), Diviciacos (le vengeur). Ou encore des particularités physiques : Galba (le très gros), Roudius (le rouge), Crixus (le crépu).

César, dans *La guerre des Gaules*, a sauvé de l'oubli une soixantaine de noms d'individus. La plupart doivent être de tels surnoms. Orgétorix, Dumnorix, Vercingétorix, Eporédorix, etc. qui portent le nom symbolique de « roi », sont tous des chefs de guerre, certains cherchent même à obtenir le pouvoir royal.

L'HOMME GAULOIS

HABITATIONS

Ce « toit », que les guerriers qui s'affrontent à Jules César rêvent de retrouver, n'est pas un élément fondamental de l'univers des Celtes qui préfèrent leurs chevaux à leur maison et leur troupeau à des champs ensemencés. Chez les Gaulois, parce qu'ils sont l'heureux mélange d'une population autochtone et de vagues successives d'immigrants, la villa et son domaine acquièrent une nouvelle signification : ils sont la marque de l'intégration de la famille dans le territoire d'un peuple désormais stabilisé. Cependant **la maison ne revêt jamais le caractère sacré, celui d'un foyer, qu'elle a pour les Grecs et les Romains**. On ne trouve dans ses murs aucune trace d'aménagement cultuel. Parce que sa construction n'est guère durable, elle ne peut incarner le siège d'une divinité pas plus que celui des ancêtres.

En ce qui concerne l'habitat, c'est-à-dire l'architecture, l'aménagement intérieur et les mœurs domestiques, les informations littéraires sont peu fournies. Avant tout parce que les voyageurs ne virent que peu de différence avec ce qu'ils pouvaient contempler dans leur propre pays, à la campagne, c'est-à-dire des édifices modestes utilisant les matériaux locaux, le plus souvent le bois et la terre. Cet aspect de la vie quotidienne leur parut assez inintéressant et, en tout état de cause, pas suffisamment exotique. Mais il y aussi une autre raison : très peu d'étrangers purent pénétrer dans l'intimité des maisons gauloises. La seule description de maison gauloise, que l'on doit à Strabon, lui-même l'ayant tirée de l'œuvre de Poseidonios, a, par comble de malchance, connu un curieux destin. Mal traduite, elle est à l'origine du mythe tenace de la maison ronde des Gaulois. Or Strabon écrit seulement que « les maisons ont une forme conique », c'est-à-dire qu'ils possèdent une silhouette à laquelle les reconstitutions expérimentales nous ont habituée, c'est celle qu'impose une toiture de chaume à tout édifice, fût-il de plan parfaitement quadrangulaire, ce qui est très généralement le cas en Gaule. En revanche, le même Strabon livre une précision qui n'a pas été appréciée à sa juste valeur : ces « **grandes maisons**

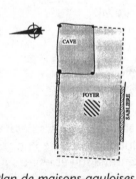
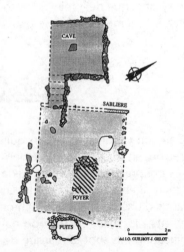

Plan de maisons gauloises sur l'oppidum de Besançon (fin du Ier s. av. J.-C.)

del J.O. GUILHOT-J. GELOT

sont **faites de planches et de claies en osier** », autrement dit elles mettent à contribution le meilleur de la haute technologie du bois. Pour comprendre ce que voulait dire le géographe grec, il faut donc faire appel à l'archéologie. Heureusement celle-ci a enregistré en ce domaine, au cours des trente dernières années, des progrès remarquables. Bien qu'elle ne livre que des plans révélés par les éléments de fondation et quelques vestiges d'éléments de construction, elle permet d'imaginer à la fois l'apparence extérieure de la maison et ses aménagements intérieurs.

Au cours des cinq siècles qui précèdent la conquête romaine, les Gaulois connaissent trois types d'habitat. Le plus ancien et le plus généralisé est l'exploitation agricole qui présente des formes fort diverses, de la simple cabane du journalier à la villa aristocratique. Dès le IIIe siècle av. J.-C. apparaissent de timides essais d'habitats groupés ; les archéologues les appellent hameaux. Au cours du IIe siècle, ces derniers se muent en de véritables villages de quelques dizaines d'habitations. L'habitat urbain est très tardif, sauf en Provence. On le rencontre sur les *oppida* à partir de la fin du IIe siècle. La différence entre les différentes formes d'habitat tient plus à son environnement qu'à **la maison** elle-même **dont les Gaulois se font une conception assez étroite.** Celle-ci est avant tout un lieu de repos et de protection contre les intempéries, de protection aussi pour les biens les plus précieux (têtes coupées, parures, céréales et salaisons). Il n'est pas sûr qu'on y prenne régulièrement les repas. Elle n'est pas un lieu de convivialité, celui où on accueille ses hôtes pour manger avec eux ou simplement parler. Ces activités se déroulent ailleurs. Même la préparation des repas se fait pour une grande part hors de la maison, souvent devant celle-ci, à sa porte même. Enfin elle n'est pas l'image emblématique de l'opulence de son propriétaire, comme elle le devient à Rome. Dans l'espace rural et dans ce monde guerrier, la richesse et le pouvoir ont d'autres moyens d'expression. Troupeaux de bovidés et belles écuries paraissent plus significatifs.

LA MAISON RURALE

Elle est de très loin la plus répandue, parce que la majeure partie de la population est rurale et parce que ses habitants appartiennent à toutes les couches de la société, à l'exception des plus riches qui se font édifier une version luxueuse de cette maison rurale, la villa aristocratique. Le concept en est simple : c'est un volume unique, généralement de plan rectangulaire, dont les dimensions varient peu, de trois ou quatre mètres à une quinzaine de mètres de longueur, pour une largeur de trois à huit mètres. De telles dimensions pour un volume simple ne posent aucune difficulté technique, c'est pourquoi la mise en œuvre peut faire appel à des procédés et à des matériaux variés. Les habitants les plus humbles utilisent des poteaux enfoncés dans le sol, ce peut être des arbres grossièrement travaillés. Les murs sont alors constitués d'un treillis de branchages que l'on enduit de torchis. La toiture à quatre pans est couverte de roseaux ou d'autres végétaux, suivant les possibilités locales. Les maisons les plus belles sont construites en pans de bois isolés du sol par des solins. Les bois sont équarris et assemblés, parfois à l'aide de ferrures. La charpente est soignée, elle peut être assez complexe et présenter des pignons et une avancée au-dessus du porche d'entrée. Les baies sont munies d'huisseries réalisées avec des planches et assemblées par des pentures métalliques.

En fonction des dimensions de l'édifice, l'espace intérieur peut être cloisonné au sol mais aussi, quand la hauteur le permet, en deux niveaux. Les fouilles archéologiques peinent cependant à mettre en évidence ces planchers surélevés et, d'une façon générale, les cloisons qui, à cause de leur légèreté, ne laissent guère de trace au sol. Quand la maison est établie sur un sol rocheux, on peut observer d'autres aménagements, banquettes de pierres sur lesquelles étaient installées les litières, foyer plus ou moins maçonné.

Les maisons isolées à l'intérieur d'un domaine agricole sont toujours entourées d'une cour fermée qui retient les petits animaux domestiques et empêche la divagation des plus grands. C'est dans cet espace que se déroule la majeure partie des activités domestiques. Si la ferme comprend plusieurs unités d'habitation, la cour est commune. Il en va de même pour les petits habitats groupés. Cette conception de l'espace traduit un mode de vie encore très communautaire, dénué de tout sens de la propriété privée.

LA VILLA ARISTOCRATIQUE

Elle se distingue des types d'habitat précédents par sa maîtrise de l'espace, la qualité de la construction et du mobilier qu'elle renferme. Ici le maître de maison est propriétaire des lieux habités mais aussi des terres qui l'entourent. Les différents espaces fonctionnels (cour principale, basse-cour, lieu de stockage, ateliers, lieu de réunion) sont nettement définis, et leur cloisonnement fortement marqué au sol : les palissades de bois sont réservées aux aménagements annexes, de véritables murs de torchis et des fossés profonds entourent l'espace central, celui de la maison du maître. Dans certains cas – le meilleur exemple est celui de Paule – l'ensemble prend l'aspect d'une authentique fortification.

La villa aristocratique gauloise présente donc beaucoup de similitudes avec les châteaux du haut Moyen Âge. Elle est une unité économique parfaitement autonome qui dispose de tous les moyens nécessaires à la bonne marche de l'exploitation agricole qu'elle gère directement mais aussi de celles, satellites, qui dépendent d'elle. C'est là qu'est conservé l'outillage en métal, qu'il est réparé, là que sont stockées les semences. Là aussi se trouvent les écuries. À l'extérieur de l'enclos central se développent d'autres enclos plus vastes destinés à rassembler les troupeaux et à les soigner. Mais la principale différence avec les fermes modestes tient à deux types d'installations bien particulières, le lieu de culte à l'usage de la famille ou de la communauté des guerriers à laquelle appartient le maître, et un enclos sépulcral probablement réservé aux membres de la famille et accolé à la cour principale.

L'HABITAT PROTO-URBAIN

L'habitat groupé apparaît assez tard, dans le courant du IIe siècle av. J.-C., et suivant des modalités assez diverses. Le plus souvent ce sont des zones d'activités artisanales liées à la présence géologique d'un minerai ou d'un matériau qui génèrent sur place des villages où demeurent ouvriers et artisans. Mais on observe aussi le regroupement d'agriculteurs ou d'individus dont les activités sont rurales. Probablement s'installent-ils sur des terres libres ou mises à disposition par l'État. Il est remarquable en tout cas que les habitants n'occupent pas seulement leur maison mais un lot comprenant celle-ci et une cour plus ou moins vaste. Des aménagements collectifs minimaux sont mis en place dès la fondation de l'habitat : voirie, places, lieu de réunion. La coexistence de préoccupations communautaires et d'une assez stricte délimitation de la sphère privée provoque l'émergence de formes assez archaïques d'urbanisation. C'est dans ce cadre général et multiforme que se développe un phénomène tardif et limité, celui des *oppida*, ces places fortes aux

L'HOMME GAULOIS

multiples fonctions, qui connaissent à la fin de la période gauloise une organisation urbaine très sensible à l'influence romaine.

En Provence, l'urbanisation se développe plus précocement, en prolongeant une tradition d'habitat groupé depuis la fin de l'âge du bronze. Mais certainement l'influence des grandes civilisations méditerranéennes, par l'intermédiaire de Marseille, des comptoirs grecs et du commerce romain, est déterminante. Tout le littoral voit se développer de véritables centres urbains dont ni la conception ni les modes de construction ne montrent une quelconque parenté avec les modestes demeures du reste de la Gaule. Même les petits habitats de l'arrière-pays, qu'on qualifie encore *d'oppida* bien qu'ils soient très distincts de ceux du monde celtique septentrional, sont très influencés par les modes de vie et d'habiter qui se sont développés sur la côte. Des surfaces de quelques hectares, voire moins, sont entourées de murailles à l'intérieur desquelles se serrent une multitude de petites cases, des unités d'habitation de quelques mètres carrés, comme si l'on avait cherché par tous les moyens à y entasser un maximum de population. Ce manque de place ne s'exprime cependant pas au détriment des installations collectives (voies, places, édifices à caractère cultuel et édilitaire, etc.) qui obéissent de la même manière à cette contrainte, elles se miniaturisent et s'insèrent au mieux dans la trame enchevêtrée des îlots.

INTÉRIEUR DE LA MAISON

Dans ces trois types d'habitat, l'intérieur de la maison montre une étonnante régularité. **Il s'agit généralement d'une pièce unique** dont les dimensions sont assez constantes (de 3 à 10 m de longueur et de 2 à 5 m de largeur). Elle n'est généralement desservie que par une seule porte. L'espace y est passablement encombré. Au centre se trouve souvent le foyer qui n'est pas équipé de cheminée, la fumée s'évacuant par la porte et à travers la toiture. Les lieux de couchage, quand ils sont matérialisés par des banquettes, se trouvent sur un ou deux côtés. Le reste de l'espace est encombré d'accessoires de stockage, jarres, vases et coffres en bois posés sur le sol. En Bretagne on rencontre des cuves creusées dans le sol. En Provence ce sont des grands doliums qui sont pareillement enfoncés sous la maison et dont seul le col est apparent.

Le mobilier par nécessité est donc limité. Ce sont essentiellement les meubles et instruments culinaires, petites tables basses

L'HOMME GAULOIS

en bois, accessoires du foyer (chenets ou landiers, crémaillère, chaudron en cuivre, croc à viande, etc.), vaisselle et récipients. Les vêtements et les parures doivent être resserrés dans un ou plusieurs coffres. Dans la demeure des guerriers, c'est dans de semblables coffres en bois que sont rangées les têtes coupées des ennemis et au préalable momifiées.

Malgré leur exiguïté, ces maisons sont confortables. Le bois et le torchis des murs ainsi que les végétaux de la toiture écartent l'humidité et offrent une température assez constante qui paraît fraîche l'été et tiède l'hiver, ne nécessitant que la chaleur d'appoint du foyer. Cette atmosphère n'est acquise qu'au prix d'une diminution drastique des baies, probablement souvent une seule porte. La découverte, lors des fouilles archéologiques, de gonds et de pentures indique que les vantaux sont l'objet d'un travail particulièrement soigné. Poseidonios nous apprend que, encore à la fin du IIᵉ siècle av. J.-C., les Gaulois ne ferment jamais leur porte à clef. Il est vrai que les serrures et les clefs n'apparaissent que dans les habitats plus tardifs, ceux contemporains de la guerre des Gaules.

LA FEMME

Chenet en terre cuite

La femme gauloise jouit d'un statut particulier, exceptionnel même si on le compare à celui de la femme romaine dont la dépendance à l'égard du mari est non seulement morale mais aussi économique. La Gauloise, au contraire, dispose d'une certaine indépendance financière et assume une part de son destin à la mort de son mari. Ce privilège, qu'il faut malgré tout relativiser, a un prix : cette place dans la société et dans l'économie de la maison a été acquise par des générations de femmes qui, d'une manière générale, ont travaillé plus que les hommes. Strabon présente cette évidence comme un *topos*, un lieu commun qui caractérise les civilisations barbares : « Le fait qu'entre les hommes et les femmes les travaux sont distribués à l'inverse de ce qu'ils sont chez nous (c'est-à-dire en Grèce et à Rome) est commun à beaucoup d'autres peuples parmi les barbares. » Mais Poseidonios qui, le premier, donne cette information, l'accompagne d'exemples qui confirment cependant sa profonde réalité. Lui-même, lorsqu'il était hébergé chez un riche propriétaire terrien, a vu des femmes travailler aux champs (cf. Naissance, ch. 5). Mais surtout sa description générale de la société gauloise met particulièrement en évidence la répartition générale des activités. Aux hommes sont réservés la guerre, son entraînement, l'équitation, la chasse, les pratiques cultuelles, l'exercice de la politique, du droit et de l'éducation, certains métiers artisanaux (les métiers du feu et des métaux entre autres). **Aux femmes reviennent la plupart des tâches domestiques**, c'est-à-dire une bonne part des travaux des champs, la gestion des troupeaux, la réalisation de certains types d'objets, tels que la céramique, les vêtements, peut-être la cordonnerie, la bourrellerie, la tabletterie. La place de l'homme et de la femme dans la société gauloise des cinq derniers siècles précédant notre ère est le résultat tardif d'une situation plus ancienne, au cours de laquelle une grande partie de la population mâle était occupée à la guerre, obligeant les femmes à subvenir à tous les autres besoins.

On comprend mieux dès lors l'étonnant **contrat de mariage** dont César, toujours d'après Poseidonios, expose les modalités : « Les hommes, quand ils se marient, mettent en communauté une part de leurs biens, équivalant, après qu'en a été faite l'estimation, à la somme d'argent apportée en dot par les femmes. On fait de ce capital un compte unique, et les intérêts en sont mis de côté ; le conjoint survivant reçoit l'une et l'autre part, avec les revenus accumulés. » Cette gestion de leurs biens illustre mieux que tout autre exemple l'égalité de l'homme et de la femme qui existe dans le domaine de l'économie (au sens grec du terme, c'est-à-dire celui de la bonne marche de la maison). César a beau ajouter, à la suite, que l'homme a droit de vie et de mort sur sa femme et ses enfants, on voit bien qu'il s'agit d'une formule rhétorique qui renvoie, par comparaison, au droit romain : le Gaulois comme le Romain est le *pater familias*, il a l'autorité sur tous les membres de la famille. César ajoute que, lorsqu'un chef de famille meurt de façon anormale, on soumet sa femme à la question jusqu'à ce qu'elle avoue son crime. Celle qui est reconnue coupable est jetée au feu. Cette pratique paraît fort archaïque et n'a probablement plus aucune réalité dans les décennies qui précèdent la conquête. A contrario, elle témoigne qu'en des temps anciens les femmes avaient déjà suffisamment de pouvoir pour tenter d'empoisonner leur mari et de prendre leur place.

Le rôle de l'épouse gauloise est encore renforcé par celui que joue le mariage lui-même dans les relations entre les grandes familles patriciennes ou riches, dans les accords politiques voire diplomatiques entre les États. Le cas de Dumnorix est à cet égard révélateur (cf. Mariage, ch. 5). Les femmes comme les enfants sont les meilleurs instruments des unions à longue distance entre les peuples, ils sont également leur meilleure garantie de pérennité.

Gauloise incarnant la Gaule vaincue. Monnaie d'Hostilius Saserna (48 av. J.-C.)

Les épouses d'origine étrangère, représentant dans la cité de leur mari les intérêts du peuple dont elles sont issues, ont nécessairement une position sociale et, pour une certaine part, politique qui les situe presque au niveau des hommes. Elles ne perdent pas toute individualité en se mariant, mais gardent d'étroits contacts avec leur famille qu'elles retrouvent naturellement à la mort de leur mari. Les remariages sont possibles, et dans ce cas la femme

L'HOMME GAULOIS

peut une nouvelle fois représenter les intérêts de sa famille, comme on le voit faire à la mère de Dumnorix. De telles femmes, réellement puissantes, souvent riches, sont honorées à l'égal de certains hommes. On comprend dès lors l'étonnement de Clément d'Alexandrie qui écrit : « Il y a beaucoup de Celtes pour élever en l'air les litières des femmes et les porter sur leurs épaules. » Plutarque, dans son traité *Des vertus des femmes*, rapporte que les Gaulois admettent les femmes dans les assemblées, chaque fois qu'il est question de se décider pour la guerre ou d'établir un traité de paix. Il donne l'exemple d'une convention passée entre Hannibal et les peuples riverains des Pyrénées qui précise que, si les Gaulois ont des plaintes au sujet des Carthaginois, ils doivent les adresser à leurs généraux qui demeurent en Espagne, mais que les Carthaginois qui ont à se plaindre des Gaulois doivent faire valoir leurs droits auprès de certaines femmes gauloises qui jouent le rôle d'arbitres.

LES ENFANTS

La relative indépendance de l'épouse atteste que **la famille gauloise n'est pas une cellule aussi fermée que ne l'est la famille romaine**. La situation des enfants le révèle aussi. Ils ne prennent une place honorable qu'assez tardivement, à la fin de la puberté. Leur naissance et leur premier âge ne paraissent pas l'objet d'attentions particulières. On veille seulement à ce qu'ils aient la santé et la force qui siéent à des Gaulois. Ainsi Aristote s'étonne que des peuples proches du Rhin plongent les enfants à la naissance dans ce fleuve ou les vêtent légèrement pour tester leurs capacités de résistance. Un poète anonyme grec nous apprend que cet examen, quelque peu radical, a également la vertu de confirmer la légitimité de l'enfant. Les Gaulois apprécient beaucoup ces ordalies où le hasard et la fatalité sont censés dire la volonté des dieux.

Au cours de leurs premières années, les enfants n'occupent qu'une place très secondaire dans la famille. Ils sont sous la dépendance de leur mère, et leur père ne s'intéresse probablement guère à eux. À cela rien d'étonnant, car ce sont des êtres encore non sexués. César, dans le recueil de faits étonnants qu'il tire de l'œuvre de Poseidonios, rapporte qu'il est inconvenant pour un père (en l'occurrence un noble guerrier) de se présenter en public avec ses enfants. Cette coutume signifie probablement que les affaires publiques ne se traitent qu'entre des hommes en âge de porter les armes et que les classes d'âge sont très nettement séparées. L'archéologie confirme cette exclusion des enfants de la sphère sociale. Les sépultures de jeunes enfants sont rares ; en revanche, leurs squelettes sont très souvent rencontrés gisant sans égard dans des fosses ou fossés abandonnés. Il en va cependant différemment dans les familles nobles où les enfants sont appelés très tôt à représenter leur famille, comme futur magistrat, comme prêtre possible, susceptibles en tout cas d'alliance matrimoniale du plus haut intérêt. Dès le plus jeune âge, ces enfants sont parés de bijoux qu'ils emportent avec eux dans la sépulture s'il leur arrive de mourir. Ils sont aussi une monnaie d'échange, une garantie, ce qui leur vaut souvent d'être pris en otage par les vainqueurs de leur père, mais aussi d'être livrés par leurs parents eux-mêmes à des familles alliées qui ne concèdent à ceux-ci qu'une confiance toute relative.

Les Gaulois, autant que la documentation nous le laisse entrevoir, ne paraissent pas distinguer des périodes très délimitées dans l'enfance. À l'adolescence l'individu passe brutalement de sa semi-vie sociale au plein exercice de ses droits de citoyen, de guerrier et bientôt de chef de famille. L'absence de tendresse entre les pères et leurs jeunes enfants, l'éloignement souvent prolongé de ces derniers, n'interdisent nullement les sentiments paternels pas plus que l'amour filial. On a vu que les guerriers gaulois auprès de Vercingétorix rêvent, comme tous les soldats du monde, de retrouver leurs parents et leurs enfants, et que ces retrouvailles sont prioritaires sur celles de l'épouse. L'amour fraternel existe également en Gaule. L'Éduen Diviciac (cf. biographies) nous en donne un exemple touchant : alors que son frère Dumnorix intrigue dans toutes les directions et souvent contre les intérêts de Diviciac lui-même, celui-ci intervient auprès de César pour qu'il redonne une chance à ce frère peu recommandable. Cependant il est vrai que cet amour fraternel est soumis à de terribles épreuves dans le jeu de chaises musicales auquel les représentants des grandes familles doivent se plier. Les exemples sont nombreux de frères qui se disputent, jusqu'à l'affrontement physique, la royauté ou la magistrature principale.

SEXUALITÉ

Comparée à d'autres aspects de la civilisation gauloise, la sexualité paraît relativement bien documentée. Paradoxalement elle a fait l'objet de la curiosité des premiers Grecs qui se sont trouvés au contact des Celtes. Ils les accusaient de pratiquer **la pédérastie**. Aristote, le premier, s'en étonne : « ... quand les hommes se trouvent sous la domination des femmes, comme la plupart des races de mœurs militaires et belliqueuses, hormis les Celtes et certaines autres nations qui honorent ouvertement les rapports intimes avec les mâles... » Ce qui choque évidemment les Grecs, c'est que les Gaulois ne se passionnent pas pour les jeunes garçons mais pour d'autres hommes, adultes et guerriers. Cette information n'a rien de suspect, comme le prouve l'enquête plus approfondie qu'a réalisée Poseidonios et dont on trouve les détails dispersés dans les œuvres de Diodore, de Strabon et d'Athénée. À l'évidence, il s'agit d'une pratique qui se place dans le cadre guerrier. On pourrait croire qu'elle s'explique par les longues privations qu'imposent les campagnes à l'étranger, mais les choses paraissent plus complexes. Poseidonios rapporte expressément que le guerrier couche entre deux hommes. Or le groupe de trois guerriers est aussi l'unité militaire fondamentale, celle de l'*eques,* sorte de chevalier entouré de ses deux servants d'armes, le porte-bouclier et le porte-lance, ou celle des trois cavaliers, les deux servants encadrant toujours le chevalier. Ces rapports amoureux n'ont donc pas seulement une dimension sexuelle, ils cimentent une amitié vitale pour chacun des membres du groupe. Offrir son corps, rapporte Diodore, est pour le guerrier un don qu'il fait à un compagnon qu'il a élu comme son égal, le refuser est un affront grave. Les comparaisons ethnographiques montrent que cette coutume, commune à de nombreux peuples indo-européens, est également le prolongement d'un type de rapport que le jeune guerrier a découvert lors de son initiation. Cette transgression des valeurs sociales exprime, à la manière d'une violente métaphore, l'oubli de toute morale et le viol de toutes les lois qu'impose la guerre, un moment où l'homme quitte non seulement sa patrie mais aussi toutes ses références sociales.

Diodore de Sicile, dans la version qu'il donne de l'exposé de Poseidonios, ajoute que les femmes des Gaulois sont belles et bien faites, mais que les hommes s'y intéressent peu. Cette constatation n'a rien d'anodin. Elle signifie que **les Gaulois**, contrairement aux Romains qui sont toujours chez Poseidonios la référence souvent par opposition, **ne pratiquent pas la débauche avec les femmes.** Ils les épousent, leur font des enfants, mais recherchent plutôt le plaisir auprès des hommes. Cette assertion vaut probablement pour les guerriers et les nobles, autrement dit ceux qui ont goûté à l'homo-sexualité au cours de leur vie militaire. Pour les paysans et le petit peuple, les choses sont certainement différentes. Malheureusement ces derniers n'ont jamais suscité l'intérêt et l'observation précise de la part des voyageurs et ethnographes grecs.

Pour ces raisons les Gaulois paraissent très tolérants en matière de sexualité. Les différents exposés qui traitent de la justice en Gaule ne mentionnent jamais de délits sexuels. L'adultère n'est pas non plus évoqué, ni dans ce cadre juridique, ni dans la description des relations familiales. Qu'il soit pratiqué est une évidence, qu'il soit puni n'est pas sûr.

SANTÉ, HYGIÈNE ET MÉDECINE

Tous les auteurs antiques l'attestent, **le Gaulois est très soucieux de son apparence qu'il soigne dans les plus petits détails : cela va des parures à l'entretien de son corps en passant par les vête-ments et l'hygiène.** Depuis les temps les plus anciens, le corps est l'objet d'une attention particulière. La santé et la beauté du corps sont considérées comme des vertus pour les jeunes hommes et les guerriers, mais aussi pour les nobles et les hommes politiques qui doivent eux-mêmes incarner la puissance physique du peuple. L'historien Polybe a utilisé le témoignage d'un autre historien romain, Fabius Pictor, qui avait lui-même participé à la bataille de Télamon en 225 av. J.-C. Ce dernier rapporte qu'il fut, comme tous les sol-dats romains, à la fois effrayé et fasciné par la vision de l'armée gauloise dont les premiers rangs étaient occupés par des guerriers nus, « remarquables par l'éclat de leur vigueur et de leur beauté ». Il ne fait nul doute que ces guerriers avaient été choisis pour figurer à cette place et que celle-ci était un honneur pour eux.

Tout au long de sa vie, le guerrier soigne sa condition physique et participe régulièrement, comme les citoyens grecs, à toutes les campagnes militaires, jusqu'à un âge avancé. C'est ainsi que tous

L'HOMME GAULOIS

les sénateurs éduens, qu'il faut imaginer déjà âgés à cause de leur fonction, ont trouvé la mort dans un affrontement avec Arioviste. Mais le meilleur exemple de la longévité de l'activité guerrière est donnée par César. « Les Rèmes, écrit-il, perdirent le premier magistrat de leur cité, Vertiscos, qui commandait la cavalerie : il pouvait à peine, en raison de son grand âge, se tenir à cheval, mais, selon l'usage des Gaulois, il n'avait pas voulu que cette raison le dispensât du commandement, ni que l'on combattît sans lui. »

À l'exercice régulier les Gaulois joignent une **hygiène rigoureuse** que les ethnographes antiques ont bien notée mais sans toujours la comprendre. « Tout en ayant grand soin d'eux-mêmes et en aimant la propreté dans les détails de leur vie, ils pratiquent une opération bien grossière et qui est, au fond, d'une grande malpropreté : ils lavent chaque partie de leur corps avec de l'urine ; ils s'en frottent les dents et s'imaginent ainsi bien faire pour l'entretien de leur corps. » En fait, les Gaulois avaient déjà découvert les qualités de l'ammoniaque, et il est probable que l'allusion que Diodore fait à l'urine traduit seulement l'incompréhension de son informateur (encore une fois Poseidonios) quand il dut assister à la fabrication d'une forme de savon dont on dit que les Gaulois sont les inventeurs. Le soin apporté aux dents révèle en tout cas que ce que l'on attend de l'hygiène, ce n'est pas seulement la propreté du corps qui participe de sa beauté, mais tout autant la lutte contre une saleté (on dirait aujourd'hui les microbes et germes de tous genres) dont on a compris qu'elle est vecteur de maladies (caries, affections de la peau, infection des plaies, etc.).

La **médecine** proprement dite est pratiquée de façon traditionnelle, essentiellement **à l'aide de plantes** dont on a reconnu les vertus curatives ou dont on présume qu'elles les possèdent. Comme dans toutes les sociétés archaïques, ce sont des sorciers, des hommes en marge de la société, qui possèdent la connaissance de ces plantes. Mais, dès le IVe siècle av. J.-C., probablement les druides les dépossèdent de ce pouvoir et donnent à la médecine une forme relativement institutionnelle et la rattachent à la religion. Se faire soigner devient un engagement moral qui nécessite le respect d'une éthique et la reconnaissance de l'action divine : prise de remède, offrande et sacrifice vont de pair.

La **chirurgie** est une pratique fort répandue dans toutes les sociétés guerrières. Les Gaulois n'échappent pas à cette règle, d'autant que leurs façons de combattre sont très vulnérantes : l'absence de protection du corps ne semble avoir d'égale que la dangerosité des armes, très perçantes et tranchantes. Une sépulture de Bavière a livré, à côté des armes du guerrier, une panoplie de chirurgie, scalpel, lancettes et autres instruments pour curer les plaies. Il est donc probable que chaque formation militaire dispose de son chirurgien. En tout état de cause, les os de guerriers découverts dans les nécropoles ou sur les champs de bataille montrent de nombreuses fractures, parfois graves, et suivies d'une suture avec un cal relativement réduit. Cela suppose que les blessures sont soignées immédiatement. C'est le rôle du servant d'armes de procéder aux premiers soins. Mais on sait, par de nombreux exemples, que le guerrier gaulois n'hésite pas à retirer lui-même voire arracher les traits qui l'ont atteint.

ÉDUCATION ET ÉCOLE

Seuls les enfants des classes favorisées, nobles et riches, bénéficient d'une éducation qui, de surcroît, est de grande qualité. Celle-ci ne devient une institution élitiste qu'à la faveur de l'avènement des druides. Auparavant, il faut penser que seuls les enfants des aristocrates bénéficiaient d'enseignements ponctuels dispensés par des maîtres qui se rendaient chez leur client. Les druides, au contraire, établissent de véritables écoles qui peuvent être assez éloignées du domicile des élèves ; elles ne sont pas nécessairement dans la cité d'où proviennent les enfants. En fait, **il s'agit d'écoles philosophiques comme il en exista dans la Grèce présocratique, des lieux où l'on recherchait le savoir universel**. C'est pourquoi les élèves ne disposent pas, comme en Grèce ou à Rome, d'un pédagogue attitré, mais doivent écouter les discussions de leurs aînés dont ils se rapprochent progressivement. L'enseignement est universel, il comprend des matières instrumentales telles que la langue, les mathématiques, la géométrie, et des domaines plus culturels tels que l'histoire, la théologie, les arts, l'astronomie, la botanique, etc.

La multitude des matières enseignées et le haut niveau qu'on exige des élèves expliquent qu'une formation complète s'étale sur une période de vingt ans. Elle suppose que l'enfant entre très jeune chez les druides. Quand il en sort, à l'issue du parcours pédagogique complet, il dispose d'une très solide culture générale qui en fait un honnête homme, à la façon gauloise. Le meilleur exemple de ces individus qui ont reçu une belle éducation nous est donné par l'Éduen Diviciac. Guerrier, il a obtenu la plus haute magistrature, a été nommé sénateur. Il sait voyager à l'étranger et possède pour cela suffisamment de latin. Son éloquence lui permet de s'exprimer devant le sénat romain, de dialoguer avec un intellectuel aussi brillant que Cicéron. Il est capable tout autant de négocier des traités avec un personnage aussi impressionnant que César que d'inviter à la modération ses bouillants congénères.

Assez tôt, semble-t-il, Marseille offre ses écoles grecques à la jeunesse de l'aristocratie gauloise. On vient y apprendre la rhétorique, la philosophie et les conceptions politiques des cités grecques et romaines, ainsi que l'usage de l'alphabet et de la langue grecs. Les séjours qu'ont accomplis les élèves gaulois dans ses écoles ont eu la plus grande influence sur la civilisation gauloise. Strabon n'hésite pas à écrire que Marseille « **servait tout récemment [c'est-à-dire avant la conquête romaine] d'école pour les barbares, qu'elle faisait des Gaulois des philhellènes et que ces derniers, même, ne rédigeaient plus leurs contrats qu'en grec.** »

COSTUME ET PARURE

Les Gaulois ont une passion immodérée pour tout ce qui peut orner leur corps, les vêtements, les bijoux, mais aussi les coiffures et les teintures. En Gaule, « on ne voit personne, même parmi les femmes dans une extrême pauvreté, traîner comme ailleurs de sordides haillons », écrit Timagène. Les Gaulois sont des maîtres en matière d'habillement, ils en attendent autant le confort que la beauté. Peut-être ont-ils inventé la mode, tant en ce domaine leur créativité et leur goût artistique s'expriment avec succès. Leurs principales inventions vestimentaires seront adoptées par les Romains et conservées jusqu'à nous. C'est le cas du pantalon, les braies (d'après le mot gaulois *braca*) qu'ils ont probablement imitées du pantalon bouffant des Scythes. C'est le cas également du sayon (gaulois *sagon*), une tunique qui peut être garnie de manches et qui descend jusque sous les reins. Elle est particulièrement adaptée au combat, et les guerriers romains s'en empareront. De la même manière, les chaussures de cuir seront utilisées par les troupes romaines qui les appellent *gallicae*. Les vêtements sont adaptés à tous les types de travaux, à chacune des saisons et aux capacités financières de chacun. Ainsi le sayon d'hiver est tissé dans une laine épaisse et chaude, celui d'été probablement dans du lin. Le paysan possède son propre vêtement, une sorte de cape qui se termine par une capuche pouvant protéger la tête, c'est le *cucullos*. En laissant libres les mains, il permet les travaux des champs en toute saison. Aussi sera-t-il conservé jusqu'au Moyen Âge.

Le vêtement, par son type et surtout sa décoration, témoigne de l'appartenance sociale et bien souvent de la fonction de celui qui le revêt. Les membres de l'assemblée portent un sayon particulier ; si l'un d'entre eux perturbe les débats, l'appariteur chargé de faire régner l'ordre met en pièces son sayon. Les rois portent des vêtements richement ornés. Certains, comme Adiatuanos, partagent ce privilège avec leurs soldures (cf. clientèle, ch. 3). Souvent le vêtement témoigne soit d'un partage du pouvoir, soit de sa délégation. Ainsi les gardes de l'ambassadeur de Bituit (cf biographies) qui se rend auprès des Romains sont comme lui richement vêtus. Les vêtements les mieux adaptés et les mieux décorés sont un symbole de commandement. Ambiorix, lorsqu'il capture l'un des

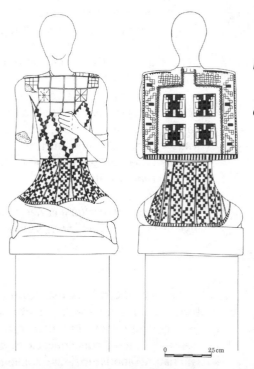

Guerrier de Roquepertuse portant un pectoral et un lambrequin rehaussés de couleur rouge. Ve s. av. J.-C.

0   25 cm

L'HOMME GAULOIS

271

généraux de César, Sabinus, ne s'y trompe pas. Il lui fait ôter ses armes et ses vêtements et le fait tuer à coups de javelot, après lui avoir dit : « Comment, tels que vous êtes, voulez-vous commander des hommes aussi puissants que nous ? » À l'inverse, l'absence de tout vêtement par les guerriers d'élite a pour mission de signifier que leur puissance réside dans leur corps et leur maniement des armes.

Ce que les puissants recherchent dans le vêtement, c'est aussi l'image du luxe. Les chefs de troupes mercenaires demandent à leurs alliés méditerranéens trois types de cadeaux : des pièces d'or,

des chevaux et de riches étoffes. Ce sont trois types de richesses qui, comme l'indique Polybe, sont aisément transportables et surtout sont attachées physiquement à celui qui les possède. Strabon, d'après Poseidonios, c'est-à-dire à propos des Gaulois de la fin du IIe siècle av. J.-C., écrit : « Les personnes qui jouissent le plus d'honneurs portent des vêtements teintés à la cuve et brodés d'or. » Comme les armes, les pièces d'étoffe portent les plus riches décors que les tissus permettent de réaliser. Ce sont le plus souvent des rayures qui, pour les habits des plus riches, sont rehaussées de fils d'or. Les carreaux et damiers sont très prisés. Mais ce qui domine surtout, c'est l'usage de la couleur vive qui a frappé les observateurs étrangers.

Reconstitution du costume et des parures d'une défunte du cimetière de Münsingen (Suisse), IIIe s. av. J.-C.

Le système pileux est l'objet de tous les soins. Cheveux et barbe sont des éléments de la beauté au même titre que la parure. « Leurs cheveux sont de leur nature blonds ; mais ils s'appliquent à rehausser, au moyen d'un apprêt, la nuance propre et naturelle de cette couleur, en les lessivant continuellement avec de l'eau de chaux ; ils les retirent du front vers le sommet de la tête et vers la nuque, ce qui leur donne un aspect semblable à celui des satyres et des pans. Grâce à ces opérations, leurs cheveux s'épaississent au point de ne différer en rien de la crinière des chevaux. Quelques-uns se rasent la barbe, d'autres la laissent croître modérément ; les nobles gardent leurs joues nues, mais portent les moustaches longues et pendantes au point qu'elles leur couvrent la bouche. » C'est ainsi que Poseidonios put voir les Gaulois une cinquantaine d'années avant l'arrivée de César en Gaule. Une fois encore, on constate que les différences de traitement des cheveux et des poils obéissent à des règles et reflètent les distinctions sociales.

Cependant ce sont évidemment les parures qui expriment le mieux la position de chaque individu sur l'échelle de la valeur et de la richesse. Les guerriers les plus valeureux portent au cou un collier en or que l'on appelle « torque », le plus haut insigne militaire. Les autres hommes, les femmes riches également, possèdent des torques en bronze plus ou moins ouvragés, simplement torsadés à la période ancienne, puis travaillés dans le style plastique à la période suivante. Les Gaulois appellent ces torques *maniaces*. C'est le bijou le plus courant, le plus emblématique des Gaulois. Les seules autres parures sont les bracelets (portés au poignet) et les brassards (portés en haut du bras) généralement en bronze et ornés des mêmes décors que les torques. On connaît des exemplaires en fer ou en lignite, ils sont dans ce cas très sobres.

REPÈRES BIOGRAPHIQUES

ACCO

Chef sénon, instigateur de la révolte de 53 avant J.-C. contre les Romains. Il réussit probablement à entraîner les Carnutes, ses voisins, dans la guerre mais pas les Parisii avec lesquels jadis ces derniers formaient un même État. La riposte de César est si rapide qu'Acco n'a pas le temps de rassembler les populations dans les oppida. Les Sénons se rendent et les Eduens avec lesquels ils sont liés d'amitié obtiennent de César un traitement de faveur, la livraison de cent otages, parmi lesquels figure certainement Acco. Quelques mois plus tard, au cours de l'assemblée de la Gaule qui se déroule à Durocortorum, la conjuration des Sénons est jugée et Acco est supplicié « selon la vieille coutume romaine », c'est-à-dire battu de verges et décapité. Cette peine exemplaire dessert César, elle est l'un des déclencheurs de la grande révolte des Gaulois en 52 avant J.-C.

ADIATUANOS

Roi des Sotiates, il affronte en 56 avant J.-C. les armées césariennes dirigées par P.Crassus. C'est à son propos que César nous apprend l'existence et la condition des soldures (cf ce mot). Alors que les Sotiates s'étant réfugiés dans leur oppidum principal cherchent à négocier leur reddition, à l'autre extrémité de la place, le roi Adiatuanos entouré de 600 soldures tentent une sortie. Ils sont refoulés mais épargnés par les vainqueurs

L'existence de ce roi est également attestée par des monnaies à la légende REX ADIETUANUS dont les revers portent la mention SOTIOTA.

AMBIGATOS

Roi légendaire des Bituriges, serait contemporain (cf. Chronologie fondamentale, ch. 1) de Tarquin l'Ancien (à la fin du VIIᵉ siècle av. J.-C.). Son nom signifie « celui qui combat des deux côtés ». Tite-Live rapporte qu'à cette époque les Bituriges règnent sur la partie centrale de la Gaule et que celle-ci connaît une crise due au surpeuplement. Pour la résoudre Ambigat envoie ses deux neveux, Bellovèse et Sigovèse, fils de sa sœur, avec le maximum de population chercher d'autres terres. Ces derniers partent chacun dans les directions que les augures leur assignent, le sud et l'Italie pour Bellovèse, l'Europe centrale pour Sigovèse. Le premier emmène avec lui des Bituriges, des Arvernes, des Sénons, des Éduens, des Ambarres, des Carnutes et des Aulerques. Arrivant dans le sud de la Gaule, ils aident les Phocéens à s'installer puis ils franchissent les Alpes et fondent Milan.

On ne peut calquer aucune réalité historique sur cette légende. Cependant cette dernière illustre bien la période obscure des débuts de l'histoire de la Gaule celtique quand seule la partie centrale de la Gaule était vraiment celtique (d'où son nom) et que déjà des peuples puissants (Bituriges, Sénons entre autres) formaient des États autonomes et cependant liés les uns aux autres.

AMBIORIX

Roi des Éburons dans l'actuelle Belgique, avec Catuvolcos. En 54 av. J.-C. ceux-ci viennent se mettre à la disposition des troupes romaines, dirigées par Sabinus et Cotta. Mais le Trévire Indutiomar les persuade de changer de camp. Par la ruse, Ambiorix réussit à battre puis à massacrer l'armée de ces derniers. Il persuade alors les Nerviens de se retourner contre les troupes de Q. Cicéron qui prend ses quartiers d'hiver chez eux. L'année suivante, il participe à la coalition organisée par les Trévires contre César. Il apporte le poids de ses troupes mais aussi l'alliance des Ménapiens et des Germains. César réussit à le couper de ces derniers en occupant le pays des premiers et en franchissant le Rhin. Ambiorix doit se réfugier dans la forêt des Ardennes. Les Romains l'y retrouvent, mais il parvient à leur échapper en conseillant à ses hommes de se disperser dans les bois. César décide alors de ravager complètement le pays des Éburons afin qu'Ambiorix n'y puisse trouver aucun refuge. Cependant ce dernier, escorté de quatre cavaliers, réussit à échapper à ses multiples poursuivants. Il parvient probablement à reconstituer une armée et à mettre en péril la fragile mainmise des Romains sur le pays éburon, car en 51 César doit à nouveau faire ravager toutes les maisons et toutes les terres afin de le contraindre à demeurer hors des frontières de la Gaule.

ANÉROESTE

Roi des Gésates transalpins, ces mercenaires des bords du Rhône que les Insubres et les Boïens engagent en 233 dans leur lutte contre Rome au prix d'une grande quantité d'or. Il n'arrive en Italie qu'en 225, avec un autre roi, Concolitan, et à la tête d'une puissante armée, 50 000 fantassins, 20 000 cavaliers et chars de guerre. Entre-temps les Romains ont gagné à leur cause les Vénètes d'Italie et les Cénomans. Les Gésates sont donc contraints de laisser une partie de leurs troupes dans leur pays pour le défendre d'une éventuelle agression de ces derniers. Ils traversent sans grande difficulté l'Étrurie et, après avoir vaincu les Romains à Fiesole, Anéroeste décide de rapporter chez eux l'énorme butin qu'ils viennent de prendre. C'est sur la route du retour qu'ils sont arrêtés à Télamon. 40 000 Gaulois périssent. Anéroeste, qui s'était mis à l'abri avec sa famille, leur donne la mort puis se suicide. C'est l'un des exemples les plus célèbres du suicide habituel des chefs gaulois vaincus.

AUTARITOS

Chef de mercenaires gaulois employés par Carthage en Sicile. Ceux-ci, devant évacuer la Sicile acquise par les Romains et n'ayant pas touché leur solde, vont la réclamer en Afrique. Mais le sénat carthaginois décide d'absoudre sa dette. Autaritos, brillant orateur, conduit la révolte de tous les mercenaires avec le Samnite Spendius et l'Africain Mathô. La révolte dure trois ans et fait courir les plus grands dangers à Carthage. Autaritos est aussi brillant stratège que son ancien employeur et désormais adversaire, Hamilcar. S'étant décidé à traiter avec ce dernier, Autaritos se fait prendre à son propre piège : il est désigné par Hamilcar comme l'un des dix otages contre lesquels le reste de l'armée des mercenaires sera épargné. Autaritos et Spendius sont mis en croix devant Tunis.

BITUIT

Roi des Arvernes, fils de Luern. C'est probablement lui qui s'allie aux Allobroges pour menacer la puissance montante des Éduens aux environs de 125 av. J.-C. Ces derniers, parce qu'ils sont liés par un traité d'amitié avec elle, font appel à Rome. En 121 av. J.-C., Domitius Ahénobarbus est envoyé avec une puissante armée et des éléphants le long du Rhône pour empêcher la jonction des Arvernes et des Allobroges. Une ambassade de Bituit auprès de Domitius échoue. Les Arvernes descendent alors des Cévennes, forts de 200 000 hommes, et s'opposent à seulement 30 000 Romains. Les voyant, Bituit déclare qu'il y a là à peine de quoi nourrir ses chiens. La suite des évènements lui donne tort. Après une longue et terrible bataille, il parvient à s'échapper avec le quart de ses hommes. Immédiatement après, une province romaine est organisée en Provence. Bituit, qui n'est probablement pas un grand chef de guerre, redoute de reprendre les armes et cherche à négocier avec les Romains. Naïf certainement, il accepte une entrevue avec Domitius qui l'emmène de force en Italie, sous le prétexte qu'il doit aller négocier à Rome même. En fait, on le garde en résidence à Albe, et son fils Congentiat est gardé en otage.

BOLGIOS OU BELGIUS

L'un des trois chefs, avec Brennos et Keréthrios, de la grande expédition celtique de 280 av. J.-C. en Macédoine et en Grèce. Son nom (« le Belge ») évoque peut-être l'identité ethnique du groupe qu'il dirige, l'armée occidentale, celle qui fond sur la Macédoine. Après avoir traversé l'Illyrie, il arrive en Macédoine dans la région de Monastir. Ptolémée Kéraunos, roi de Macédoine, refuse de négocier avec lui. Il est battu et tué par l'armée de Bolgios. Sa tête est promenée sur une pique afin de décourager les dernières troupes macédoniennes qui résistent encore. Bolgios lui-même consacre sa victoire par le sacrifice des plus beaux prisonniers et le massacre des autres. Il passe quelque temps à piller la Macédoine, amassant un immense butin. Puis rentre peut-être en Gaule.

BRANÉOS OU BRANCUS

Roi des Allobroges avant 218 av. J.-C. Il est dessaisi du trône cette année-là par son frère cadet dont on ignore le nom et qui était soutenu par la jeunesse du pays. C'est l'exemple même des conflits des générations en Gaule, qui se traduisent par la lutte pour la royauté, opposant souvent deux frères. Dans le cas présent, ces derniers en viennent aux mains. Et lorsque Hannibal, après avoir traversé les Pyrénées, arrive sur les bords du Rhône, il trouve les armées des deux frères prêtes à combattre. Brancus promet d'accorder son aide à Hannibal pour le franchissement des Alpes si ce dernier l'aide à reconquérir le pouvoir. C'est ce qu'il fait, confortant ainsi les institutions des Allobroges qui, en retour, lui fournissent des vivres, des armes et l'escortent dans les montagnes.

BRENNUS OU BRENNOS

1. Chef gaulois de la tribu des Sénons qui émigrent au début du IVe siècle av. J.-C. en Cisalpine. Vers 386, il assiège Clusium en Étrurie, puis marche contre Rome. Après avoir vaincu les Romains à l'Allia, il entre dans Rome et assiège le Capitole. Il impose aux vaincus une rançon de mille livres d'or. Mais les Romains accusent les Gaulois d'utiliser de faux poids pour

peser cet or. Brennus a cette réaction et cette parole célèbres : jetant sa propre épée dans la balance il déclare : « Malheur aux vaincus ! » Formule demeurée célèbre dans sa traduction latine, *Vae victis*.

2. L'un des chefs de l'expédition celtique contre la Grèce et la Macédoine en 280 av. J.-C. Il commande avec Akichorios l'armée centrale, celle qui se dirige vers la Grèce. C'est une armée de 150 000 fantassins et de 15 à 20 000 cavaliers. Après avoir combattu pendant un an en Dardanie et en Péonie, Brennus se dirige vers la Grèce et sur le sanctuaire de Delphes que l'on croit conserver d'immenses trésors. Les Athéniens et les Phocidiens tentent de l'arrêter au défilé des Thermopyles, mais sans succès. En revanche, il ne peut prendre le sanctuaire de Delphes. La légende grecque proclame que les dieux eux-mêmes sont intervenus pour arrêter les Gaulois. En fait, ce sont plusieurs éléments qui concourent à leur faire échec, l'aide des Étoliens, la fatigue des Gaulois et peut-être une maladie qui s'est emparée d'eux, ainsi qu'un hiver rigoureux. Brennus, blessé, parvient à s'échapper et rejoint les troupes d'Akichorios en Macédoine. Il se suicide à Héraclée en 278 av. J.-C. Pour les Grecs, Brennus est l'image même du barbare impie qui ne respecte pas les biens des dieux.

CATUMANDUS

Chef ligure ou gaulois dont le nom gaulois signifie « petit cheval de combat ». À une époque imprécise (quelque temps avant la prise de Rome par les Gaulois), il est désigné par l'ensemble des coalisés gaulois et ligures qui assiègent Marseille avec de nombreuses troupes. Trogue-Pompée, lui-même d'origine voconce, et qui raconte cette histoire probablement sur la foi d'archives familiales, rapporte qu'au cours de ce siège Catumandus fait un rêve au cours duquel lui apparaît une figure féminine qui semble être une déesse qui lui demande de faire la paix. Éveillé, il demande aux Massaliotes d'entrer dans la ville pour y honorer leurs dieux. Parvenu au temple de Minerve, il reconnaît sous les traits de la statue la divinité qui lui est apparue en songe. Il félicite alors les Massaliotes d'avoir les faveurs de tels dieux et offre à Minerve un collier d'or. Le siège est levé et un traité de paix est conclu entre Marseille et les indigènes.

CELTILL OU CELTILLOS

Noble Gaulois, père de Vercingétorix. Il obtient la magistrature suprême dans son pays, probablement vers 80, à une époque où les Arvernes, après la défaite de Bituit, ont retrouvé leur ancienne puissance ainsi que leur hégémonie sur la Gaule. D'après César, qui est le seul à évoquer le personnage, il aurait tenté de restaurer la royauté pour son compte personnel. Ce serait la raison pour laquelle ses concitoyens l'ont mis à mort.

CINGÉTORIX

Homme politique trévire, gendre d'Indutiomaros. Son nom signifie « chef des guerriers ». En 54 av. J.-C., le gendre et son beau-père se disputent le pouvoir. Cingétorix représente le parti pro-romain et Indutiomaros le parti adverse. À l'approche de César qui s'inquiète de ce que les Trévires ne lui envoient aucun représentant à ses assemblées, Cingétorix se place sous l'autorité des Romains, tandis que son beau-père essaie de lever des troupes. César donne le pouvoir à Cingétorix, au détriment d'Indutiomaros qui en conçoit un grand ressentiment. Cingétorix ne réussit cependant pas à exercer son autorité. Il est déclaré « ennemi public » et ses biens sont confisqués. À l'issue de la campagne victorieuse de Labienus sur les Trévires en 53, César lui rend la magistrature suprême ainsi que le pouvoir militaire.

COMM OU COMMIOS

Homme politique atrébate que César fait roi de son peuple après la victoire qu'il a obtenue sur eux en 57 av. J.-C. César le juge « courageux, intelligent et fidèle ». Il le charge en 55 d'une ambassade dans l'île de Bretagne afin de gagner le plus grand nombre de chefs et de peuples bretons à la cause romaine. Cette mission s'explique par les liens étroits et anciens que les Atrébates entretiennent avec les habitants de Bretagne, probablement depuis qu'une fraction du peuple belge atrébate, au IIIe siècle av. J.-C., avait quitté le continent pour s'installer sur l'île. Malgré ces liens de parenté et d'amitié, Comm est fait prisonnier dès son arrivée sur l'île, avec des égards cependant. Car dès que César se montre victorieux des peuples côtiers, Comm lui est rendu comme monnaie d'échange. Visiblement ce dernier ne garde aucune rancune envers les Bretons, car c'est lui qui sert d'intermédiaire à Cassivellaunos pour négocier sa reddition auprès de César. Comm est un maître de cavalerie. Avec 30 cavaliers seulement il est d'une grande aide à César dans l'un de ses combats en Bretagne. C'est également avec une cavalerie, probablement renforcée, que César le charge de surveiller les Ménapiens après la victoire qu'il a obtenue sur eux en 53. Comm devient alors l'un des plus puissants alliés gaulois de César, au même titre qu'un Diviciac. César rend à sa cité ses lois, ses institutions, l'exempte d'impôts et accorde à Comm la suzeraineté sur les Morins. Mais ces privilèges et ces pouvoirs sont peut-être trop exorbitants, ou bien César nous cache-t-il un incident dans les relations entre les deux hommes. Car en 52

REPÈRES BIOGRAPHIQUES

Comm participe activement à la mise en place de l'armée de secours à Vercingétorix. Après la défaite d'Alésia, en 51, il participe avec Corréos le Bellovaque à la mise en place d'une grande coalition belge. Labienus, ayant appris ces manœuvres, tente par ruse de le faire supprimer lors d'une entrevue qu'il doit avoir avec Volusénus Quadratus. Comm est grièvement blessé d'un coup d'épée à la tête, mais en réchappe. Il jure alors de ne plus jamais se trouver en présence d'un Romain. Lors de la seconde campagne de César contre les Belges, toujours plein de ressources il part chercher du renfort chez les Germains et revient avec 500 cavaliers. La résistance acharnée des Belges ne parvient cependant pas à faire échouer les troupes de César. Les Bellovaques se rendent et cherchent la clémence de ce dernier. Comm fuit chez les Germains avec les cavaliers qu'il y a recrutés. Puis revient dans sa cité qui s'est soumise au conquérant qu'il continue de harceler avec sa cavalerie. Son pouvoir de nuisance est si fort qu'après une nouvelle embuscade contre lui, toujours de la part de Volusénus Quadratus qu'il blesse grièvement cette fois-ci à son tour, il obtient d'exceptionnelles conditions de reddition : il pourra se retirer où il veut, c'est-à-dire loin de la présence romaine. De fait, il se réfugie sur l'île de Bretagne où il fonde une dynastie chez les Atrébates insulaires probablement jusque dans les années – 30, où son fils Tincommios lui succède.

CONVICTOLITAVIS

Homme politique éduen. Il dispute la magistrature suprême, en 52 av. J.-C., à Cotos, frère du précédent vergobret, Valétiacos. Les deux se prétendent légalement nommés ; aussi le sénat, l'assemblée, les partis sont-ils divisés et la guerre civile menace d'éclater. Des députés éduens demandent son aide à César qui convoque pour cela une grande assemblée à Decize. Il constate que Convictolitavis a été élu conformément aux institutions éduennes et sous la présidence des prêtres et que, par conséquent, le pouvoir doit lui revenir. Mais, en cette année 52 César ne contrôle plus du tout ses alliés gaulois : son nouveau débiteur ne résiste pas aux offres d'alliances monnayées que lui proposent les Arvernes et à l'attrait d'un pouvoir plus grand. Convictolitavis prend avec Litaviccos le parti de la guerre et entraîne les Éduens dans la grande confédération gauloise conduite par Vercingétorix. Il encourage le pillage des biens des marchands romains en Gaule.

CORRÉOS

Homme politique bellovaque qui dirige avec Comm l'Atrébate la coalition des forces belges en 51 av. J.-C. C'est à lui que les chefs belges unanimes confient la conduite de la guerre parce qu'il est animé d'une haine violente contre les Romains. Il participe lui-même au combat. C'est en dirigeant une troupe de 6 000 fantassins qu'il tend un piège aux fourrageurs romains. Mais celui-ci tourne mal. Les Gaulois ont le dessous, certains s'enfuient. Corréos résiste avec quelques hommes et tue un grand nombre de Romains jusqu'à ce qu'il périsse sous les traits de l'ennemi. Apprenant sa mort, les Bellovaques se rendent et plaident leur cause par l'intermédiaire de leurs amis éduens. Corréos mort est alors désigné comme l'unique responsable de la révolte bellovaque. César se montre incrédule, mais on comprend que Corréos n'avait probablement pas l'appui de la noblesse et des sénateurs, mais qu'il s'appuyait sur l'assemblée et la plèbe qui exprimaient des opinions hostiles aux Romains.

COTOS

Homme politique éduen. Il tente en 52 av. J.-C., avec l'aide de son frère Valetiacos qui en avait la charge l'année précédente et par force, d'occuper le poste de Vergobret. Lui et sa famille très puissante refusent d'admettre que Convictolitavis a été nommé légalement à cette charge. Ils sont prêts à prendre les armes et ont activé toutes les divisions politiques habituelles entre les chefs, les grandes familles et les assemblées. César, averti du risque de guerre civile que cette situation peut déclencher, convoque une grande assemblée du peuple éduen à Decize et fait admettre par tous que Convictolitavis a le droit pour lui. Quand les Éduens prennent part à la grande coalition dirigée par Vercingétorix, sous l'impulsion de Convictolitavis, Cotos demeure fidèle à la décision générale. Il commande la cavalerie et participe à la grande bataille qui oppose les cavaleries gauloise, romaine et germaine chez les Séquanes, avant le siège d'Alésia. Cotos y est fait prisonnier.

COTUATOS ET / OU GUTUATER

Carnute, instigateur, avec Conconnetodumnos, du massacre des marchands romains à Cenabum au début de l'année 52 av. J.-C. Les deux sont qualifiés par César d' « hommes dont on n'attend plus rien ». Cette agression, dont la nouvelle est rapidement diffusée dans une grande partie de la Gaule, fonctionne comme le signal de la révolte générale. L'année suivante, lorsque César défait les Carnutes, il fait rechercher par les Carnutes eux-mêmes le responsable de ce crime qu'il considère comme la principale cause de la guerre. Après beaucoup d'efforts, on lui amène un individu qui, au livre VIII, est nommé Gutuater. On a tout lieu de penser que Gutuater et Cotuatos sont un même nom mal retranscrit dans les manuscrits de *La guerre des Gaules* de César.

DIVICIACOS

Nom propre signifiant « le vengeur », porté par plusieurs personnages gaulois dont deux sont connus par l'œuvre de César.

1. Roi des Suessions qui règne probablement au début du Iᵉʳ siècle av. J.-C. (César écrit *nostra memoria*). Il est alors « le roi le plus puissant de toute la Gaule, dominant une grande partie de celle-ci, mais aussi la Bretagne ». Son successeur le roi Galba, a probablement hérité une grande part de cette puissance, il a l'autorité sur les Belges et conserve des appuis solides dans l'île de Bretagne. La légende ΔEIOYIGIIACOC, qui se réfère de toute évidence à ce roi, figure précisément sur des monnaies de bronze des Suessions.

2. Le plus célèbre des hommes politiques éduens. Issu d'une famille noble, il dut naître à la fin du IIᵉ siècle av. J.-C. Car en 63 ou 62 il est déjà sénateur et participe à la guerre qui oppose les Éduens aux Séquanes, aidé par les Germains d'Arioviste. Il est le seul rescapé d'une bataille au cours de laquelle meurent tous les autres sénateurs. Diviciac et sa famille partent alors vers Rome pour demander l'aide que le peuple éduen, « frère de sang de Rome », est en droit d'attendre. Diviciac expose la cause éduenne devant le sénat mais n'obtient pas toute l'aide escomptée. À Rome il est reçu par Cicéron lui-même dans sa maison. Et c'est grâce à un traité de ce dernier, le *De divinatione*, que l'on apprend que Diviciac fait également office de druide (cf. Les classes sociales, ch. 3) et qu'il est versé dans l'art augural (cf. La divination, ch. 6). De retour dans son pays, Diviciac obtient la magistrature suprême et prend la tête du parti pro-romain. Très rapidement il entre en contact avec César dont il devient le plus fidèle allié gaulois et son meilleur ambassadeur auprès des autres peuples gaulois, surtout ceux qui sont les clients des Éduens. Son influence est très grande auprès de César, ce qui lui permet de sauver son frère, Dumnorix, qui complote à la fois pour obtenir le pouvoir chez lui, mais aussi l'hégémonie de la Gaule, et pour lutter contre Rome. Il représente également auprès de César les cités gauloises qui se plaignent des méfaits des Séquanes et d'Arioviste. En 57, il dirige une armée éduenne contre les Bellovaques, peuple allié et client, afin que ceux-ci se séparent de la première coalition belge. Après la victoire de César sur les Belges, la même année, il négocie sa clémence pour les Bellovaques qui resteront tranquilles jusqu'en 51. On ignore quelle est la fin de sa vie. En 52, la magistrature suprême chez les Éduens se dispute entre Convictolitavis et Cotos ; on apprend seulement que Diviciac a recommandé à César deux jeunes hommes, Éporédorix et Viridomar. Diviciac ne

joue donc plus que le rôle de sage qu'il semble avoir été toute sa vie. En 44, Cicéron parle encore de lui au présent.

DIVICO

Chef helvète de la tribu des Tigurins. Il commande ces derniers lorsqu'ils se joignent à l'invasion des Cimbres et des Teutons. En 107 av. J.-C., il se trouve chez les Nitiobroges dans la région d'Agen, après avoir traversé la province romaine. C'est là que le consul L. Cassius Longinus tente en vain de leur faire rebrousser chemin. Divico écrase l'armée romaine qu'il fait passer sous le joug et tue le consul. En 58 av. J.-C., alors que les Tigurins ont connu une première défaite contre César, les Helvètes envoient Divico en ambassade auprès de celui-ci. Divico demande l'autorisation de gagner un nouveau territoire qui convienne à la fois aux Helvètes et aux Romains, faute de quoi les Helvètes se battront comme ils l'ont fait jadis contre Cassius. La suite des évènements lui donne tort. César bat les Helvètes et les force à regagner le plateau suisse. Mais entre-temps les Tigurins ont disparu de la scène militaire comme de l'œuvre de César. Alors que ce dernier trouve dans le camp des Helvètes un recensement précis sur tous ceux qui voulaient émigrer, il ne découvre aucune trace écrite sur le nombre des Tigurins. Ce qui prouve qu'ils avaient toujours gardé leur autonomie et que Divico se sentait plus Tigurin qu'Helvète.

DRAPPÈS

Chef sénon, probablement issu de la plèbe. Dès 52 av. J.-C., il rassemble une armée de fortune avec des esclaves auxquels il promet la liberté, des malfaiteurs et des bannis provenant de toutes les cités de la Gaule. En 51, avec 2 000 hommes, il marche en direction de la Province avec le Cadurque Luctérios qui lui-même, de son côté, dès l'année précédente, avait forgé le même projet. Le légat Caninius leur barre la route. Ils doivent se réfugier à Uxellodunum où le légat ne tarde pas à les assiéger. Drappès et Luctérios en sortent pour faire des provisions de blé, mais ils sont mis en échec. Drappès est fait prisonnier. César prend Uxellodunum et fait couper les mains de tous les défenseurs. Entre-temps Drappès, craignant un tel supplice, se laisse mourir de faim.

DUCARIOS

Guerrier insubre, connu par sa conduite héroïque lors de la bataille du lac Trasimène en 217 av. J.-C. Ayant repéré le consul Gaius Flamininus à son armure, il déclare à ses compagnons : « Le voilà, ce consul qui a massacré nos troupes, ravagé nos champs et notre ville. C'est une victime que je vais immoler aux mânes de nos concitoyens si indignement égorgés. » Sur ce, il s'élance avec son cheval à travers les lignes ennemies, tue l'écuyer du consul qui tente de l'arrêter et enfin perce ce dernier de sa lance. Il essaie ensuite de le dépouiller, mais les triaires qui entourent la victime la couvrent de leurs boucliers pour l'en empêcher, craignant probablement que les armes prises au consul ne servent aux Gaulois de dépouilles opimes.

DUMNACOS

Chef des Andes. En 51 av. J.-C., il assiège Duratios, allié aux Romains, qui s'est réfugié dans l'oppidum de Lemonum (Poitiers). Mais, apprenant que le légat C. Caninius se porte au secours de Duratios, il attaque le camp de ce dernier, sans résultat. En désespoir de cause, il reprend le siège de Lemonum. Cependant un autre légat, C. Fabius, apprenant les difficultés de Caninius et de Duratios, part à leur rencontre. Sachant qu'il ne pourra résister contre trois ennemis, Dumnacos décide de se retirer vers le nord, de l'autre côté de la Loire, fleuve difficile à franchir. Mais Fabius, ayant prévu cette manœuvre, l'attend près de l'unique pont. Ses hommes surprennent les troupes de Dumnacos chargées de bagages, en massacrent une grande partie. Le lendemain, une bataille acharnée oppose les deux armées, mais Dumnacos doit céder et perd 12 000 hommes. Dumnacos lui-même, qui est parvenu à s'échapper, est ensuite proscrit de son pays. Il doit errer et se cacher longtemps avant de trouver refuge dans la partie la plus reculée de la Gaule, probablement à l'extrémité du Finistère.

DUMNORIX

Noble éduen. Son nom signifierait « roi des ténèbres » ou « roi du monde d'en bas ». Frère, probablement cadet, de Diviciac. Il devient le gendre du chef helvète Orgétorix. Avec Diviciac il incarne les divisions politiques qui, ainsi que César le décrit, scindent toutes les grandes familles. À l'inverse de son frère, il est le leader du parti de l'opposition à Rome. Mais le contraste avec la personnalité attachante de Diviciac est plus profond encore : Dumnorix est populiste, il s'appuie sur l'assemblée et cherche probablement des suffrages, comme le « démagogue » Luern, au sein de la plèbe. Il est plus attiré par la puissance et l'argent du commerce et de la finance que par le respect des valeurs traditionnelles et militaires. Il ne cherche pas à être reconnu pour sa vertu, mais travaille à tisser des réseaux complexes d'alliances familiales et politiques. Avant l'arrivée de César, il avait déjà

ANNEXES

obtenu au moins une fois la magistrature suprême, succédant certainement à Diviciac. Il a dû profiter de sa fonction pour se faire attribuer, plusieurs années de suite, la ferme des douanes et des impôts. Sa richesse est donc considérable. Le meilleur exemple en est sa cavalerie personnelle qu'il commande lui-même et entretient à ses frais, la mettant au service de l'État, notamment comme force auxiliaire que les Éduens fournissent à César.

Sa participation aux évènements militaires liés à la conquête romaine révèle pleinement sa personnalité trouble, sournoise et dénuée de tout respect envers son frère. Officiellement allié des Romains contre les Helvètes, il œuvre en secret pour ces derniers. César ayant perçu sa fourberie, c'est Diviciac qui doit plaider sa cause et jouer de tout son crédit personnel pour le sauver. Par la suite, César se méfie sans cesse de lui, l'emmène dans tous ses déplacements. C'est ainsi qu'en 54 av. J.-C. il le contraint à l'accompagner dans l'île de Bretagne. Mais celui-ci refuse de s'embarquer et s'enfuit avec sa cavalerie. La cavalerie romaine part à sa poursuite et doit le tuer. Il meurt en déclarant, peut-être un peu tard, qu'« il est libre et appartient à un peuple libre ». De nombreuses monnaies éduennes portent le nom de DVBNOREX ou DVBNOREIX et représentent parfois un guerrier revêtu d'une armure tenant d'une main une enseigne au sanglier et de l'autre une tête coupée.

ÉPORÉDORIX

« Roi des conducteurs de char » est le sens de son nom. Jeune noble éduen, issu d'une très grande et très puissante famille, il est avec Viridomar recommandé à César par Diviciac avant 52 av. J.-C. Probablement ces deux compagnons accompagnent-ils la cavalerie éduenne. En l'en avertissant suffisamment à l'avance, ils permettent à César de déjouer le complot de Litaviccos qui vise à entraîner les Éduens dans la guerre. Ce dernier avait pour cela répandu la nouvelle du meurtre par les Romains des deux jeunes hommes, Éporédorix et Viridomar, soupçonnés par ces derniers de trahison. Mais leur loyauté envers César n'est effectivement qu'une façade de circonstance. Dès qu'ils comprennent que César est en difficulté face à Vercingétorix, ils ne cherchent qu'à exploiter la révolte éduenne. César cependant se méfie d'eux. Sous le prétexte qu'ils doivent tenter de maintenir les Éduens dans le droit chemin, ils se séparent de l'armée romaine et vont à Noviodunum (Nevers) où se trouvent les marchands romains et une grande partie des bagages de l'armée de César, ainsi que les otages gaulois que ce dernier y garde et des chevaux de réserve venus d'Italie. Les deux jeunes hommes font massacrer la garnison, s'emparent de l'argent et des chevaux et emmènent les otages à Bibracte, afin de pouvoir négocier des conditions avantageuses à l'alliance avec les Arvernes. Malgré l'autorité des Éduens sur l'ensemble des coalisés qu'ils ont persuadés, de gré ou de force, à prendre les armes contre César, les deux jeunes arrivistes ne parviennent pas à prendre à Vercingétorix la première place. C'est à contre-cœur qu'ils participent aux opérations militaires. Néanmoins Vercingétorix confie une armée de 10 000 fantassins et 600 cavaliers à Éporédorix avec la mission d'attaquer le pays des Allobroges et de menacer la Province. Le plan de Vercingétorix échoue. Et Éporédorix se voit une nouvelle fois confier une mission importante : auprès de Comm et Vercassivellaunos, il doit toujours, avec l'inséparable Viridomar, commander l'immense armée coalisée qui se porte au secours d'Alésia. On ne sait s'il y trouve la mort ou s'il parvient à s'échapper.

HÉLICON

Personnage légendaire dont la figure et l'histoire ne sont évoquées que par Pline le Naturaliste. Forgeron helvète, il aurait été à l'origine de la première invasion celtique en Italie. En effet, après avoir vécu en Étrurie où il exerçait son art, il serait rentré dans son pays avec un certain nombre de produits méditerranéens inconnus des Gaulois : figues, raisin, huile d'olive et vin. Les Gaulois, goûtant immodérément ces aliments et surtout le vin, se seraient alors décidés à aller les consommer sur place. La réalité historique contredit cette légende, notamment par le fait que les Helvètes, au Ve siècle av. J.-C., n'avaient pas encore gagné le plateau suisse. Néanmoins le mythe repose sur des bases matérielles : la présence sporadique d'artisans gaulois en Italie à date haute, surtout ceux qui se consacraient au travail du métal. Les armes gauloises furent très tôt adoptées par les Étrusques, comme le révèlent de nombreuses sépultures.

INDUTIOMAROS

Homme politique trévire, beau-père de Cingétorix auquel il dispute la magistrature suprême en 54 av. J.-C. Chef du parti anti-romain, il tente de soulever les chefs trévires et ceux des peuples voisins contre César. Mais ce dernier réagit trop vite et avec des moyens trop importants. Indutiomaros doit s'incliner, négocier et livrer des otages aux Romains, dont son propre fils. Il garde une rancune intacte contre son frère qui a été rétabli dans ses droits. Lors de l'hiver 54-53, Indutiomaros réussit à reconstituer une coalition anti-romaine. Il convoque un conseil de guerre où certainement, conformément à une tradition très ancienne, il met à mort le dernier arrivant. Il fait également bannir son gendre. Comme Dumnorix, il doit posséder une cavalerie personnelle qu'il dirige et dont il ne se sépare jamais dans les combats. Avec elle il harcèle sans relâche le camp de Labienus. Mais celui-ci le prend à son propre piège : avec l'aide de Cingétorix, il rassemble en secret dans les cités gauloises voisines une importante cavalerie qui combat de la même manière que celle d'Indutiomaros. Un jour que ce dernier reprend sa cavalcade autour du camp romain, Labienus envoie toute sa cavalerie avec l'ordre de tuer en priorité Indutiomaros. C'est ce qui arrive alors que celui-ci est sur le point de s'échapper en franchissant le gué d'une rivière. Sa tête coupée, à la manière gauloise, est rapportée au camp, tandis que les autres cavaliers sont massacrés.

LITAVICCOS

Noble Éduen. Issu d'une famille très influente. Convictolitavis, auquel César avait rendu la magistrature suprême, et malgré cela prenant la tête du parti anti-romain dans sa cité, contacte Litaviccos en 52 av. J.-C., sachant que lui et ses frères sont également opposés à César et favorables aux Arvernes. Il lui confie une armée de 10 000 hommes qui officiellement doit soutenir César devant Gergovie. Arrivé à proximité de Gergovie, Litaviccos fait part à ses hommes d'une nouvelle fausse (l'assassinat par César d'Éporédorix et de Viridomar) afin qu'ils se retournent contre celui qu'ils sont censés aider. Il massacre des citoyens romains qui l'accompagnent, pille les provisions qu'il doit apporter à César. Mais ne parvient pas à convaincre tous les Éduens de le suivre. D'autant qu'Éporédorix et Viridomar, par haine de Litaviccos, avertissent César du complot. Lorsque les Éduens constatent que les deux jeunes hommes sont bien vivants, ils se retournent contre Litaviccos qui doit se réfugier avec tous ses clients à Gergovie. Ses biens et ceux de ses frères sont confisqués. Après la défaite de César à Gergovie, Litaviccos part avec toute la cavalerie gauloise chez les Éduens afin de les soulever. Il est accueilli à Bibracte où se trouve également Convictolitavis. On ignore ce qu'il devient ensuite.

Des monnaies en argent, attribuables aux Éduens, montrent une légende LITA, sous la représentation d'un chef de cavalerie portant l'enseigne au sanglier. Il est tentant d'y voir une représentation de Litaviccos.

LUCTÉRIOS

« Le lutteur », c'est ce que signifie son nom. Chef cadurque qui s'engage auprès de Vercingétorix dès le début de l'année 52 av. J.-C. Il est envoyé par celui-ci avec une partie de ses troupes chez les Rutènes, afin de les rallier à leur cause, tandis que Vercingétorix s'occupe personnellement des Bituriges. Luctérios remplit sa mission bien au-delà des espérances, puisqu'il rallie également les Nitiobroges et les Gabales, lesquels lui confient des otages en caution, et envisage même d'envahir la Province. Mais il doit faire demi-tour lorsqu'il s'aperçoit que César place des détachements romains tout autour de la province romaine. On retrouve Luctérios en 51, cette fois allié à Drappès qui lui aussi a le projet de s'attaquer à la Province. Le légat C. Caninius se lance à leur poursuite. Une nouvelle fois, Luctérios, qui n'avait l'intention que de faire du pillage et de déstabiliser l'administration romaine, fait marche arrière, s'arrête chez lui et s'installe avec Drappès dans la citadelle d'Uxellodunum qui avait été jadis dans sa clientèle. Mais Caninius réussit à investir la place. Luctérios et Drappès, qui étaient partis chercher des vivres et du secours, ne réussissent pas à regagner la place forte. Luctérios s'enfuit, se cache, se réfugie chez différents chefs amis, mais sans y demeurer longtemps, par crainte d'être trahi. C'est effectivement ce qui arrive avec l'Arverne Épasnactos qui le fait charger de chaînes et le livre à César.

LUERN OU LOUERNIOS

Noble arverne. Son nom signifie « le renard ». Il est le père du roi Bituit qui combattit contre les Romains en 121 av. J.-C. Il est donc né au début du IIe siècle. On le connaît grâce à une description haute en couleur, due à Poseidonios d'Apamée qui lui-même l'avait tirée d'un auteur plus ancien, probablement Sempronius Asellio. Luern apparaît sous les traits d'un noble très riche qui mène une campagne électorale fastueuse, parcourant la campagne monté sur son char et distribuant au passage des pièces d'or aux représentants de la plèbe qu'il croise. Pour la même raison, il organise de gigantesques banquets où toute la population est conviée. Un barde, étant arrivé trop tard à l'une de ces festivités, déclame un poème en l'honneur de Luern tout en déplorant de n'avoir pu bénéficier de ses largesses. Ce dernier, tout aussi sensible à la flatterie qu'à l'humour, lui jette une bourse d'or.

ORGÉTORIX

« Roi des tueurs » indique son nom. Noble helvète, « le plus puissant par la famille et la fortune », nous dit César. Très ambitieux, il rêve de devenir roi et, dans ce but, mêle les affaires de la Gaule à celles intérieures à son pays. En 61 av. J.-C., il conspire avec une partie de la noblesse pour persuader le peuple helvète de quitter le plateau suisse, qu'il estime trop étroit pour un peuple aussi puissant et valeureux, et de s'installer à l'intérieur de la Gaule où l'hégémonie de celle-ci lui reviendra naturellement. L'entreprise est décidée, et les préparatifs dirigés par Orgétorix durent trois ans. Pendant cette période, il fait alliance avec deux hommes politiques des cités voisines, l'Éduen Dumnorix et le Séquane Casticos, qui ont la même soif de pouvoir que lui, afin que chacun prenne le pouvoir chez lui pour que tous trois s'allient pour gouverner la Gaule. Pour cette raison il donne sa fille en mariage à Dumnorix. Mais une dénonciation fait connaître le complot au peuple helvète qui le convoque devant un tribunal. Celui-ci arrive au tribunal avec 10 000 personnes, sa maisonnée, ses clients et tous ses débiteurs. Le procès ne peut avoir lieu. Cette conduite irrite l'ensemble de la classe politique qu'il avait pourtant gagnée à sa cause. C'est pourquoi les magistrats lèvent une armée contre lui pour le ramener devant la justice. Mais, au cours de sa cavale, Orgétorix meurt soudainement. Beaucoup soupçonnent alors qu'il s'est suicidé. Le projet d'émigration des Helvètes, imaginé par Orgétorix, se déroule cependant comme prévu en 58. On sait que c'est le prétexte de l'intervention romaine. La fille d'Orgétorix et l'un de ses fils seront eux-mêmes faits prisonniers par César lors de la bataille avec les Helvètes et probablement gardés en otages.

TASGÉTIOS

Noble carnute, de haute naissance, dont les ancêtres avaient été rois de leur cité. Depuis le début de la conquête romaine, il a apporté son concours à César, tout en maintenant sa cité hors des entreprises belliqueuses. En 57 av. J.-C., César fait prendre ses quartiers d'hiver à plusieurs de ses légions chez les Carnutes. C'est peu de temps après, à son retour d'Italie, au printemps 56, qu'il profite pour hisser Tasgétios à la royauté. Mais en 54 une conjuration de quelques Carnutes permet son assassinat. Immédiatement César envoie une légion dirigée par L. Plancus chez les Carnutes, afin qu'elle y prenne ses quartiers d'hiver.

VERCINGÉTORIX

« Roi suprême des guerriers ». Noble arverne. Fils de Celtill. Il est né aux environs de 82 av. J.-C. à Gergovie. Très puissant par sa fortune et sa clientèle, c'est sur elles qu'il s'appuie en 52 av. J.-C. pour susciter une opposition aux Romains. Il ne parvient pas néanmoins à entraîner l'ensemble de la noblesse arverne. Son oncle Gobannitio et les autres chefs le chassent de Gergovie. Mais dans la campagne il réussit à enrôler une armée de plébéiens avec laquelle il fait fuir ses adversaires. Ses partisans le proclament roi. Son influence grandit très vite, aussi envoie-t-il des ambassades à tous les peuples gaulois pour qu'ils prennent les armes afin de libérer la Gaule. Les Sénons, les Parisii, les Pictons, les Cadurques, les Turons, les Aulerques, les Lémovices, les Andes et tous les peuples de l'Océan se rangent à ses côtés. Unanimement on lui confie le commandement suprême. Il en a incontestablement toutes les qualités, sens de l'organisation, rigueur, prévoyance. Il n'a rien à envier à César ni dans son souci de la qualité des troupes ni dans la sévérité du commandement : les fautes graves sont punies de mort, les autres de mutilations qui servent d'exemple.

Ayant rassemblé une forte armée, il profite de la présence de César en Italie pour gagner à sa cause les Bituriges, en même temps qu'il confie à Luctérios le soin de créer une barrière entre la Province et le pays arverne. Mais César rentre d'Italie, surprend les Gaulois par sa rapidité et son audace : en plein hiver il fait franchir les Cévennes à son armée. Vercingétorix doit se replier, mais il tente ensuite des actions infructueuses en direction des Éduens et des Boïens de Gorgobina. Changeant alors de tactique, il se lance dans une politique de terre brûlée, pour empêcher les Romains de se ravitailler. Non seulement les fermes, les villages, mais aussi les villes devront être détruits. Les Bituriges laissent ruiner vingt de leurs villes, mais ils refusent de sacrifier Avaricum, la plus belle ville de la Gaule. Vercingétorix leur concède cette exception. Aussitôt César en fait un siège terrible, qui se solde par un succès. Pour Vercingétorix, c'est un premier échec grave, mais qui le renforce dans son obstination de réunir l'ensemble des peuples gaulois pour contrer les Romains. Peu de temps après, César décide de frapper au cœur du mouvement d'opposition mené par Vercingétorix en attaquant Gergovie. Siège, batailles devant la citadelle, trahison des Éduens, résistance héroïque des Gaulois et manœuvres habiles de Vercingétorix obligent César à renoncer à son projet.

Les Éduens se rallient alors à Vercingétorix. Une assemblée de toute la Gaule est convoquée à Bibracte où seuls manquent les Rèmes et les Lingons. Malgré les tentatives des nouveaux hommes politiques éduens, Vercingétorix est reconnu chef suprême. Les Allobroges eux-mêmes sont tentés par l'aventure. César doit une nouvelle fois revenir en Gaule en catastrophe. Les Gaulois tentent de lui couper la route près des sources de la Seine, mais ils sont mis en échec. Vercingétorix doit se réfugier à Alésia. Les autres chefs gaulois décident de former une armée de secours de 258 000 hommes pour obliger César à lever le siège. Mais, avec 50 000 hommes seulement, César parvient à défaire les deux armées, celle d'Alésia et celle qui vient lui prêter main-forte. Mesurant l'ampleur de la défaite, Vercingétorix décide de se livrer lui-même à César, afin qu'il épargne ses hommes. Cette soumission se fait dans la plus grande solennité, comme s'il s'agissait d'un rite religieux. Vercingétorix est fait prisonnier et envoyé à Rome. Il est exhibé dans le triomphe de 46 av. J.-C. et exécuté la même année dans la prison du Tullianum.

Des monnaies en or et en bronze portent la légende VERCINGETORIXC sous une tête d'homme qui est, en fait, le profil d'Apollon.

VERTISCOS

Premier magistrat des Rèmes en 51 av. J.-C. Il commande la cavalerie auxiliaire de ce peuple qui combat aux côtés de César lors de la seconde campagne contre les Bellovaques. Il est alors extrêmement âgé et peut à peine tenir à cheval, mais, « selon l'usage des Gaulois », nous dit César, il ne veut pas que cette raison l'empêche de commander en personne. Il tombe avec ses cavaliers dans l'une des embuscades quotidiennes que les Bellovaques tendent à l'ennemi. Vertiscos trouve la mort. La disparition du chef civil et militaire des Rèmes redonne espoir aux Bellovaques.

VIRIDOMAR OU BRITOMAROS

Chef des Gésates que les Insubres ont engagé en 222 av. J.-C. À la bataille de Clastidium qui se déroule la même année, Viridomar est tué au cours d'un combat singulier, de la main même du consul Marcellus. Celui-ci obtient donc la plus haute récompense militaire pour un Romain, rapporter au Capitole des dépouilles opimes, c'est-à-dire les armes d'un chef ennemi tué de la main même d'un chef romain.

VIRIDOMARUS

Jeune noble éduen, « de même âge et de même crédit » qu'Éporédorix, mais de moindre naissance. Protégé par Diviciac, il est recommandé par celui-ci à César qui lui confie missions et honneurs. Arriviste, il se mêle à la querelle qui oppose Convictolitavis et Cotos en 52 av. J.-C. Peu de temps après, il avertit César du complot ourdi par Litaviccos qui diffuse la fausse nouvelle de la mort des deux jeunes hommes, Éporédorix et Viridomar. Mais ensuite les deux trahissent César, se rangent du côté de Litaviccos et de Convictolitavis, et organisent le massacre des marchands romains et de la garnison de Noviodunum (Nevers). Les deux demeurent dès lors inséparables, et c'est ensemble qu'ils commandent avec Comm et Vercassivellaunos l'armée de secours à Alésia.

Sources littéraires concernant les Gaulois jusqu'au début de notre ère

Chronologie	Auteur	Sujet d'étude	Source de
Av. J.-C.			
VIe s.	Hécatée	villes et peuples en Gaule	
début Ve s.	Himilcon	côtes Atlantiques	Aviénus
Ve s.	Hérodote	les Élisukoï et Carthage	
IVe s.	Platon	ivresse et intoxication des Celtes	
Id.	Éphore	1re histoire et ethnographie	Polybe, Diodore
Id.	Aristote	mœurs, constitution politique	
Id.	Pythéas	côtes Atlantiques	Strabon, Polybe
IV-IIIe s.	Timée	histoire, mœurs et religion	Polybe, Diodore, Strabon
IIIe s .	*La magie*	1re cit. des druides	Diogène Laërce
III-IIe s.	Caton	origine des peuples, mœurs	
IIe s.	Polybe	Gaulois de Cisalpine	Tite-Live
fin IIe s.	Artémidore	1re géographie	Strabon, Marcien
Id.	Valérius Antias	Cimbres et Teutons	Tite-Live
Id.	Poseidonios	1re ethnographie	César, Diodore, Strabon
		histoire, les druides	Tacite, Athénée
IIe-Ier s.	Alexandre Polyhistôr	philosophie, druides	Clément d'Alexandrie
Id.	Varron	agriculture, chasse,	Saint Augustin, Aulu-Gelle
		histoire, mots gaulois	Pline
Id.	Cicéron	divination, Diviciac lieux communs	
Id.	César	histoire de la conquête	
Ier s.	Diodore	histoire, géographie, ethnographie	
Id.	Timagène	histoire, littérature épique mythologie	Trogue-Pompée Ammien Marcellin
Id.	Nicolas de Damas	histoire, mœurs	
fin Ier s.	Trogue-Pompée	histoire, migrations	Justin
Id.	Denys d'Halicarnasse	invasions gauloises en Italie	

REPÈRES BIOGRAPHIQUES

Chronologie	Auteur	Sujet d'étude	Source de
Id.	Tite-Live	histoire générale	
Id.	Strabon	géographie, mœurs	
Id.	Valère Maxime	mœurs remarquables	
après J.-C.			
début Ier s.	Pomponius Méla	géographie de la Gaule	
Id.	Lucain	guerre civile, religion	
Ier s.	Pline le Naturaliste	géographie, ethnographie, plantes animaux, médecine, religion	
Id.	Silius Italicus	guerres puniques, mœurs	
fin Ier s.	Tacite	ethnographie des Germains	(d'après Poseidonios)
Id.	Plutarque	invasions en Italie, histoire mœurs remarquables	(d'après Poseidonios)
Id.	Florus	histoire	(d'après Trogue-Pompée)
IIe s.	Arrien	chasse	
Id.	Pausanias	Gaulois en Grèce	
IIIe s.	Diogène Laërce	philosophie, druides	
Id.	Athénée	mœurs culinaire	(copies de Poseidonios)
IVe s.	Ammien Marcellin	histoire, géographie	
Id.	Aviénus	côtes Atlantiques	(d'après Himilcon)

ORIENTATION BIBLIOGRAPHIQUE

Sources antiques

Les textes antiques concernant les Gaulois et les Celtes sont, d'une manière générale, très fragmentaires et disséminés chez de nombreux auteurs. Il est donc souvent nécessaire de recourir à des recueils. Deux sont actuellement disponibles en éditions françaises récentes :

Duval (P.-M.), *La Gaule jusqu'au Vᵉ siècle*, Paris, Picard, (« Les sources de l'histoire de France, des origines à la fin du XVᵉ siècle »), 1971, 2 vol. Cet ouvrage fait l'inventaire quasi complet de toutes les sources, en indiquant leurs éditions et les études qui s'y rapportent, mais ne donne pas les textes en question, beaucoup trop nombreux.

Cougny (Ed.), *Extraits des auteurs grecs concernant l'histoire et la géographie des Gaules*, réédition de la traduction sans les textes grecs, Paris, Errance, 1986 et 1993, 3 vol. Ce corpus, relativement incomplet et vieilli quant à l'approche philologique, a le mérite cependant de donner les traductions de la majorité des textes grecs concernant les Gaulois.

Cependant plusieurs écrivains grecs et romains ont consacré aux Gaulois des passages plus ou moins longs qui sont les sources fondamentales pour leur étude. Pour la plupart, des éditions bilingues avec la traduction française sont disponibles. Mais ce n'est pas toujours le cas, pour Diodore de Sicile (pour une part) et Athénée notamment.

César (Jules), *La guerre des Gaules*, Paris, Les Belles Lettres, Collection des Universités de France, 1978 (11ᵉ tirage), 2 t. C'est l'ouvrage antique le plus long sur les Gaulois. Il fait le récit de la conquête romaine, mais un long passage du livre VI (en fait, le résumé d'un ouvrage de Poseidonios d'Apamée) décrit la société et les mœurs gauloises.

Poseidonios d'Apamée, *Histoires*. Cet ouvrage, comme la plus grande partie de l'œuvre de cet auteur, a disparu, mais elle a été heureusement copiée (partiellement) ou résumée par César, Diodore, Strabon,

Athénée. Il s'agissait dans l'Antiquité de l'œuvre fondamentale sur les Gaulois, une sorte de Guide bleu qui décrivait la Gaule et ses habitants à la fin du IIe siècle av. J.-C. Les fragments de Poseidonios retrouvés et rassemblés ne sont disponibles que dans une édition anglaise :

POSIDONIUS, *I, The Fragments*, Cambridge, University Press, 1972. *III, The Translation of the Fragments*, Cambridge, University Press, 1999.

DIODORE DE SICILE, *Bibliothèque historique*. Les passages concernant les Gaulois (essentiellement le livre V, chap. 21 à 32) sont rassemblés dans Ed. COUGNY (cf. plus haut). On trouve les textes grecs avec une traduction anglaise dans la collection Loeb Classical (Londres).

STRABON, *Géographie*, livres III et IV, Paris, Les Belles Lettres, 1966. Le livre IV est presque entièrement consacré à la Gaule. Les informations tirées de Poseidonios sont parfois réactualisées en fonction de la nouvelle situation politique (sous Auguste). La notice de François Lasserre est précieuse et toujours d'actualité.

ATHÉNÉE, *Les Deipnosophistes*. Les passages concernant les Gaulois n'ont pas encore été traduits en français. On les trouve chez Ed. COUGNY (cf. plus haut) et dans l'édition anglaise, collection Loeb Classical. Athénée a recopié tels quels quelques textes de Poseidonios dont trois ou quatre sont du plus haut intérêt : mœurs alimentaires, banquet des guerriers, les largesses de Luern, une étrange forme de suicide.

MARCELLIN (Ammien), *Histoire*, livres XIV-XVI, Paris, Les Belles Lettres, 1978 (2e tirage). Il résume plus succinctement que les précédents le tableau ethnographique de Poseidonios, en utilisant peut-être un intermédiaire, Timagène, dont l'œuvre est également perdue.

POLYBE, *Histoires*, livres II et III, Paris, Les Belles Lettres, 1970 et 1971. Le grand historien grec a laissé une documentation précieuse sur les Gaulois, tirée des meilleures sources littéraires ou visuelles (l'historien romain Fabius Pictor par exemple) qu'il a, comme à son habitude, vérifiée et analysée.

TITE-LIVE, *Histoire romaine*, édition la plus récente en 34 tomes, Paris, Les Belles Lettres, de 1940 à 2001 (nombreux tirages). Cette œuvre est précieuse en ce qu'elle est la seule à nous renseigner sur l'histoire ancienne des Gaulois aux Ve et IVe siècles, même si la plupart du temps ce sont des mythes qui ont été « historicisés ». D'autre part, Tite-Live est le seul à se servir d'une documentation abondante, ancienne et fiable, celle qu'il a trouvée dans les annales romaines.

TROGUE-POMPÉE est un historien d'origine gauloise (voconce précisément) qui dut mettre à profit des traditions et peut-être des archives familiales. Son œuvre originale est perdue, mais elle a été partiellement recopiée et résumée par Justin, *Histoire universelle de Justin extraite de Trogue-Pompée*. Il n'en existe pas d'édition contemporaine. La dernière a été publiée à Paris, C.L.F. Panckoucke, 1827.

PLUTARQUE, historien grec, bien connu pour ses *Vies parallèles*, évoque à de nombreuses reprises l'histoire et les mœurs des Gaulois dans les vies de Marius et de Camille, ainsi que dans ses Traités (disponibles en édition bilingue, Paris, Les Belles-Lettres, coll. Budé). Leur intérêt tient à l'utilisation de sources différentes de celles utilisées par Tite-Live.

PAUSANIAS, *Description de la Grèce*. Édition la plus récente en 9 tomes, Paris, Les Belles Lettres (coll. des Universités de France), de 1992 à 2002. Il est notre principale source sur les expéditions celtiques du début du IIIe siècle en Macédoine et en Grèce.

Histoire et historiographie

MOMIGLIANO (A.), *Sagesses barbares*, Paris, François Maspéro, 1979. Deux chapitres brillants et suggestifs sur les influences réciproques entre Grecs et Gaulois.

GOUDINEAU (C.), *César et la Gaule*, Paris, Éditions Errance, 1990.

GOUDINEAU (C.), *Le dossier Vercingétorix*, Paris, Arles, Actes Sud / Errance, 2001.

GOUDINEAU (C.) et PEYRE (C.), *Bibracte et les Éduens. À la découverte d'un peuple gaulois*, Paris, Errance, 1993

JULLIAN (C.), *Histoire de la Gaule*, Paris, Hachette, réédition 1993. Ouvrage en grande partie obsolète, mais qui vaut encore par l'idée qu'on se faisait de la Gaule au début du XXe siècle.

JULLIAN (C.), *Vercingétorix*, réédition, Paris, Hachette, 1963.

LE GALL (J.), *Alésia, archéologie et histoire*, Paris, Fayard, 1973.

PIGANIOL (A.), *La conquête romaine*, Paris, PUF (« Peuples et civilisations »), 1967 (5e édition).

Vercingétorix et Alésia, catalogue de l'exposition du musée des Antiquités nationales, Saint-Germain-en-Laye, 28 mars-18 juillet 1994, Paris, Réunion des musées nationaux, 1994.

NAPOLÉON III, *La « Guerre des Gaules » de César* (réédition de l'ouvrage de 1866), Paris, Éditions Errance, 2001.

Généralités

BENVÉNISTE (E.), *Le vocabulaire des institutions indo-européennes*, 2 vol., Paris, Les éditions de Minuit, 1969. Beaucoup de concepts analysés dans cette œuvre concernent directement la civilisation gauloise.

BRUNAUX (J.-L.), *Guerre et religion en Gaule. Essai d'anthropologie celtique*, Paris, Éditions Errance, 2004.

DELAMARRE (X.), *Dictionnaire de la langue gauloise*, Paris, Éditions Errance, 2e édition, 2003.

GRENIER (A.), *Les Gaulois*, Paris, Payot, 1970. Ouvrage aujourd'hui dépassé malgré la mise à jour partielle de 1970.

GOUDINEAU (C.), *Regards sur la Gaule*, Paris, Éditions Errance, 1998.

GOUDINEAU (C.), *Par Toutatis*, Paris, Le Seuil, 2002. Une vision iconoclaste et pleine d'humour de la Gaule et de ce qui en demeure dans notre société contemporaine.

THÉVENOT (É.), *Histoire des Gaulois*, Paris, PUF (« Que sais-je ? »), 6e édition, 1976.

DEMOULE (J.-P.), *Les Gaulois*, Paris, Hachette Éducation (« En savoir plus »), 1995.

GRIMAUD (R.), *Nos ancêtres les Gaulois*, Rennes, éditions Ouest-France, 2001. Ouvrage pour le grand public, très bien illustré et à jour des dernières découvertes archéologiques.

DUBY (G.) (sous la dir. de), *Histoire de la France urbaine*, 1. La ville antique, Paris, Le Seuil, 1980.

CHARPENTIER (V.) (sous la dir. de), *Redécouverte des Gaulois*, Paris, Éditions Errance, 1995.

LAMBERT (P.-Y.), *La langue gauloise*, Paris, Errance, 1994.

Les Celtes

HUBERT (H.), *Les Celtes depuis l'époque de La Tène et la civilisation celtique*, Paris, Albin Michel, 1932, réédition, 1973. Ouvrage ancien et dépassé mais qui demeure fascinant par les perspectives sociologiques qu'il ouvrait.

KRUTA (V.), *Les Celtes. Histoire et dictionnaire*, Paris, Robert Laffont, coll. « Bouquins », 2000. Somme la plus complète et la plus à jour des données archéologiques concernant les Celtes.

KRUTA (V.), *Les Celtes*, Paris, PUF, coll. « Que sais-je », 1987 (4e édition).

BRUN (P.) et CHAUME (B.) (sous la dir. de), *Vix et les éphémères principautés celtiques*, Paris, Éditions Errance, 1997.

ROLLEY (C.) (sous la dir. de), *La tombe princière de Vix*, Paris, Éditions Picard, 2003.

ANNEXES

298

Religion

BLOCH (R.) (éd.), *Recherches sur les religions antiques*, Genève, Librairie Droz, 1976.

BRUNAUX (J.-L.), *Les religions gauloises*, Paris, Éditions Errance, 2e édition, 2000.

DUVAL (P.-M.), *Les dieux de la Gaule*, Paris, Payot, 1976.

DE VRIES (J.), *La religion des Celtes*, Paris, Payot, 1977.

HATT (J.-J.), *Mythes et dieux de la Gaule. 1. Les grandes divinités masculines*, Paris, Picard, 1989.

LE CONTEL (J.-M.) et VERDIER (P.), *Un calendrier celtique*, Paris, Éditions Errance, 1997.

VENDRYES (J.), *La religion des Celtes*, réédition de l'ouvrage de 1948, Spezet, Coop Breizh, 1997.

Art

À la rencontre des dieux gaulois. Un défi à César, catalogue de l'exposition des musées de Lattes et de Saint-Germain-en-Laye, 27 novembre 1998 à 28 juin 1999, Paris, Réunion des musées nationaux, 1998.

DUVAL (P.-M.), *Les Celtes*, Paris, Gallimard, coll. « L'univers des formes », 1977.

DUVAL (A.), *L'art celtique de la Gaule au Musée des antiquités nationales*, Paris, Réunion des musées nationaux, 1989.

L'art celtique en Gaule, catalogue de l'exposition des musées de Marseille, musée des Antiquités nationales, Bordeaux, Dijon, 1983-1984, Paris, Réunion des musées nationaux.

Les Celtes, catalogue de l'exposition du Palazzo Grassi de Venise, Milan, Bompiani, 1991.

Gaulois de Cisalpine

I Galli e l'Italia, Roma, De Luca éditore, 1978.

PEYRE (C.), *La Cisalpine gauloise du IIIe au Ier s. av. J.-C.*, Paris, Presses de l'école normale supérieure, 1979.

VITALI (D.) (éd.), *Celti ed Etruschi nell'Italia centro-settentrionale dal V secolo a. C. alla romanizzazione*, Bologna, University Press, 1987.

Vie quotidienne, réalités matérielles

Sur ces aspects de la civilisation gauloise, l'essentiel de la documentation est livré par l'archéologie. On est donc tributaire des monographies de fouilles et de sites qui présentent peu souvent

ANNEXES

299

une synthèse des questions abordées. De surcroît, il est souvent difficile de se procurer ces ouvrages.

Généralités
Archéologie de la France, 30 ans de découvertes, catalogue de l'exposition au Grand Palais, Paris, Réunion des musées nationaux, 1989.

BRETZ-MAHLER (D.), *La civilisation de La Tène I en Champagne. Le faciès marnien*, XXIIIe supplément à *Gallia*, Paris, éditions du CNRS, 1971.

BRUNAUX (J.-L.) et LAMBOT (B.), *Guerre et armement chez les Gaulois (450-52 av. J.-C.)*, Paris, Éditions Errance, 1987.

BUCHSENSCHUTZ (O.) et alii, *Décors, images et signes de l'âge du fer européen*, 24e suppl. à la *Revue archéologique du Centre de la France*, 2003.

CHALLET (V.), *Les Celtes et l'émail*, Paris, éditions du Comité des travaux historiques et scientifiques, 1992.

CHAUSSERIE-LAPRÉE (J.) (sous la dir. de), *Le temps des Gaulois en Provence*, Martigues, musée Ziem, 2000.

CUNLIFFE (B.), *La Gaule et ses voisins. Le grand commerce dans l'Antiquité*, Paris, Picard, 1993.

FICHTL (S.), *Les Gaulois du nord de la Gaule (150-20 av. J.-C.)*, Paris, Éditions Errance, 1994.

GUICHARD (V.) et PERRIN (F.) (sous la dir. de), *L'aristocratie celte à la fin de l'âge du fer*, Glux-en-Glenne, Centre archéologique européen du Mont-Beuvray, 2002.

GUILLAUMET (J.-P.), *L'artisanat chez les Gaulois*, Paris, Éditions Errance, 1996.

L'or de Tolosa, Toulouse, musée Saint-Raymond, 2002.

PY (M.), *Les Gaulois du midi. De la fin de l'âge du bronze à la conquête romaine*, Paris, Hachette, 1993.

PRILAUX (G.), *La production du sel à l'âge du fer*, Éditions Monique Mergoil, 2000.

HERMARY (A.), HESNARD (A.) et TRÉZINY (H.), *Marseille grecque*, Paris, Éditions Errance, 1999.

Habitat et fortification
AUDOUZE (F.) et BUCHSENSCHUTZ (O.), *Villes et campagnes de l'Europe celtique*, Paris, Hachette, 1989.

BRUNAUX (J.-L.) et MÉNIEL (P.), *La résidence aristocratique de Montmartin (Oise) du IIIe au IIe s. av. J.-C.*, Paris, Maison des sciences de l'homme, 1997.

BUCHSENSCHUTZ (O.) et alii, *Les remparts de Bibracte*, Glux-en-Glenne, Centre archéologique européen du Mont-Beuvray, 1999.

CHABOT (L.), *L'oppidum de la Cloche (Les Pennes-Mirabeau, Bouches-du-Rhône)*, Montagnac, Éditions Monique Mergoil, 2004.

GUICHARD (V.) et alii, *Les processus d'urbanisation à l'âge du fer*, Glux-en-Glenne, Centre archéologique européen du Mont-Beuvray, 2000.

LAVENDHOMME (M.-O.) et GUICHARD (V.), *Rodumna, le village gaulois*, Paris, Maison des sciences de l'homme, 1997.

MENEZ (Y.), *Une ferme de l'Armorique gauloise. Le Boissanne à Plouër-sur-Rance (Côtes-d'Armor)*, Paris, Maison des sciences de l'homme, 1996.

PY (M.), *L'oppidum des Castels à Nages (Gard)*, XXVᵉ suppl. à *Gallia*, Paris, éditions du CNRS, 1978.

REDDÉ (M.) et VON SCHNURBEIN (S.), *Alésia, fouilles et recherches franco-allemandes sur les travaux militaires romains autour du Mont-Auxois (1991-1997)*, Paris, Académie des inscriptions et belles-lettres, Mémoires, tome XII, Diffusion De Boccard, 2001.

VAGINAY (M.) et GUICHARD (V.), *L'habitat gaulois de Feurs (Loire)*, Paris, Maison des sciences de l'homme, 1988.

Sépultures

BARAY (L.), *Pratiques funéraires et sociétés de l'âge du fer dans le Bassin parisien*, Paris, CNRS éditions, 2004.

BARAY (L.) et alii, *Nécropoles protohistoriques du Sénonais*, Paris, éditions de la Maison des sciences de l'homme, « DAF », n° 44, 1994.

FERDIÈRE (A.) et VILLARD (A.), *La tombe augustéenne de Fléré-la-Rivière et les sépultures aristocratiques de la cité des Bituriges*, Saint-Marcel, mémoire 2 du musée d'Argentomagus, 1993.

METZLER et coll., *Clémency et les tombes de l'aristocratie gauloise*, Luxembourg, Musée national d'histoire et d'art, 1991.

METZLER et coll., *Lamadelaine ; une nécropole de l'oppidum du Titelberg*, Luxembourg, Musée national d'histoire et d'art, 1999.

PERRIN (F.) et SCHÖNFELDER (M.), *La tombe à char de Verna (Isère), témoignage de l'aristocratie allobroge*, Lyon, Association lyonnaise pour la promotion de l'archéologie en Rhône-Alpes, « DARA », n° 4), 2003.

Lieux de culte

ARCELIN (A.) et BRUNAUX (J.-L.) (sous la dir. de), « Cultes et sanctuaires en France à l'âge du fer », dossier, *Gallia*, n° 60, 2003, p. 1-268.

BOUDET (R.), *Rituels celtes d'Aquitaine*, Paris, Éditions Errance, 1996.

BOURGEOIS (L.) (sous la dir. de), *Le sanctuaire rural de Bennecourt*, Paris, Maison des sciences de l'homme, 1999.

BRUNAUX (J.-L.) (éd.), *Les sanctuaires celtiques et le monde méditerranéen*, « Dossiers de protohistoire, n° 3 », Paris, Errance, 1991.

BRUNAUX (J.-L.), MÉNIEL (P.) et POPLIN (F.), *Gournay I, Les fouilles sur le sanctuaire et l'oppidum*, numéro spécial de la *Revue archéologique de Picardie*, 1985.

GARCIA (D.) (sous la dir.), *Espaces et monuments publics protohistoriques de Gaule méridionale*, Lattes, éditions Adam, « Les dossiers des DAM », n° 15), 1993.

Économie et monnaies

COLBERT DE BEAULIEU (J.-B.), *Traité de numismatique celtique. I. Méthodologie des ensembles*, Annales littéraires de l'université de Besançon, Paris, Les Belles Lettres, 1973.

DELESTRÉE (L.-P.), *Monnayages et peuples gaulois du nord-ouest*, Paris, Éditions Errance, 1996.

DELESTRÉE (L.-P.) et TACHE (M.), *Nouvel atlas des monnaies gauloises*, I. de la Seine au Rhin ; II. de la Seine à la Loire moyenne, Saint-Germain-en-Laye, Éditions Commios, 2002 et 2004.

MÉNIEL (P.), *Chasse et élevage chez les Gaulois*, Paris, Éditions Errance, 1987, 154 p.

MALRAIN (F.), MATTERNE (V.) et MÉNIEL (P.), *Les paysans gaulois*, Éditions Errance, 2002.

PERRIN (F.), *Un dépôt d'objets gaulois à Larina, Hières-sur-Amby (Isère)*, Lyon, Circonscription des antiquités historiques, « DARA », n° 4, 1990.

ANNEXES

INDEX GÉNÉRAL

Les mots en caractères gras bénéficient d'une rubrique.
Cf. Sommaire

ANNEXES

309

INDEX DES NOMS DE PERSONNES

*Les mots en caractères gras bénéficient
d'une notice en fin de volume*

ANNEXES

INDEX DES NOMS DE PERSONNES

INDEX DES NOMS DE PERSONNES

Ce volume,
le seizième
de la collection « Guide Belles Lettres des Civilisations »
publié aux Éditions Les Belles Lettres
a été achevé d'imprimer
en avril 2005
dans les ateliers
de Normandie Roto Impression s.a.s.
61250 Lonrai

N° d'édition : 6311
N° d'impression : 051093
Dépot légal : avril 2005
Imprimé en France